经济应用数学

王海敏 主编

浙江工商大學出版社

图书在版编目(CIP)数据

经济应用数学 / 王海敏主编. —杭州：浙江工商大学
出版社，2011.2(2023.9重印)
　ISBN 978-7-81140-273-5

　Ⅰ. ①经… Ⅱ. ①王… Ⅲ. ①经济数学－高等学校－
教材 Ⅳ. ①F224.0

　中国版本图书馆 CIP 数据核字(2011)020956 号

经济应用数学

王海敏　主编

责任编辑	吴岳婷
责任校对	张振华
封面设计	刘　韵
责任印制	包建辉
出版发行	浙江工商大学出版社
	（杭州市教工路 198 号　邮政编码 310012）
	（E-mail:zjgsupress@163.com）
	（网址:http://www.zjgsupress.com）
	电话:0571－88904980,88831806(传真)
排　　版	杭州朝曦图文设计有限公司
印　　刷	广东虎彩云印刷有限公司绍兴分公司
开　　本	880mm×1230mm　1/32
印　　张	9
字　　数	248 千
版 印 次	2011 年 2 月第 1 版　2023 年 9 月第 11 次印刷
书　　号	ISBN 978-7-81140-273-5
定　　价	25.00 元

前　　言

本书是为成人教育学院（校）财经类、管理类专业的学生而编写的公共数学基础课教材。

本书遵循"必需、够用"的原则，对传统微积分内容进行了取舍。全书共分七章，涵盖函数、极限与连续、导数与微分、中值定理与导数应用、不定积分、定积分、多元函数微分学。

在内容的编排上，我们注意了以下几点：

1. 力求做到科学性和通俗性相结合，由浅入深，循序渐进。读者只要有高中数学的基础知识就能顺利阅读本书。

2. 运用富有启发性的实际例子引入微积分的概念，展示微积分的基本思想。

3. 适度淡化了一些概念的严格数学定义和一些定理的严格数学推导，强化了用图形解释相关概念和定理结果的清晰性。

4. 强调了微积分的运算以及它对初等连续模型的应用。用较多的例题阐述解题的基本方法和技巧，并尽可能地联系经济领域的实际。

5. 为了帮助学生掌握微积分的方法和培养解决应用问题的能力，除每节后面给出习题之外，在每章的后面还配置了包含各种题型的复习题。

本书由浙江工商大学统计与数学学院组织编写，大纲和体系由集体讨论而定。第一章由袁中扬执笔，第二章由韩兆秀执笔，第三章由韩兆秀、袁中扬执笔，第四、七章由裘渔洋执笔，第五、六章由王海敏执笔，全书最后由王海敏统稿定稿.

　　本书编写过程中参考了大量的国内外教材；浙江工商大学出版社对本书的编审和出版给予了热情支持和帮助，尤其是许静老师在本书的编辑和出版过程中付出了大量心血；浙江工商大学统计与数学学院自始至终对本书的出版给予了大力支持，在此一并致谢！

　　由于编者水平有限，加之时间比较仓促，教材中一定存在不妥之处，恳请专家、同行、读者批评指正，使本书在教学实践中不断完善.

编　者

2010 年 11 月于浙江工商大学

目　　录

第1章 函 数

高等数学的核心内容是微积分,它与以前所学的初等数学有很大的区别.初等数学研究的对象基本上是常量,而高等数学则是以变量为研究对象的一门数学课程.所谓函数关系就是变量间的对应关系.

本章先对高等数学的研究对象 —— 函数及相关知识进行简要复习和必要的补充.本部分内容是研究微积分最必要的基础知识.

§1.1 函 数

一、集合的概念

集合是数学中的一个原始的概念,一般可把集合理解为具有某种特定性质的事物的总体.例如,某班全体同学组成了一个集合;全体实数组成了一个集合;数 $1,2,3,4,5$ 组成了一个集合;某个车间某天生产的全部产品也组成了一个集合等.组成一个集合的事物叫做这个集合的元素.习惯上集合用大写字母 A,B,C 等表示,而元素用小写字母 a,b,c 等.

含有有限多个元素的集合称为**有限集**,含有无限多个元素的集合称为**无限集**.事物 a 是集合 A 的元素,记作 $a \in A$,读作"a 属于 A".否则记作 $a \notin A$,读作"a 不属于 A".

所谓给定一个集合,就是给出这个集合由哪些元素组成.给出的方式不外两种:一种是**列举法**,就是把集合中所有的元素都列举出来,写在大括号内.例如,集合 A 由数 $1,2,3,4,5$ 组成,则可记为
$$A = \{1,2,3,4,5\}.$$

另一种是**描述法**,就是把集合中的元素的共同特性描述出来,通常记为

$$M = \{x \mid x \text{ 所具有的特性 } p\}.$$

这里,所谓"x 所具有的特性 p",实际上就是 x 作为 M 的元素应满足的充分必要条件.例如,xOy 平面上第一象限内点的全体所组成的集合 M,可记为

$$M = \{(x,y) \mid x > 0, y > 0\}.$$

以后用到的集合主要是数集,如没有特别声明,提到的数都是实数.

全体自然数的集合记作 **N**,全体整数的集合记作 **Z**,全体有理数的集合记作 **Q**,全体实数的集合记作 **R**.

如果集合 A 的元素都是集合 B 的元素,即若 $a \in A$,则必有 $a \in B$,就称 A 是 B 的**子集**,记作 $A \subset B$(读作 A 包含于 B) 或 $B \supset A$(读作 B 包含 A).

不含任何元素的集合称为**空集**,记作 $\varnothing$.例如,方程 $x^2 + y^2 = -1$ 的实数集就是一个空集.规定空集是任何集合 A 的子集.显然 A 是它自己的子集,即 $A \subset A$.

若两集合 A 和 B 有 $A \subset B$,同时 $B \subset A$,则称集合 A 与集合 B **相等**,记作 $A = B$.

既属于集合 A 又属于集合 B 的所有元素组成的集合称作集合 A 和集合 B 的**交集**,记为 $A \bigcap B$.

所有属于 A 或属于 B 的元素组成的集合称为集合 A 与集合 B 的**并集**,记为 $A \bigcup B$.

所有属于 A 但不属于 B 的元素组成的集合称为集合 A 与集合 B 的**差集**,记为 $A - B$ 或 $A \backslash B$.

例如,若 $A = \{1,2,3,4\}$,$B = \{1,3,5,7\}$,则 $A \bigcap B = \{1,3\}$,$A \bigcup B = \{1,2,3,4,5,7\}$,$A - B = \{2,4\}$.

二、区间、邻域

区间是用得较多的一类数集.设 a,b 都是实数,且 $a < b$,数集

$\{x\,|\,a<x<b\}$ 叫做**开区间**，记作 (a,b)；数集 $\{x\,|\,a\leqslant x\leqslant b\}$ 叫做
闭区间，记作 $[a,b]$；数集 $\{x\,|\,a<x\leqslant b\}$ 和数集 $\{x\,|\,a\leqslant x<b\}$ 都
叫做半开区间，分别记作 $(a,b]$ 和 $[a,b)$．

以上这些区间都称为**有限区间**，数 $b-a$ 称为这些区间的**长度**．
这些区间都可以通过数轴上的线段表示出来，分别如图 1-1(a)，
(b)，(c)，(d)．此外，还有所谓**无限区间**．引进记号 $+\infty$（读作正无穷
大）及 $-\infty$（读作负无穷大），则 $(-\infty,+\infty)$ 表示全体实数的集合；
$(a,+\infty)$ 表示大于 a 的所有实数的集合（图 1-1(e)）；$(-\infty,b]$ 表示
不大于 b 的所有实数的集合（图 1-1(f)）．以上所述的各个区间在数
轴上表示出来，分别如图 1-1 所示．今后在不需要辨明所论区间是否
包括端点，以及是有限区间还是无限区间的场合，我们就统称为"区
间"，且通常用字母 I 表示．

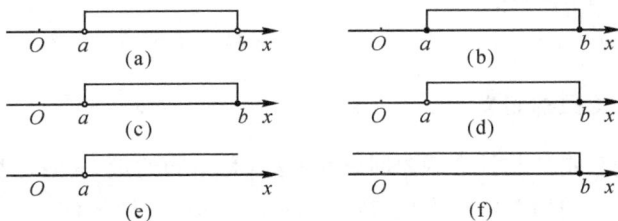

图 1-1

邻域也是一个经常用到的概念．以点 a 为中心的任何开区间称
为**点 a 的邻域**，记作 $U(a)$．

设 δ 是任一正数，则开区间 $(a-\delta,a+\delta)$ 就是点 a 的一个邻域，
这个邻域称为**点 a 的 δ 邻域**，记作 $U(a,\delta)$，即

$$U(a,\delta)=\{x\,|\,a-\delta<x<a+\delta\}.$$

点 a 称为这**邻域的中心**，δ 称为这**邻域的半径**，如图 1-2 所示．

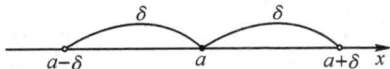

图 1-2

有时用到的邻域需要把邻域的中心去掉．点 a 的 δ 邻域去掉中心

a 后,称为**点 a 的去心 δ 邻域**,记作 $\overset{\circ}{U}(a,\delta)$,即

$$\overset{\circ}{U}(a,\delta) = \{x \mid 0 < |x-a| < \delta\}.$$

为了方便,有时把开区间 $(a-\delta,a)$ 称为点 a 的**左 δ 邻域**,把开区间 $(a,a+\delta)$ 称为点 a 的**右 δ 邻域**.

例 1　用区间表示下列点集.

(1) $\{x \mid 1 \leqslant |x-1| < 2\}$;　(2) $\{x \mid |x+1| > 0\}$

解　(1) 由 $|x-1| < 2$ 可得 $-2 < x-1 < 2$,即 $-1 < x < 3$; 由 $|x-1| \geqslant 1$ 可得 $x-1 \geqslant 1$ 或 $x-1 \leqslant -1$,即 $x \geqslant 2$ 或 $x \leqslant 0$.因此

$$\{x \mid 1 \leqslant |x-1| < 2\} = (-1,0] \cup [2,3).$$

(2) 由绝对值性质可知 $|x+1| \geqslant 0$,且 $|x+1| = 0$ 的充要条件是 $x+1 = 0$,因此

$$\{x \mid |x+1| > 0\} = \{x \mid x+1 \neq 0\} = (-\infty,-1) \cup (-1,+\infty).$$

三、函数的定义

在观察自然与社会现象时,会遇见各种不同的量,其中有些量在所考察的过程中始终保持不变,取一固定的数值,这种量称为**常量**;有些量在所考察的过程中发生变化,取不同的数值,这种量称为**变量**.

在同一个实际问题中,变量往往不止一个,它们的变化也不是孤立的,而是存在着确定的依赖关系.例如某厂每日最多生产某产品 1000 件,固定成本为 150 元,单位变动成本为 8 元,则每日的产量 x 与每日的总成本 y 之间的依赖关系为

$$y = 150 + 8x, \quad x \in [0,1000].$$

这种两个或多个变量在相互关联变化着的现象就是函数现象.函数是最重要的数学概念之一,这个术语最早是由莱布尼兹(Leibniz)于 1672 年引入的,它用来表示一个量对另一个量的依赖关系.在理论研究时,为了不必用具体的式子来表达函数,瑞士科学家欧拉(Euler)提出用字母 f 来表达一个函数,记号 $y = f(x)$ 表示 y 的值依赖于 x 的值的意思.

定义 1.1 设 x 和 y 是两个变量，x 的变域是数集 D. 如果对每一个 $x \in D$，变量 y 按照一定的法则 f，有唯一确定的数值与之对应，则称 y 是 x 的函数，记作

$$y = f(x) \text{ 或 } f:D \rightarrow \mathbf{R},$$

数集 D 叫做这个函数的定义域，x 叫做自变量，y 又叫做因变量.

当 x 在 D 内取一固定值 x_0 时，与 x_0 对应的 y 的数值称为函数 $y = f(x)$ 在点 x_0 处的**函数值**，记作 $f(x_0)$ 或 $y|_{x=x_0}$. 当 x 遍取 D 中的一切数值时，对应的函数值全体组成的数集称为这个函数的**值域**，记为 R_f 或 $f(D)$，即

$$R_f = f(D) = \{y \mid y = f(x), x \in D\}.$$

函数的定义域通常约定是使函数表达式有意义的自变量的一切实数值所组成的数集，这种定义域称为函数的**自然定义域**. 另外，在实际问题中，函数的定义域是由实际意义确定的.

这里，我们把函数的定义域和对应法则称为函数的两个**基本要素**. 如果两个函数具有相同的定义域和对应法则，那么这两个函数就是相同的.

如函数 $y = \sqrt{x^2}$ 与 $s = |t|$ 是相同的函数，因为它们的定义域、对应法则都相同. 而函数 $y = x-1$ 与 $y = \dfrac{x^2-1}{x+1}$，尽管两者的对应法则相同，但两者的定义域不同，它们不是相同的函数.

例 1 求函数 $y = \sqrt{x-2} + \dfrac{1}{x-3} + \lg(5-x)$ 的定义域.

解 要使函数有意义，必须有

$$\begin{cases} x-2 \geqslant 0 \\ x-3 \neq 0, \\ 5-x > 0 \end{cases}$$

解之即得所求的定义域为

$$D = \{x \mid 2 \leqslant x < 5, \text{且 } x \neq 3, x \in \mathbf{R}\} = [2,3) \cup (3,5).$$

例 2 已知 $f(x) = \dfrac{1}{1+x^2}$，求 $f(2), f(a), f\left(-\dfrac{1}{x}\right), f(x+1)$.

解　$f(2) = \dfrac{1}{1+2^2} = \dfrac{1}{5},$　　$f(a) = \dfrac{1}{1+a^2},$

$$f\left(-\dfrac{1}{x}\right) = \dfrac{1}{1+\left(-\dfrac{1}{x}\right)^2} = \dfrac{x^2}{1+x^2},$$

$$f(x+1) = \dfrac{1}{1+(x+1)^2} = \dfrac{1}{x^2+2x+2}.$$

例3　已知 $f(e^x-1) = x^2+1$，求 $f(x)$ 的定义域.

解　令 $e^x-1 = u$，那么 $x = \ln(1+u)$，代入原式，有

$$f(u) = \ln^2(1+u) + 1,$$

即　　　　　　　$f(x) = \ln^2(1+x) + 1,$

从而知 $D_f = (-1, +\infty)$.

　　函数的表示方法很多，常用的有三种，即解析法（或称公式法）、列表法和图像法.

　　应该注意到，在函数的定义中，并不要求在整个定义域上只能用一个表达式来表示函数关系，在很多问题中常常会遇到这种情况，就是在定义域的不同范围内，函数关系用不同的式子来表示，这种函数叫做**分段函数**.

　　下面举几个分段函数的例子.

　　（1）符号函数

$$y = \operatorname{sgn}x = \begin{cases} 1, & x > 0, \\ 0, & x = 0, \\ -1, & x < 0. \end{cases}$$

其图形如图 1-3 所示.

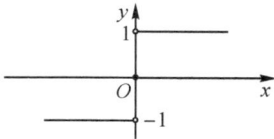

图 1-3

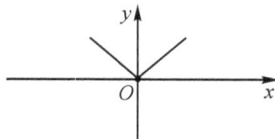

图 1-4

　　（2）绝对值函数

$$y = |\,x\,| = \begin{cases} x, & x \geqslant 0 \\ -x, & x < 0 \end{cases},$$

其图形如图 1-4 所示.

（3）狄立克莱函数

$$y = D(x) = \begin{cases} 1, & x \in \text{有理数} \\ 0, & x \in \text{无理数} \end{cases}$$

（4）取整函数

$$y = [x],$$

其中 $[x]$ 表示不超过 x 的最大整数.其图形如图 1-5 所示.

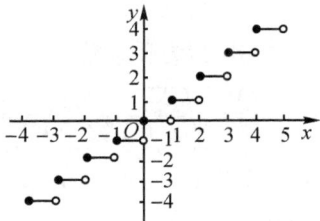

图 1-5

例如 $[\sqrt{5}] = 2, [0.3] = 0, [0] = 0, [-0.6] = -1, [-\frac{4}{3}] = -3$ 等.

对于分段函数需注意以下几点：

（1）虽然在自变量的不同变化范围内计算函数值的算式不同，但定义的是一个函数；

（2）它的定义域是各个表示式定义域的并集；

（3）求自变量 x_0 的函数值时,先看 x_0 属于哪一个表示式的定义域,然后按此表示式计算 x_0 所对应的函数值.

例 4　设 $f(x) = \begin{cases} x+1, & -2 \leqslant x < 0 \\ 0, & x = 0 \\ 3-x, & 0 < x < 3 \end{cases}$,

求其定义域及 $f(-1), f(2)$ 的值.

解　其定义域为 $D(f) = [-2,0) \cup \{0\} \cup (0,3) = [-2,3)$.

当 $x = -1$ 时, $f(x) = x+1$, 故 $f(-1) = -1+1 = 0$.

当 $x = 2$ 时，$f(x) = 3 - x$，故 $f(2) = 3 - 2 = 1$.

例 5 设 $f(x) = (2|x+1| - |3-x|)x$，将 $f(x)$ 用分段函数表示.

解 当 $x < -1$ 时，$f(x) = -x(2x+2-x+3) = -x^2 - 5x$；

当 $-1 \leqslant x < 3$ 时，$f(x) = x(2x+2-3+x) = 3x^2 - x$；

当 $x \geqslant 3$ 时，$f(x) = x(2x+2-x+3) = x^2 + 5x$，因此

$$f(x) = \begin{cases} -x^2 - 5x, & x < -1 \\ 3x^2 - x, & -1 \leqslant x < 3 \\ x^2 + 5x, & x \geqslant 3 \end{cases}.$$

习题 1.1

1. 下列各组函数是否相同，为什么？

（1）$y = \dfrac{\sqrt{x-1}}{\sqrt{x+1}}$ 与 $y = \sqrt{\dfrac{x-1}{x+1}}$；　（2）$y = |x|$ 与 $y = \sqrt{x^2}$；

（3）$y = \lg x^2$ 与 $y = 2\lg x$；　　　　　（4）$y = x$ 与 $y = 2^{\log_2 x}$；

（5）$y = 1$ 与 $y = \sin^2 x + \cos^2 x$.

2. 求下列函数的（自然）定义域.

（1）$y = \dfrac{x-2}{x^2 - 4x}$；　　　　　　（2）$y = \lg(5-x) + \lg(x-3)$；

（3）$y = \sqrt{\dfrac{1+x}{1-x}}$；　　　　　　（4）$y = \sqrt{x^2 - 4x + 3}$.

3. 求下列分段函数的定义域.

（1）$y = \begin{cases} \sqrt{9-x^2}, & |x| \leqslant 3 \\ x^2 - 1, & 3 \leqslant |x| < 4 \end{cases}$；

（2）$y = \begin{cases} \dfrac{1}{x}, & x < 0 \\ x - 3, & 0 \leqslant x \leqslant 1 \\ -2x + 1, & 1 < x < +\infty \end{cases}$.

4. 设函数 $f(x) = \begin{cases} x^2, & x < -1 \\ 1 + x^2, & -1 \leqslant x < 2 \\ \sin x, & x \geqslant 2 \end{cases}$，求 $f(-2)$，

$f(-1),f(\sqrt[3]{3}),f(\pi),f(a-1).$

5. 设 $f(x)=\lg 3$,求 $f(x+1)-f(x-2)$.

§1.2　具有某种特性的函数

研究函数的目的是为了了解它所具有的特性,以便掌握它的变化规律.下面我们介绍具有不同特性的几类函数.

一、单调函数

定义 1.2　设函数 $y=f(x)$ 的定义域为 D,区间 $I\subset D$.如果对于区间 I 上任意两点 x_1 及 x_2,当 $x_1<x_2$ 时,恒有

$$f(x_1)<f(x_2)\ (\text{或}\ f(x_1)>f(x_2)),$$

则称函数 $f(x)$ 在区间 I 上是单调增加(或单调减少)的.单调增加和单调减少的函数统称为**单调函数**.

在几何上,单调增加的函数,它的图形是随着 x 的增加而上升的曲线;单调减少的函数,它的图形是随着 x 的增加而下降的曲线.

例如,函数 $y=x^2$ 在 $(-\infty,0)$ 上是单调减少的,在 $(0,+\infty)$ 上是单调增加的(图 1-6).再如 $f(x)=x^3$ 在 $(-\infty,+\infty)$ 上是单调增加的(图 1-7).

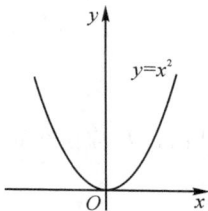

图 1-6

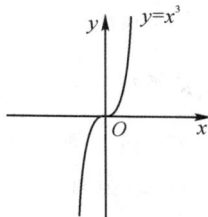

图 1-7

二、奇(偶)函数

定义 1.3　设函数 $f(x)$ 的定义域 D 关于原点对称,如果对任一

$x \in D$, 恒有

$$f(-x) = f(x)$$

成立, 则称 $f(x)$ 为**偶函数**. 如果对任一 $x \in D$, 恒有

$$f(-x) = -f(x)$$

成立, 则称 $f(x)$ 为**奇函数**.

偶函数的图形关于 y 轴对称, 奇函数的图形关于原点中心对称. 如图 1-8 所示.

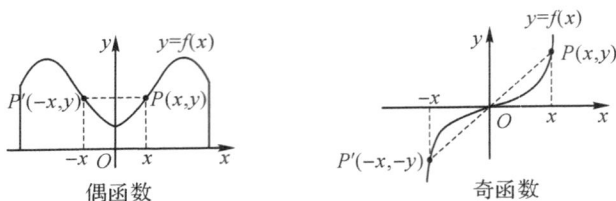

图 1-8

例如, $f(x) = x^2$ 是偶函数, 因为 $f(-x) = (-x)^2 = x^2 = f(x)$. 再如 $f(x) = x^3$ 是奇函数, 因为 $f(-x) = (-x)^3 = -x^3 = -f(x)$.

例 1 判断 $f(x) = \ln(\sqrt{x^2 + 1} + x)$ 的奇偶性.

解 对于任意的 $x \in \mathbf{R}$, 有

$$f(-x) = \ln(\sqrt{(-x)^2 + 1} - x) = \ln \frac{1}{\sqrt{x^2 + 1} + x} = -f(x),$$

所以 $f(x)$ 为奇函数.

三、有界函数

定义 1.4 设函数 $y = f(x)$ 的定义域为 D, 若存在正数 M, 使得对任意的 $x \in D$, 恒有

$$|f(x)| \leqslant M,$$

则称 $f(x)$ 在 D 上有界, 或称 $f(x)$ 为 D 上的**有界函数**. 否则成为**无界函数**.

不难看出, 有界函数 $y = f(x)$ 的图形必介于两条平行线 $y = -M$ 和 $y = M$ 之间 (如图 1-9).

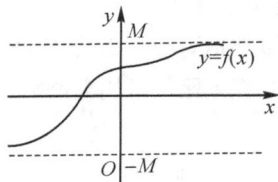

图 1-9

例如正弦函数 $f(x) = \sin x$ 在 $(-\infty, +\infty)$ 内,由于 $|\sin x| \leqslant 1$ 对任一实数 x 都成立,故函数 $f(x) = \sin x$ 在 $(-\infty, +\infty)$ 内是有界的,这里 $M = 1$(当然也可以取大于 1 的任何数作为 M 而使 $|f(x)| \leqslant M$ 对任一实数 x 都成立).

又如函数 $f(x) = \dfrac{1}{x}$ 在开区间 $(0,1)$ 内是无界的,因为不存在这样的正数 M,使 $\left|\dfrac{1}{x}\right| \leqslant M$ 对于 $(0,1)$ 内的一切 x 都成立.但在区间 $(1, +\infty)$ 内是有界的,因为可取 $M = 1$ 而使 $\left|\dfrac{1}{x}\right| \leqslant 1$ 对于一切 $x \in (1, +\infty)$ 都成立.

例 2　用定义证明函数 $f(x) = 3\sin^2 x - 4\cos x - 5$ 是有界的.

解　因为对于任意的 $x \in (-\infty, +\infty)$,

$$|f(x)| = |3\sin^2 x - 4\cos x - 5|$$
$$\leqslant 3|\sin x|^2 + 4|\cos x| + 5 \leqslant 3 \cdot 1 + 4 \cdot 1 + 5 = 12,$$

取 $M = 12$,由有界性的定义知,函数 $f(x)$ 是有界的.

四、周期函数

定义 1.5　设函数 $y = f(x)$ 的定义域为 D,若存在实数 $T > 0$,使得对任意的 $x \in D$,有 $f(x + T) = f(x)$,则称 $f(x)$ 为**周期函数**, T 称为 $f(x)$ 的一个**周期**.

由定义可知,如果 T 为 $f(x)$ 的一个周期,那么 $2T, 3T, \cdots$ 都是它的周期.可见一个周期函数有无穷多个周期.若在无穷多个周期中,存在最小的正数 T,则称 T 为 $f(x)$ 的**最小正周期**,简称**周期**.通常我们所说的周期就是指最小正周期.

例如,函数 $\sin x$,$\cos x$ 都是周期为 2π 的周期函数;$\tan x$ 是周期为 π 的周期函数(图 1 - 10). 狄立克莱函数是周期函数,但它没有最小正周期.

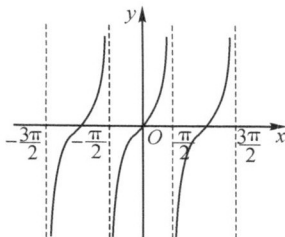

图 1 - 10

如果 $f(x)$ 是以 T 为周期的周期函数,则在这函数的定义域内,依次相接的每个长度为 T 的区间上,函数图形有相同的形状.

习题 1.2

1. 指出下列函数在指定区间内的增减性:

(1) $y = -2x - 6$, $x \in \mathbf{R}$;

(2) $y = |x + 1|$, $-5 \leqslant x \leqslant 1$;

(3) $y = \cos x + 3$, $x \in (0, 2\pi)$;

(4) $y = x + \log_2 x$, $x \in (0, +\infty)$.

2. 指出下列函数中哪些是奇函数,哪些是偶函数,哪些是非奇非偶函数:

(1) $y = x\sin 4x$; (2) $y = x\sqrt{x^4 - 1} + \tan x$;

(3) $y = \lg \dfrac{1-x}{1+x}$; (4) $y = \cos \lg x$;

(5) $y = xf(x^2)$; (6) $y = \begin{cases} 1-x, & x < 0 \\ 1+x, & x \geqslant 0 \end{cases}$.

3. 根据定义判断下列函数是否有界:

(1) $y = 3\sin \dfrac{1}{x}$; (2) $y = -\dfrac{1+3x^2}{1+x^2}$.

4. 指出下列函数中哪些是周期函数,哪些不是;若是周期函数,指出其最小正周期.

(1) $y = \sin ax\ (a > 0)$;　　(2) $y = 4$;

(3) $y = \sin x + \cos x$.

§1.3　反函数和复合函数

一、反函数

定义 1.6　设函数 $y = f(x), x \in D$,若对任意 $y \in f(D)$,有唯一一个 $x \in D$ 与之对应,使 $f(x) = y$,则在 $f(D)$ 上定义了一个函数,记为
$$x = f^{-1}(y),\quad y \in f(D),$$
称为函数 $y = f(x)$ 的**反函数**.

由于习惯上自变量用 x 表示,因变量用 y 表示,因而我们通常把 $y = f(x)$ 的反函数写作
$$y = f^{-1}(x),\quad x \in f(D).$$
根据反函数的定义,函数 f 与其反函数 f^{-1} 的定义域与值域是互换的,并且 $y = f(x)$ 与 $x = f^{-1}(y)$ 在 xOy 平面上表示同一条曲线. 而当我们把函数 $y = f(x)$ 和它的反函数 $y = f^{-1}(x)$ 的图形画在同一坐标平面上时,这两个图形关于直线 $y = x$ 是对称的.

例 1　求函数 $y = e^x - 1$ 的反函数.

解　由 $y = e^x - 1$,解得 $x = \ln(1 + y)$,故所求反函数为
$$y = \ln(1 + x).$$

例 2　求出函数 $y = \begin{cases} x, & x < 1 \\ x^2, & 1 \leqslant x < 4, \\ 2^x, & 4 \leqslant x \end{cases}$ 的反函数.

解　当 $x < 1$ 时,$y = x \in (-\infty, 1)$,即有 $x = y$,从而 $f^{-1}(x) = x$, $x \in (-\infty, 1)$;

当 $1 \leqslant x < 4$ 时,$y = x^2 \in [1, 16)$,即有 $x = \sqrt{y}$,从而 $f^{-1}(x) =$

$\sqrt{x}$，$x \in [1, 16)$；

当 $x \geqslant 4$ 时，$y = 2^x \in [16, +\infty)$，即有 $x = \log_2 y$，从而 $f^{-1}(x) = \log_2 x$，$x \in [16, +\infty)$．

因此有

$$f^{-1}(x) = \begin{cases} x, & x < 1 \\ \sqrt{x}, & 1 \leqslant x < 16 \\ \log_2 x, & 16 \leqslant x \end{cases}$$

二、复合函数

定义 1.7 设函数 $y = f(u)$ 的定义域为 D_f，函数 $u = g(x)$ 的定义域为 D_g，且其值域 $R_g \subseteq D_f$，则由下式确定的函数

$$y = f[g(x)],$$

称为由函数 $u = g(x)$ 和函数 $y = f(u)$ 构成的**复合函数**．u 称为中间变量．

例如，由 $y = f(u) = \mathrm{e}^u$，$u = g(x) = x^2 + 1$ 可得到复合函数 $y = f[g(x)] = \mathrm{e}^{x^2+1}$．而函数 $y = \lg \sin x$ 可看作由 $y = \lg u$，$u = \sin x$ 复合而成．

应当注意的是，并不是任何两个函数都可以复合成一个复合函数．例如，$y = \sqrt{1 - u^2}$，$u \in D_f = [-1, 1]$ 及 $u = 2 + x^2$，$x \in D_g = \mathbf{R}$ 就不可能复合成一个复合函数．这是因为函数 $u = 2 + x^2$ 的值域 $R_g = [2, +\infty)$，$R_g \cap D_f = \varnothing$．一般地，要使 $y = f(u)$ 和 $u = g(x)$ 能构成复合函数，必要而且只要 $u = g(x)$ 的值域 R_g 与 $y = f(u)$ 的定义域为 D_f 的交集是非空的，即 $R_g \cap D_f \neq \varnothing$．而复合函数 $y = f[g(x)]$ 的定义域 D 是由函数 $u = g(x)$ 的定义域中的那些对应的函数值 u 落在 $y = f(u)$ 的定义域中的 x 的全体所组成，即 $D = \{x \mid x \in D_g, g(x) \in D_f\}$．

复合函数也可由两个以上的有限多个函数复合而构成．例如，设 $y = \sin u$，$u = \sqrt{v}$ 与 $v = 1 - x^2$，则得到复合函数 $y = \sin \sqrt{1 - x^2}$．

例 3 设 $f(x) = \begin{cases} x^2, & x < 0, \\ 2 - x, & x \geqslant 0, \end{cases}$ 求 $f[f(-1)]$．

解　因 $f(-1)=(-1)^2=1$,故 $f[f(-1)]=f(1)=2-1=1$.

例 4　设函数 $f(x)=3+2x$,求 $f(f(x)+5)$.

解　设 $u=f(x)+5$,则 $u=(3+2x)+5=8+2x$,

所以 $f(f(x)+5)=f(u)=3+2u=3+2(8+2x)=19+4x$.

例 5　已知 $f(x^2-1)=\ln\dfrac{x^2}{x^2-2}$,且 $f(\varphi(x))=\ln x$,求 $\varphi(x)$.

解　由 $f(x^2-1)=\ln\dfrac{x^2-1+1}{x^2-1-1}$,知 $f(x)=\ln\dfrac{x+1}{x-1}$,从而

$$f(\varphi(x))=\ln\dfrac{\varphi(x)+1}{\varphi(x)-1}=\ln x,$$

解得 $\varphi(x)=\dfrac{x+1}{x-1}$.

例 6　设函数 $f(x)=\begin{cases} x^2, & x<0, \\ -x, & x\geqslant 0, \end{cases} g(x)=\begin{cases} 2-x, & x\leqslant 0, \\ x+2, & x>0, \end{cases}$

求 $f[g(x)]$ 与 $g[f(x)]$.

分析　求复合函数 $f[g(x)]$ 的方法是在 $f(x)$ 的表达式中用 $g(x)$ 代替 x,包括刻画 $f(x)$ 的自变量取值范围的 x,在 $f[g(x)]$ 中由 $g(x)$ 的取值范围转换成 x 的取值范围,由此就可得到 $f[g(x)]$ 的最后表达式.求 $g[f(x)]$ 的方法相同.

解　$f[g(x)]=\begin{cases} [g(x)]^2, & g(x)<0, \\ -g(x), & g(x)\geqslant 0. \end{cases}$

由于 $g(x)=\begin{cases} 2-x, & x\leqslant 0, \\ x+2, & x>0, \end{cases}$ 因此 $g(x)\geqslant 2,x\in(-\infty,+\infty)$.

由此可得

$$f[g(x)]=-g(x)=\begin{cases} x-2, & x\leqslant 0 \\ -x-2, & x>0 \end{cases}.$$

另一方面,$g[f(x)]=\begin{cases} 2-f(x), & f(x)\leqslant 0 \\ f(x)+2, & f(x)>0 \end{cases}$,

由于 $f(x)=\begin{cases} x^2, & x<0 \\ -x, & x\geqslant 0 \end{cases}$,因此 $f(x)\leqslant 0$ 的范围是 $x\geqslant 0$,且 $f(x)=-x$;$f(x)>0$ 的范围是 $x<0$,且 $f(x)=x^2$.由此可得

$$g[f(x)] = \begin{cases} x+2, & x \geqslant 0 \\ x^2+2, & x < 0 \end{cases}.$$

可见,一般情况下,$f[g(x)]$ 和 $g[f(x)]$ 是不同的.

习题 1.3

1. 求下列函数的反函数及反函数的定义域:

(1) $y = \sqrt{1-x^2}$, $x \in [-1,0]$;

(2) $y = e^{3x-1}$, $x \in [0,+\infty)$,

(3) $y = 2\tan x$, $x \in \left[\dfrac{\pi}{2}, \dfrac{3\pi}{2} \right]$;

(4) $f(x) = \begin{cases} 1+e^{-x}, & x \leqslant 0, \\ 2-2x, & 0 < x < 1, \\ 2x-(1+x^2), & x \geqslant 1. \end{cases}$

2. 求由下列函数复合而成的复合函数:

(1) $y = u^3, u = \cos x$;

(2) $y = \sqrt{u}, u = 3^x$,

(3) $y = \lg u, u = v^2+1, v = \sec x$;

(4) $y = \sin u, u = \sqrt{v}, v = 2x+1$.

3. 设 $f(x) = 3x^2 - 2x, \varphi(t) = \lg(1+2t)$,求 $f(\varphi(t))$ 和 $\varphi(f(x))$.

4. 已知 $f(x^2-1) = \ln \dfrac{x^2+1}{x^2-3}$,且 $f(\varphi(x)) = x^2$,求 $\varphi(x)$ 及其定义域.

5. 设 $f(x) = \begin{cases} 1, & 0 \leqslant x \leqslant 1 \\ 2, & 1 < x \leqslant 2 \end{cases}$,求 $f(2x) + f(x-2)$ 的定义域.

6. 设 $f(x) = \begin{cases} x^2-1, & x \geqslant 0 \\ 1-x^2, & x < 0 \end{cases}$,求 $f(x) + f(-x)$.

7. 设 $f(x+1) = \begin{cases} x^2, & 0 \leqslant x \leqslant 1 \\ 2x, & 1 < x \leqslant 2 \end{cases}$,求 $f(x)$.

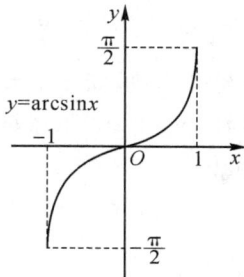

图 1-21

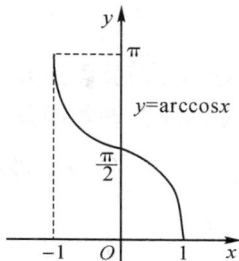

图 1-22

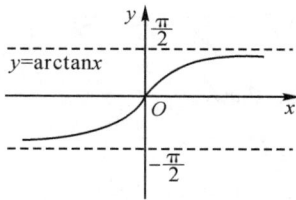

图 1-23

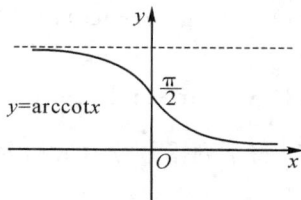

图 1-24

例如

$$\arcsin 1 = \frac{\pi}{2}, \qquad \arccos\left(-\frac{\sqrt{2}}{2}\right) = \frac{3\pi}{4},$$

$$\arctan(-\sqrt{3}) = -\frac{\pi}{3}, \qquad \operatorname{arccot}(-\sqrt{3}) = \frac{5\pi}{6}.$$

例 1　求函数 $y = \arccos\dfrac{1-x}{2}$ 的定义域.

解　由 $-1 \leqslant \dfrac{1-x}{2} \leqslant 1$,解得 $-1 \leqslant x \leqslant 3$,从而所求的定义域为 $[-1,3]$.

二、初等函数

由基本初等函数经过有限次四则运算和函数的复合运算所得到的函数,称为**初等函数**.

一般来说,初等函数都有一个解析表达式,例如

$$y = \sqrt{1 + (\ln\cos x)^2}, \quad y = \frac{\sin^2 x + x^5 - 1}{\sqrt{x^2 + 2}}, \quad y = \ln(1 + e^x)$$

等都是初等函数. 而分段函数一般不是初等函数,如 1.1 节中的符号函数 $y = \text{sgn}x$ 不是初等函数. 绝对值函数 $y = |x|$ 虽然是可分段表示,但由于 $|x| = \sqrt{x^2}$,故仍是初等函数.

习题 1.4

1. 确定下列初等函数的定义域.

(1) $y = \lg(\arcsin x)$；　　　　(2) $y = \dfrac{\arcsin \dfrac{2x-1}{7}}{\sqrt{x^2 - x - 6}}$；

(3) $y = \arcsin(\lg \dfrac{x}{10})$；　　(4) $\lg(\lg x)$.

2. 将下列函数分解成初等函数的复合.

(1) $y = (1 + x)^{20}$；　　　　(2) $y = (\arcsin x^2)^2$；

(3) $y = \lg(1 + \sqrt{1 + x^2})$；　(4) $y = 2^{\sin^2 x}$.

3. 在下列函数 $y = f(u), u = g(x)$ 中,哪些复合函数 $f(g(x))$ 有意义,其定义域如何?

(1) $f(u) = \arccos(2 + u), g(x) = x^4$；

(2) $f(u) = \arcsin u, g(x) = \lg x$；

(3) $f(u) = \arcsin u, g(x) = \dfrac{x}{1 + x^2}$.

§1.5　简单经济函数

在社会经济活动中,常常会涉及到一些经济变量,它们之间存在着各种依赖关系. 用数学方法解决经济问题时,就要找出这些经济量之间的函数关系,建立数学模型. 下面我们介绍一些常见的经济函数.

一、成本函数

成本函数 C 包括固定成本 C_0 和可变成本 C_1 两部分. 固定成本 C_0 是指一些与产量 Q 无关的成本, 如设备维修费、企业管理费等, 产量 $Q=0$ 时的总成本值就是固定成本, 即 $C_0 = C(0)$; 可变成本 C_1 是指随产量 Q 的增加而增加的成本, 如原材料费、动力费等. 所以, 成本函数

$$C = C(Q) = C_0 + C_1(Q).$$

在讨论总成本的基础上, 还要进一步讨论均摊在单位产量上的成本, 均摊在单位产量上的成本称为**平均成本函数**, 记作

$$\overline{C} = \overline{C}(Q) = \frac{C(Q)}{Q}.$$

例 1 某工厂生产某产品, 每日最多生产 100 单位, 它的日固定成本为 130 元, 生产一个单位产品的可变成本为 6 元. 求该厂日总成本函数及平均单位成本函数.

解 设日总成本为 C, 平均单位成本为 $\overline{C}$, 日产量为 Q, 根据题意, 日总成本函数为

$$C = C(Q) = 130 + 6Q, \ Q \in [0,100],$$

平均成本函数为

$$\overline{C} = \overline{C}(Q) = \frac{C(Q)}{Q} = \frac{130}{Q} + 6, \ Q \in (0,100].$$

二、需求函数

"需求"指在一定价格条件下, 消费者愿意购买并且有支付能力购买的商品量.

在理想情况下, 商品的生产既满足市场需求又不造成积压. 这时需求多少就销售多少, 销售多少就生产多少, 即产量等于销售量, 也等于需求量, 所以这几个概念通常用记号 Q 表示, 有时也用记号 x 表示.

对某种商品的需求是多种因素决定的, 如人口、收入、该商品的

质量、价格、消费者的趣味和偏好等,其中价格是一种影响需求量的基本因素. 假设把除价格外的其他因素均视为常量,则社会对某商品的需求量 Q 为价格 P 的函数,

$$Q = f(P),$$

此函数称为**需求函数**. 一般来说,在商品质量一定的情况下,商品价格低,需求量大;商品价格高,需求量小. 因此,需求函数 $Q = f(P)$ 是单调减函数.

称需求函数的反函数 $P = f^{-1}(Q)$ 为**价格函数**.

三、收益函数

总收益是生产者出售一定量产品所得到的全部收入. 设 P 为商品价格,Q 为销售量,R 为总收益,则有

总收益函数 $R = R(Q) = PQ$,

平均收益函数 $\bar{R} = \bar{R}(Q) = \dfrac{R(Q)}{Q} = P$.

例 2　某玩具厂现在开发了一种新产品,已知生产一个玩具的可变成本为 20 元,每天的固定成本为 3000 元,若每个玩具的售价为 25 元,为了不亏本,每天应至少生产多少个这样的玩具?

解　由已知可得该厂生产玩具的总成本为 $C(x) = 3000 + 20x$,总收入为 $R(x) = 25x$. 为了不亏本,要求 $R(x) - C(x) \geqslant 0$,即

$$25x - (3000 + 20x) \geqslant 0,$$

解得 $x \geqslant 600$(个). 因此,为了不亏本,至少每天要生产 600 个玩具.

例 3　某产品日产量为 x 件,每天生产不超过 150 件,且全部售出. 当日产量在 90 件以下时,每件售价为 50 元;当日产量超过 90 件时,每增加一件销售价格下降 0.5 元. 试写出日销售收入 R 与日销售量 x 的函数关系式.

解　由题意有

当日产量在 90 件以下,即 $x \leqslant 90$ 时,日销售收入 $R(x) = 50x$(元);

当日产量超过 90 件,即 $90 < x \leqslant 150$ 时,销售价格为 $50 - 0.5 \times$

则日销售收入 $R(x) = [50 - 0.5 \times (x - 90)]x$(元). 所

收入 $R(x)$ 是日销售量 x 的分段函数

$$R(x) = \begin{cases} 50x, & x \leqslant 90 \\ [50 - 0.5 \times (x - 90)]x, & 90 < x \leqslant 150 \end{cases},$$

$$R(x) = \begin{cases} 50x, & x \leqslant 90 \\ 95x - 0.5x^2, & 90 < x \leqslant 150 \end{cases}.$$

4、利润函数

设某商品的成本函数为 C,销售收益函数为 R,则销售某商品个单位时的总利润函数为

$$L = L(Q) = R(Q) - C(Q).$$

例 4 某产品的价格 P 与销售量 Q 的关系为 $P = 10 - 0.2Q$,成本函数为 $C = 50 + 2Q$. 求销售量为 30 时的总收益、平均收益和总利润.

解 总收益 $R(Q) = Q \cdot P(Q) = 10Q - 0.2Q^2$,因此 $R(30) = 120$,平均收益 $\bar{R}(30) = 4$,总利润

$$L(Q) = R(Q) - C(Q) = 10Q - 0.2Q^2 - (50 + 2Q)$$
$$= 8Q - 0.2Q^2 - 50,$$

所以 $L(30) = 10$.

例 5 某产品总成本 C 元为日产量 x kg 的函数

$$C = C(x) = \frac{1}{9}x^2 + 6x + 100,$$

产品销售价格为 p 元 /kg,它与日产量 x kg 的关系为

$$p = p(x) = 46 - \frac{1}{3}x,$$

试将每日产品全部销售后获得的总利润 L 元表示为日产量 x kg 的函数.

解 由题意可知,总收益为

$$R = R(x) = xp(x) = x(46 - \frac{1}{3}x) = -\frac{1}{3}x^2 + 46x,$$

总成本为

$$C = C(x) = \frac{1}{9}x^2 + 6x + 100.$$

所以每日产品全部销售后获得的总利润

$$L = L(x) = R(x) - C(x)$$

$$= (-\frac{1}{3}x^2 + 46x) - (\frac{1}{9}x^2 + 6x + 100)$$

$$= -\frac{4}{9}x^2 + 40x - 100 (元).$$

由于产量 $x > 0$,又由于销售价格 $p > 0$,即 $46 - \frac{1}{3}x > 0$,得到 $0 < x < 138$,因此函数定义域为 $0 < x < 138$.

上述讨论的目的不仅是建立经济方面函数关系式,而是在此基础上继续研究它们的性质,其中一个主要内容是求它们的最值点,即讨论经济方面函数的优化问题,如在例 3 中,当日产量 x 为多少时,才能使得每日产品全部销售后获得的总利润 L 最大?这种问题将在后面的章节中得到解决.

习题 1.5

1. 某工厂生产某种产品的产量为 Q,固定成本为 12.5 万元,可变成本为 $15Q - 0.1Q^2$ 万元,试写出总成本函数.

2. 某产品总成本 C 为月产量 Q 的函数 $C(Q) = \frac{1}{5}Q^2 + 4Q + 20$,产品销售价格为 P,需求函数为 $Q(P) = 160 - 5P$,试将:

(1) 平均单位成本 $\bar{C}$ 表示为月产量 Q 的函数;

(2) 每月产品全部销售后获得的总收益 R 表示为销售价格 P 的函数.

3. 某厂生产一种产品,单位售价为 200 元,若月产量为 400 件,则当月能全部售出;若月产量超过 400 件,可以通过宣传多售出 150 件,超出部分的平均宣传费用为 25 元／件;若生产再多将无法售出.试写出月销售收入 R 与月产量的函数关系式.

4. 某企业对某产品制订了如下的销售策略：购买不超过 20 千克，每千克 10 元；购买不超过 200 千克，其中超过 20 千克的部分，每千克 7 元；购买超过 200 千克的部分，每千克 5 元. 试写出购买量为 x 千克的费用函数 $C(x)$.

5. 某厂生产一种产品，固定成本为 6 元，单位产品的可变成本为 25 元，若该产品的单价为 35 元，求总利润函数.

6. 已知某商品的需求函数为 $Q = 24 - \dfrac{P}{3}$，求销售该商品 10 个单位时的总收入是多少？

复习题一

一、单项选择题

1. 设 $A = \{x \mid -3 \leqslant x \leqslant 3\}$，$B = \{x \mid 0 \leqslant x \leqslant 5\}$，则有（　　）.

A. $A \supset B$　　　　　　　B. $A \subset B$

C. $(A \cap B) \supset B$　　　D. $(A \cap B) \subset B$

2. 下列集合中为空集的是（　　）.

A. $\{x \mid e^x = 1\}$　　　　B. $\{0\}$

C. $\{(x, y) \mid x^2 + y^2 = 0\}$　　D. $\{x \mid x^2 + 1 = 0, x \in \mathbf{R}\}$

3. 函数 $y = \sqrt{5-x} + \ln(x-1)$ 的定义域是（　　）.

A. $(0, 5]$　　B. $(1, 5]$　　C. $(1, 5)$　　D. $(1, +\infty)$

4. 函数 $f(x) = \sqrt{x^2}$ 与 $g(x) = x$ 表示同一函数，则它们的定义域是（　　）.

A. $(-\infty, 0]$　　　　　　B. $[0, +\infty)$

C. $(-\infty, +\infty)$　　　　D. $(0, +\infty)$

5. 已知 $f(x)$ 的定义域是 $[0, 3a]$，则 $f(x+a) + f(x-a)$ 的定义域是（　　）.

A. $[a, 3a]$　　B. $[a, 2a]$　　C. $[-a, 4a]$　　D. $[0, 2a]$

6. 下列函数中，函数的图象关于原点对称的是（　　）.

A. $y = \sin|x|$ B. $y = 3\sin 2x + 1$

C. $y = -x^3 \sin x$ D. $y = x^2 \sin x$

7. 函数 $f(x) = \dfrac{1}{2}(e^x - e^{-x})$ 是（   ）.

A. 偶函数   B. 奇函数

C. 非奇非偶函数   D. 奇偶性不能判定的函数

8. 设函数 $f(x)$ 在 $[-a, a](a > 0)$ 上是偶函数，则 $f(-x)$ 在 $[-a, a](a > 0)$ 上是（   ）.

A. 奇函数   B. 偶函数

C. 非奇非偶函数   D. 可能是奇函数，也可能是偶函数

9. 下列函数为偶函数的是（   ）.

A. $f(x) = \dfrac{\sin x}{x}$ B. $f(x) = \arccos x$

C. $f(x) = \sin x + \cos x$ D. $f(x) = \dfrac{1}{2}(e^x - e^{-x})$

10. 设 $f(\sin x) = 3 - \cos 2x$，则 $f(\cos x) = $（   ）.

A. $3 - \sin 2x$ B. $3 + \sin 2x$

C. $2 - 2\cos^2 x$ D. $2 + 2\cos^2 x$

11. 在实数范围内，下列函数中为有界函数的是（   ）.

A. e^x B. $1 + \sin x$ C. $\ln x$ D. $\tan x$

12. 下列区间中，函数 $f(x) = \ln(5x + 1)$ 为有界的区间是（   ）.

A. $\left(-1, \dfrac{1}{5}\right)$ B. $\left(-\dfrac{1}{5}, 5\right)$ C. $\left(0, \dfrac{1}{5}\right)$ D. $\left(\dfrac{1}{5}, +\infty\right)$

13. 函数 $f(x) = \begin{cases} |\sin x|, & |x| < 1 \\ 0, & |x| \geqslant 1 \end{cases}$，则 $f\left(-\dfrac{\pi}{3}\right) = $（   ）.

A. 0   B. 1   C. $\dfrac{\sqrt{3}}{2}$ D. $-\dfrac{\sqrt{3}}{2}$

14. 已知 $f(x) = \ln x + 1$，$g(x) = \sqrt{x} + 1$，则 $f(g(x)) = $（   ）.

A. $\ln\sqrt{x} + 1$ B. $\ln\sqrt{x} + 2$

C. $\ln(\sqrt{x} + 1) + 1$ D. $\sqrt{\ln(x + 1)} + 1$

15. 设 $\varphi(x) = \begin{cases} 1, & |x| \leqslant 1 \\ 0, & |x| > 1 \end{cases}$，那么 $\varphi(\varphi(x)) = ($　　$)$.

A. $0, x \in (-\infty, +\infty)$　　　　B. $\varphi(x), x \in (-\infty, +\infty)$

C. 不存在　　　　　　　　D. $1, x \in (-\infty, +\infty)$

二、填空题

1. 设 $f(x-1) = x^2 - x$，则 $f(x) = \underline{\qquad}$.

2. 设 $f(x) = x^2, g(x) = \sin x$，则 $f[g(x)] = \underline{\qquad}$.

3. 函数 $y = \sqrt{\dfrac{1+x^2}{1-x^2}}$ 的定义域是 $\underline{\qquad}$.

4. 函数 $f(x) = \lg(2-x) x \leqslant 0$ 的值域是 $\underline{\qquad}$.

5. 已知 $f(3x) = \log^2(9x^2 - 6x + 5)$，则 $f(1) = \underline{\qquad}$.

6. 函数 $y = \arccos(x^2 - 2x - 3)$ 的单调减区间为 $\underline{\qquad}$.

7. 设 $f(x) = \sqrt{\dfrac{4x+3}{x-3}}$，则 $f(x)$ 的值域为 $\underline{\qquad}$.

8. 设 $f(x) = \dfrac{1}{x}$，则 $f[f(x)] = \underline{\qquad}$.

9. $y = f(\lg x)$ 的定义域为 $\left[\dfrac{1}{2}, 2\right]$，则 $y = f(x)$ 的定义域

为 $\underline{\qquad}$.

10. 设 $f(x) = \begin{cases} 2^x, & -1 \leqslant x < 0 \\ 2, & 0 \leqslant x < 1 \\ x-1, & 1 \leqslant x < 3 \end{cases}$，则 $f(x)$ 的定义域为

$\underline{\qquad}$，值域为 $\underline{\qquad}$.

三、计算题

1. 求下列函数的定义域：

(1) $y = \sqrt{x-2} + \dfrac{1}{x-3} + \lg(5-x)$；

(2) $y = 1 - \dfrac{1}{1 - \dfrac{1}{\sqrt{1-x}}}$.

2. 复合函数的计算.

(1) 设 $g(2x-3) = \begin{cases} x^2, & x \geqslant 1 \\ -2x+1, & x < 1 \end{cases}$,求 $g(x)$.

(2) $f\left(x - \dfrac{1}{x}\right) = \dfrac{x^2}{1+x^4}$,求 $f(x)$.

3. 设函数 $f(x) = \begin{cases} 2+x, & x \leqslant 0 \\ 2^x, & x > 0 \end{cases}$,求

(1) $f(-3), f(0), f(1)$,

(2) $f(\Delta x) - f(0), f(-\Delta x) - f(0)(\Delta x > 0)$.

4. 设函数 $f(x) = \dfrac{1-x}{1+x}$,求 $f(-x), f(x+1), f(x)+1, f\left(\dfrac{1}{x}\right)$,

$\dfrac{1}{f(x)}, f(x^2), f(f(x))$.

5. 判别下列函数的奇偶性.

(1) $f(x) = \dfrac{1}{2}x^4 + x^2 - 1$;

(2) $f(x) = x + \sin x$;

(3) $f(x) = x^2 e^{-x^2}$.

6. 设函数 f 定义在 $[-a,a]$ 上,证明:

(1) $F(x) = f(x) + f(-x), x \in [-a,a]$ 为偶函数;

(2) $G(x) = f(x) - f(-x), x \in [-a,a]$ 为奇函数;

(3) $f(x)$ 可表示为某个奇函数与某个偶函数之和.

7. 某厂生产某种商品的最高日产量为 100 吨,固定成本为 130 万元,每生产 1 吨成本增加 6 万元.试求该厂日产量的总成本函数和平均成本函数.

8. 某厂生产某种产品,销售量在 100 件以内时,每件价格为 150 元;超过 100 件到 200 件的部分按九折出售;超过 200 件的部分按八五折出售.试求该产品的总收入函数.

第 2 章　极限与连续

　　极限是在研究变量(在某一过程中)的变化趋势时所引出的一个非常重要的概念.微积分学中的许多基本概念,例如连续、导数、定积分、无穷级数等都是建立在极限的基础上,而极限方法又是我们研究函数的一种最基本的方法.

　　在本章中我们将介绍极限的概念、性质和运算法则;介绍与极限概念密切相关的、且在微积分运算中扮演重要角色的无穷小量;我们还将求得两个应用广泛的重要极限.后半部分将通过极限引入函数的一类重要性质 —— 连续性.

§2.1　数列的极限

一、数列的概念

定义 2.1　按照一定顺序排列的可列个数

$$x_1, x_2, \cdots, x_n, \cdots$$

称为一个**数列**,记作 $\{x_n\}$.数列中的每一个数叫做数列的**项**,第 n 项 x_n 叫做数列的**一般项或通项**.

　　例如:

　　(1) 数列 $1, \dfrac{1}{2}, \dfrac{1}{4}, \cdots, \dfrac{1}{2^{n-1}}, \cdots$,一般项 $x_n = \dfrac{1}{2^{n-1}}$;

　　(2) 数列 $1, -\dfrac{1}{2}, \dfrac{1}{3}, -\dfrac{1}{4}, \cdots, (-1)^{n+1}\dfrac{1}{n}, \cdots$,一般项 $x_n = (-1)^{n+1}\dfrac{1}{n}$;

（3）数列 $\dfrac{1}{2},\dfrac{2}{3},\dfrac{3}{4},\cdots,\dfrac{n}{n+1},\cdots$，一般项 $x_n=\dfrac{n}{n+1}$；

（4）数列 $1,-1,1,-1,\cdots,(-1)^{n+1},\cdots$，一般项 $x_n=(-1)^{n+1}$；

（5）数列 $1,\sqrt{2},\sqrt{3},\cdots,\sqrt{n},\cdots$，一般项 $x_n=\sqrt{n}$.

二、数列的极限

为了研究当 n 无限增大（用符号 $n\to\infty$ 表示，读作 n 趋于无穷大）过程中数列 $\{x_n\}$ 的变化趋势，我们继续讨论上面例子□的几个数列.

观察上述 5 个数列，当 $n\to\infty$ 时，（1）中的数列 $\left\{\dfrac{1}{2^{n-1}}\right\}$ 无限接近于 0；（2）中的数列 $\left\{(-1)^{n+1}\dfrac{1}{n}\right\}$ 从 0 的两侧无限接近于 0；（3）中的数列 $\left\{\dfrac{n}{n+1}\right\}$ 无限接近于 1；而（4），（5）中的两个数列不具备此特点. 此时称 0 为数列 $\left\{\dfrac{1}{2^{n-1}}\right\}$ 和 $\left\{(-1)^{n+1}\dfrac{1}{n}\right\}$ 的极限，1 为数列 $\left\{\dfrac{n}{n+1}\right\}$ 的极限.

一般来说，对于给定的数列 $\{x_n\}$，如果当 n 无限增大时，数列的一般项 x_n 无限地趋近于某一确定的数值 a，则称常数 a 是数列 $\{x_n\}$ 的**极限**，或称数列 $\{x_n\}$ **收敛于** a. 记作

$$\lim_{n\to\infty}x_n=a.$$

如果数列没有极限，就说数列是**发散的**.

上面给出了数列极限的定性描述. 定义中"当 n 无限增大时，数列的一般项 x_n 无限地趋近于某一确定的数值 a"，意思是说：当 n 充分大时，x_n 与 a 可以任意地靠近，而且要多么靠近就能多么靠近，可见这是一种直观的描述. 通常我们用 $|x_n-a|$ 来衡量 x_n 趋向于 a 的程度. 现在以上面（3）中的数列 $\left\{\dfrac{n}{n+1}\right\}$ 为例来分析.

由于 $|x_n-1|=\dfrac{1}{n}$，因此随着 n 的不断增大，$|x_n-1|$ 可以无限地变小，从而 x_n 可以无限地接近于 1.

来说,如果指定一个小正数,如 $\frac{1}{10^2}$,要使 $|x_n - 1| < \frac{1}{10^2}$,只要 $n > 100$,即从第 101 项起以后的一切项均能满足 $|x_n - 1| < \frac{1}{10^2}$;而如果再指定一个更小的正数 $\frac{1}{10^4}$,要使 $|x_n - 1| < \frac{1}{10^4}$,只要 $n >$ 10000,即从第 10001 项起以后的一切项均能满足 $|x_n - 1| <$ $\frac{1}{10^4}$;⋯.

由此可见,不论事先指定一个多么小的正数,都能达到要求. 由于最小的正数是不存在的,为了给出数列极限的定量描述,我们引入 ε 来表示这样一个任意小的正数,无论它多么小,要使 $|x_n - 1| = \frac{1}{n}$ $< \varepsilon$,只要 $n > \frac{1}{\varepsilon}$,即从第 $\left[\frac{1}{\varepsilon}\right] + 1$ 项以后的一切项均能满足 $|x_n - 1| = \frac{1}{n} < \varepsilon$. 也就是在 n 无限增大的变化过程中,总有那么一个时刻,在那个时刻之后,总有 $|x_n - 1|$ 小于事先指定的正数 ε,因为 ε 是任意的,所以数列 $\{x_n\}$ 无限接近于常数 1,此时我们就称数列 $\{x_n\}$ 以常数 1 为极限.

推广到一般数列,我们给出数列极限的"$\varepsilon - N$"语言定义.

定义 2.2 设 $\{x_n\}$ 是一个数列,a 是一个常数,若对于任意给定的正数 ε,不论它多么小,都存在正整数 N,使得当 $n > N$ 时,都有 $|x_n - a| < \varepsilon$ 成立,则称 a 是数列 $\{x_n\}$ 的**极限**,或称数列 $\{x_n\}$ **收敛于** a,记作

$$\lim_{n \to \infty} x_n = a, \quad \text{或} \quad x_n \to a \quad (n \to \infty).$$

此时也称数列 $\{x_n\}$ 的**极限存在**. 否则,称 $\{x_n\}$ 的**极限不存在**,或称 $\{x_n\}$ **发散**.

数列极限的几何意义是:如果我们用数轴上的点表示 $\{x_n\}$ 的值,则对于任意给定的 $\varepsilon > 0$,总存在着一个非负整数 N,使得数列从第 $N+1$ 项开始,以后的一切 x_n 的值 $x_{N+1}, x_{N+2}, \cdots, x_n, \cdots$ 都落在 a 的

ε 邻域 $U(a,\varepsilon)$ 内,而在 $U(a,\varepsilon)$ 外,至多有 N 项(有限项).由~~径 ε
可任意小,而邻域 $U(a,\varepsilon)$ 中总有无穷多个 $\{x_n\}$ 中的点,而 $U(a$~~ ε
仅有有限个 $\{x_n\}$ 中的点,换句话说,$\{x_n\}$ 中的点几乎都"凝聚"在点 a
的附近,所以也称 a 为 $\{x_n\}$ 的**聚点**.(见图 $2-1$)

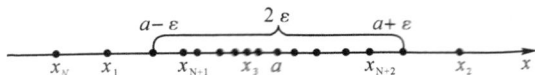

图 $2-1$

例 1　证明 $\lim\limits_{n \to \infty} \dfrac{1}{n^3} = 0$.

证　对于任意给定的 $\varepsilon > 0$,要使

$$\left| \frac{1}{n^3} - 0 \right| = \frac{1}{n^3} < \varepsilon,$$

只要使 $n > \dfrac{1}{\sqrt[3]{\varepsilon}}$ 就可以了.因此,取正整数 $N = \left[\dfrac{1}{\sqrt[3]{\varepsilon}} \right] + 1$,则当 $n > N$

时,$\left| \dfrac{1}{n^3} - 0 \right| < \varepsilon$ 恒成立,即 $\lim\limits_{n \to \infty} \dfrac{1}{n^3} = 0$.

习题 2.1

1. 从极限的直观定义出发,求下列数列的极限:

(1) $x_n = (-1)^{n-1} \dfrac{1}{n-3}$;　　　　　(2) $x_n = 3^{(-1)^n}$;

(3) $x_n = \lg \dfrac{1}{n}$;　　　　　(4) $x_n = \dfrac{n-1}{n+2}$;

(5) $x_n = \dfrac{1-(-1)^n}{2^n}$;　　　　　(6) $0, \dfrac{1}{2}, 0, \dfrac{1}{4}, 0, \dfrac{1}{6}, \cdots$;

(7) $-\dfrac{1}{3}, \dfrac{3}{5}, -\dfrac{5}{7}, \dfrac{7}{9}, -\dfrac{9}{11}, \cdots$.

2. 用数列极限的定义证明:

(1) $\lim\limits_{n \to \infty} \dfrac{n}{n^2+1} = 0$;　　　　　(2) $\lim\limits_{n \to \infty} \dfrac{3n+2}{2n+3} = \dfrac{3}{2}$.

§2.2　函数的极限

数列$\{x_n\}$可以看作是定义在正整数集上的函数,它的极限研究的是当自变量n"离散地"取正整数且无限增大时,函数$f(n)=x_n$是否无限接近于某一常数a.本节将数列极限的概念推广到一元函数,讨论定义在区间上的函数$f(x)$,当自变量x在区间上"连续地"变化时,函数$f(x)$是否无限接近于某一常数a.两者的不同主要表现在自变量的变化状态上,前者是"离散变量",后者是"连续变量".根据自变量变化情况的不同,函数极限主要讨论两类问题:一是自变量趋于无穷大时函数的极限,二是自变量趋于有限值时函数的极限.

一、$x \to \infty$ 时,函数的极限

例如,函数$f(x)=1+\dfrac{1}{x}$ $(x \neq 0)$(如图$2-2$).

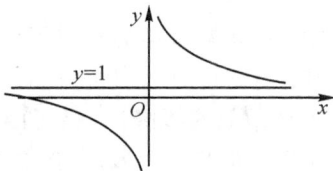

图 2 - 2

在$x>0$的范围内,当自变量x向增大的方向(向右)无限延伸时,记作$x \to +\infty$,函数值$1+\dfrac{1}{x}$无限地接近于1,这时,我们就把1称为函数$f(x)=1+\dfrac{1}{x}$当$x \to +\infty$时的极限;

在$x<0$的范围内,当自变量x向减小的方向(向左)无限延伸时,记作$x \to -\infty$,函数值$1+\dfrac{1}{x}$也无限地接近于1,这时,我们把1称为函数$f(x)=1+\dfrac{1}{x}$当$x \to -\infty$时的极限;

当自变量的绝对值 $|x|$ 无限增大时,记作 $x \to \infty$(即 $x \to \infty$ 意味着同时考虑 $x \to +\infty$ 与 $x \to -\infty$),函数值 $1 + \dfrac{1}{x}$ 无限地接近于 1,这时,我们可以把 1 称为函数 $f(x) = 1 + \dfrac{1}{x}$ 当 $x \to \infty$ 时的极限.

一般来说,给定函数 $f(x)$,如果当 x 无限增大时,$f(x)$ 无限地趋向于某一个常数 A,那么我们就称 A 为当 x 趋于无穷时函数 $f(x)$ 的极限.

与数列极限的定义类似,我们也可以用"$\varepsilon - X$"语言来描述这个极限.

定义 2.3($x \to +\infty$ 时函数的极限) 给定函数 $y = f(x)$. 如果存在常数 A,对于任意给定的正数 ε,不论它多么小,总存在一个正数 X,使得当 $x > X$ 时,不等式

$$|f(x) - A| < \varepsilon$$

都成立,则称 A 为 x 趋于无穷时函数 $y = f(x)$ 的极限,记作

$$\lim_{x \to +\infty} f(x) = A \text{ 或 } f(x) \to A(x \to +\infty).$$

同时,也称 $f(x)$ 收敛于 A. 如果这样的常数不存在,则称当 $x \to +\infty$ 时,$f(x)$ 的极限不存在.

定义 2.4($x \to -\infty$ 时函数的极限) 给定函数 $y = f(x)$. 如果存在常数 A,对于任意给定的正数 ε,不论它多么小,总存在一个正数 X,使得当 $x < -X$ 时,不等式

$$|f(x) - A| < \varepsilon$$

都成立,则称 A 为 x 趋于负无穷时函数 $y = f(x)$ 的极限,记作

$$\lim_{x \to -\infty} f(x) = A \text{ 或 } f(x) \to A(x \to -\infty).$$

定义 2.5($x \to \infty$ 时函数的极限) 给定函数 $y = f(x)$. 如果存在常数 A,对于任意给定的正数 ε,不论它多么小,总存在一个正数 X,使得当 $|x| > X$ 时,不等式

$$|f(x) - A| < \varepsilon$$

都成立,则称 A 为 x 趋于无穷时函数 $y = f(x)$ 的极限,记作

$$\lim_{x \to \infty} f(x) = A \text{ 或 } f(x) \to A(x \to \infty).$$

$x \rightarrow \infty$ 时函数极限的几何意义是：对任意给定的 $\varepsilon > 0$，在直线 $y = A$ 的上下方各作一直线 $y = A + \varepsilon$ 与 $y = A - \varepsilon$，则总有一个正数 X，使得在区间 $(-\infty, -X)$ 与 $(X, +\infty)$ 内，函数 $f(x)$ 的图象位于这两条直线之间.（图 $2 - 3$）

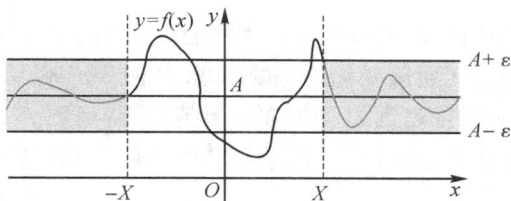

图 2 - 3

对于 $x \rightarrow +\infty$ 和 $x \rightarrow -\infty$ 时，函数的几何意义也有类似的讨论.

定理 2.1　对于给定的函数 $f(x)$ 及常数 A，$\lim\limits_{x \to \infty} f(x) = A$ 的充分必要条件是 $\lim\limits_{x \to +\infty} f(x) = \lim\limits_{x \to -\infty} f(x) = A$.

例 1　用函数极限的定义证明 $\lim\limits_{x \to \infty} \dfrac{1}{x} = 0$.

证　这里 $|f(x) - A| = \left| \dfrac{1}{x} - 0 \right| = \dfrac{1}{|x|}$. 要使 $|f(x) - A| < \varepsilon$，只要 $\dfrac{1}{|x|} < \varepsilon$，即 $|x| > \dfrac{1}{\varepsilon}$.

因而任给 $\varepsilon > 0$，取 $X = \dfrac{1}{\varepsilon}$，则当 $|x| > X$ 时，就有

$$\left| \dfrac{1}{x} - 0 \right| = \dfrac{1}{|x|} < \dfrac{1}{X} = \varepsilon,$$

故 $\lim\limits_{x \to \infty} \dfrac{1}{x} = 0$.

类似地，我们也可以证明

$$\lim\limits_{x \to -\infty} \arctan x = -\dfrac{\pi}{2}, \qquad \lim\limits_{x \to +\infty} \arctan x = \dfrac{\pi}{2},$$

但需要注意的是，此时 $\lim\limits_{x \to \infty} \arctan x$ 不存在.

二、$x \to x_0$ 时,函数的极限

我们先观察 $y = x + 1$,当 x 无限趋近 1 时,y 无限趋近 2. 再看一个例子:$y = \dfrac{x^2 - 1}{x - 1}$,尽管点 $x_0 = 1$ 不在其定义域中,但该点附近有无穷个自变量的取值点,所以仍可以考虑自变量趋于固定点 $x_0 = 1$ 时,函数对应的值有无明确变化趋势的问题. 从图 2 - 4 容易看出,当 x 无限趋近 1 时,y 无限趋近 2. 因而在一般情况下,函数 $f(x)$ 在点 x_0 处的极限是否存在与它在点 x_0 处有无定义没有必然联系.

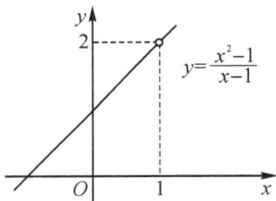

图 2 - 4

一般来说,设 $y = f(x)$ 在点 x_0 的某一去心邻域内有定义,如果当 x 无限地接近于 $x_0 (x \neq x_0)$ 时,对应的函数值 $f(x)$ 无限接近于某一常数 A,则称 A 是 $f(x)$ 当 $x \to x_0$ 时的极限,记作

$$\lim_{x \to x_0} f(x) = A \quad 或 \quad f(x) \to A (x \to x_0).$$

由此可见,上述问题中,我们有

$$\lim_{x \to 1} \frac{x^2 - 1}{x - 1} = 2.$$

这就是说,当 x 无限地接近于 1 时,$f(x)$ 就无限地接近于 2. 换句话说,$f(x)$ 与 2 的距离 $|f(x) - 2|$ 可以任意地小,只要 x 与 1 的距离 $|x - 1|$ 充分的小. 例如,要使

$$|f(x) - 2| = |x - 1| < 0.01,$$

只要 $|x - 1| < 0.005$ 即可;要使

$$|f(x) - 2| = |x - 1| < 0.001,$$

只要 $|x - 1| < 0.0005$ 即可. 我们知道最小的正数是不存在的,不能

无止境地这样列举下去,因此,对于上述的数量关系,我们给出了一个一般的说法:对于任意给定的正数 ε,都存在着这样一个正数 $\delta(=\dfrac{\varepsilon}{2})$,使得当 $x \in \overset{0}{U}(1,\delta)$ 时,有不等式

$$| f(x) - 2 | < \varepsilon$$

成立.

　　需要说明的是,我们在讨论函数在 $x = x_0$ 点(上面例子中 $x_0 = 1$)的极限过程的时候,我们只关心函数 $f(x)$ 在 x_0 点附近的变化趋势,而与它在 x_0 点处有无定义是无关的. 下面我们给出当 $x \to x_0$ 时,函数 $f(x)$ 极限的定量描述,即用"$\varepsilon - \delta$"的语言来描述.

　　定义 2.6　设函数 $f(x)$ 在点 x_0 的某一去心邻域内有定义,如果存在常数 A,对于任意给定的正数 ε,不论它多么小,总存在着一个正数 δ,使得当 $0 < | x - x_0 | < \delta$ 时,有 $| f(x) - A | < \varepsilon$ 成立,则称 A 为当 $x \to x_0$ 时,函数 $f(x)$ 的极限. 否则称当 $x \to x_0$ 时,函数 $f(x)$ 的极限不存在.

　　$x \to x_0$ 时的函数极限的几何意义是:对任意给定的 $\varepsilon > 0$,在直线 $y = A$ 的上下方各作一直线 $y = A + \varepsilon$ 与 $y = A - \varepsilon$,则总有一个正数 δ,使得在区间 $(x_0 - \delta, x_0 + \delta)$ 内,函数 $f(x)$ 的图象位于这两条直线之间(图 2-5).

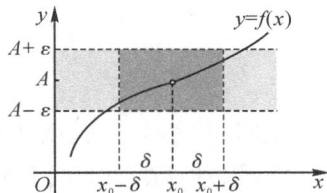

图 2-5

　　例 2　证明: $\lim\limits_{x \to -3}(\dfrac{1}{3}x + 2) = 1$.

　　证　对于任给的 $\varepsilon > 0$,要使

$$\left| (\dfrac{1}{3}x + 2) - 1 \right| = \left| \dfrac{1}{3}x + 1 \right| = \dfrac{1}{3} | x + 3 | < \varepsilon,$$

只要 $|x+3|<3\varepsilon$ 即可. 因此取 $\delta=3\varepsilon$,则当 $0<|x-(-3)|<\delta$ 时,就有

$$\left|\left(\frac{1}{3}x+2\right)-1\right|<\varepsilon,$$

成立,从而由定义知 $\lim\limits_{x\to-3}\left(\frac{1}{3}x+2\right)=1$.

例 3 讨论当 $x\to0$ 时,函数 $f(x)=\sin\frac{1}{x}$ 的变化趋势.

解 因为当 x 无限趋向于 0 时,函数 $f(x)=\sin\frac{1}{x}$ 的图形在 -1 与 1 之间无限次地摆动,$f(x)$ 不趋向于某一个常数,所以当 $x\to0$ 时,$f(x)=\sin\frac{1}{x}$ 没有极限(图 2-6).

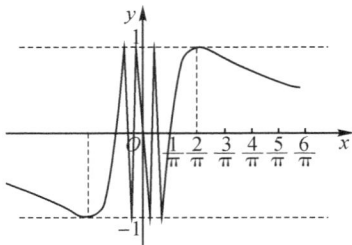

图 2-6

三、单侧极限

当 $x\to x_0$ 时,函数的极限概念中,x 是既从 x_0 的左侧又从 x_0 的右侧趋于 x_0 的.但有时对于某些函数(如单调函数、分段函数等)在研究其变化趋势时,往往需要考虑自变量 x 从 x_0 的一侧趋于 x_0 时,函数 $f(x)$ 的极限,我们称之为**单侧极限**.

定义 2.7 设函数 $f(x)$ 在点 x_0 的某个左邻域内有定义,如果存在常数 A,对于任意给定的正数 ε,不论它多么小,总存在着一个正数 δ,使得当 $-\delta<x-x_0<0$ 时,有 $|f(x)-A|<\varepsilon$ 成立,则称 A 为当 $x\to x_0$ 时,函数 $f(x)$ 的**左极限**,记作

$$\lim_{x \to x_0^-} f(x) = A \text{ 或 } f(x_0^-) \text{ 或 } f(x_0 - 0).$$

定义 2.8　设函数 $f(x)$ 在点 x_0 的某个右邻域内有定义,如果存在常数 A,对于任意给定的正数 ε,不论它多么小,总存在着一个正数 δ,使得当 $0 < x - x_0 < \delta$ 时,有 $|f(x) - A| < \varepsilon$ 成立,则称 A 为当 $x \to x_0$ 时,函数 $f(x)$ 的**右极限**,记作

$$\lim_{x \to x_0^+} f(x) = A \text{ 或 } f(x_0^+) \text{ 或 } f(x_0 + 0).$$

根据 $x \to x_0$ 时函数 $f(x)$ 的极限的定义,以及左、右极限的定义,容易证明如下定理.

定理 2.2　$\lim\limits_{x \to x_0} f(x)$ 存在且等于 A 的充要条件是 $f(x)$ 在点 x_0 处的左、右极限都存在且都等于 A,即

$$\lim_{x \to x_0^+} f(x) = \lim_{x \to x_0^-} f(x) = A.$$

对于分段函数,在分界点处使用左、右极限的概念及定理 2.2 是很方便的.

例 3　讨论 $\lim\limits_{x \to 0} \dfrac{|x|}{x}$ 的存在性.

解　由函数 $\dfrac{|x|}{x} = \begin{cases} 1, & x > 0 \\ -1, & x < 0 \end{cases}$,可得

$$\lim_{x \to 0^+} \frac{|x|}{x} = \lim_{x \to 0^+} 1 = 1, \qquad \lim_{x \to 0^-} \frac{|x|}{x} = \lim_{x \to 0^-} (-1) = -1.$$

左、右极限都存在,但不相等,因此 $\lim\limits_{x \to 0} \dfrac{|x|}{x}$ 不存在.

例 4　设函数 $f(x) = \begin{cases} x, & x > 1 \\ x^2, & x < 1 \end{cases}$,求 $\lim\limits_{x \to 1} f(x)$.

解　$\lim\limits_{x \to 1^-} f(x) = \lim\limits_{x \to 1^-} x^2 = 1, \qquad \lim\limits_{x \to 1^+} f(x) = \lim\limits_{x \to 1^+} x = 1.$
左、右极限都存在且相等,因此 $\lim\limits_{x \to 1} f(x) = 1$.

四、函数极限的性质

我们不加证明地给出下面关于函数极限的几个定理.

定理 2.3(唯一性) 若在自变量的某种变化趋势下,$f(x)$ 有极限,则极限值必唯一.

定理 2.4(局部有界性) 若函数 $f(x)$ 当 $x \to x_0$ 时极限存在,则必存在点 x_0 的某去心邻域,使得函数 $f(x)$ 在该去心邻域内有界.

定理 2.5(局部保号性) 设 $\lim\limits_{x \to x_0} f(x) = A$,

(1) 若 $A > 0$(或 $A < 0$),则必存在点 x_0 的某去心邻域,在该去心邻域内,有 $f(x) > 0$(或 $f(x) < 0$);

(2) 若在点 x_0 的某去心邻域内有 $f(x) \geqslant 0$(或 $f(x) \leqslant 0$),则必有 $A \geqslant 0$(或 $A \leqslant 0$).

上述定理对函数的各种极限及数列的极限都成立. 读者可以试着写出自变量趋向于其他过程中的局部有界性和局部保号性结论.

习题 2.2

1. 已知 $\lim\limits_{x \to 3} \dfrac{x-3}{x} = 0$,问当 x 满足什么条件时,才能使 $\left| \dfrac{x-3}{x} \right| < 0.001$?

2. 观察下列函数在指定点处的变化趋势,并判断函数在该点的极限是否存在.

(1) $f(x) = 3^{\frac{1}{x}}$,$x = 0$;

(2) $f(x) = \left(\dfrac{1}{2} \right)^{-\frac{1}{x^2}}$,$x = 0$;

(3) $f(x) = \dfrac{x^2-9}{x+3}$,$x = -3$;

(4) $f(x) = \begin{cases} 2^x, & x \leqslant 0 \\ \cos x + 1, & x > 0 \end{cases}$,$x = 0$.

3. 设 $f(x) = \begin{cases} \mathrm{e}^{\frac{1}{x}}, & x < 0 \\ x^2 + a, & x \geqslant 0 \end{cases}$,问当 a 为何值时,$\lim\limits_{x \to 0} f(x)$ 存在.

4. 根据极限定义,验证下列极限:

(1) $\lim\limits_{x\to-\infty} 3^x = 0$；　　　　(2) $\lim\limits_{x\to 2}(5x-2)=8.$

§2.3　极限的运算法则

直接由定义出发证明或计算极限是不方便的,在大多数情形下也是不可行的.本节讨论极限的四则运算法则和复合函数的极限运算法则,利用这些法则,可以求出某些函数的极限.本书以后章节还将继续讨论求函数极限的其他方法.

一、极限的运算法则

为方便统一处理,约定以 $\lim f(x)$ 泛指上节中自变量的任意一种变化过程.当然,在同一问题中,自变量的变化过程应当明确且一致(例如,同为 $x\to+\infty$,或同为 $x\to x_0$ 等).

定理 2.6(极限的四则运算法则)　设 $\lim f(x)=A,\lim g(x)=B$,则

(1) $\lim[f(x)\pm g(x)]=\lim f(x)\pm\lim g(x)=A\pm B$;

(2) $\lim[f(x)\cdot g(x)]=\lim f(x)\cdot\lim g(x)=A\cdot B$;

(3) $\lim\dfrac{f(x)}{g(x)}=\dfrac{\lim f(x)}{\lim g(x)}=\dfrac{A}{B}\ (B\neq 0).$

证　设 $x\to x_0$,以 $\lim\limits_{x\to x_0}[f(x)+g(x)]=A+B$ 为例,用定义证明.其他的请读者自己证明.

任给 $\varepsilon>0$,由极限的定义,存在正数 δ,使得当 $0<|x-x_0|<\delta$ 时,恒有

$$|f(x)-A|<\frac{\varepsilon}{2},\quad |g(x)-B|<\frac{\varepsilon}{2},$$

又

$$\begin{aligned}|[f(x)+g(x)]-(A+B)|&=|[f(x)-A]+[g(x)-B]|\\&\leqslant|f(x)-A|+|g(x)-B|\\&<\frac{\varepsilon}{2}+\frac{\varepsilon}{2}=\varepsilon,\end{aligned}$$

从而由极限的定义,有
$$\lim_{x \to x_0}[f(x) + g(x)] = A + B.$$

定理 2.6 中的极限的四则运算法则对数列极限同样适用. 同时其中的(1),(2),均可以推广到有限项的情形.

推论 1　若 C 为常数,而 $\lim f(x)$ 存在,则有
$$\lim Cf(x) = C\lim f(x).$$

推论 2　若 n 为正整数,而 $\lim f(x)$ 存在,则有
$$\lim [f(x)]^n = [\lim f(x)]^n.$$

例 1　求极限 $\lim\limits_{x \to 1}(3x^2 - 2x + 1)$.

解　$\lim\limits_{x \to 1}(3x^2 - 2x + 1) = 3\lim\limits_{x \to 1}x^2 - 2\lim\limits_{x \to 1}x + 1$
$$= 3 \times 1^2 - 2 \times 1 + 1 = 2.$$

例 2　求极限 $\lim\limits_{x \to 2}\dfrac{x^3 - 1}{2x^2 - x + 5}$.

解　$\lim\limits_{x \to 2}\dfrac{x^3 - 1}{2x^2 - x + 5} = \dfrac{\lim\limits_{x \to 2}(x^3 - 1)}{\lim\limits_{x \to 2}(2x^2 - x + 5)} = \dfrac{2^3 - 1}{2 \times 2^2 - 2 + 5} = \dfrac{7}{11}.$

例 3　求极限 $\lim\limits_{x \to 2}\dfrac{2 - x}{4 - x^2}$.

解　当 $x \to 2$ 时,分子及分母的极限都是零,故分子、分母不能分别取极限. 但由于分子及分母有公因子 $x - 2$,可约去这个公因子,从而
$$\lim_{x \to 2}\frac{x - 2}{x^2 - 4} = \lim_{x \to 2}\frac{1}{x + 2} = \frac{1}{\lim\limits_{x \to 2}(x + 2)} = \frac{1}{4}.$$

例 4　求极限 $\lim\limits_{x \to 0}\dfrac{\sqrt{1 + x} - 1}{x}$.

解　将分子有理化,得
$$\lim_{x \to 0}\frac{\sqrt{1 + x} - 1}{x} = \lim_{x \to 0}\frac{(\sqrt{1 + x} - 1)(\sqrt{1 + x} + 1)}{x(\sqrt{1 + x} + 1)}$$
$$= \lim_{x \to 0}\frac{1}{\sqrt{1 + x} + 1} = \frac{1}{2}.$$

例 5　求极限 $\lim\limits_{x\to\infty}\dfrac{3x^2+2x-1}{x^3-3x+5}$.

解　$\lim\limits_{x\to\infty}\dfrac{3x^2+2x-1}{x^3-3x+5}=\lim\limits_{x\to\infty}\dfrac{\dfrac{3}{x}+\dfrac{2}{x^2}+\dfrac{1}{x^3}}{1-\dfrac{3}{x^2}+\dfrac{5}{x^3}}=\dfrac{0}{1}=0$.

例 6　求极限 $\lim\limits_{n\to\infty}\dfrac{2^n-3^n}{2^n+3^n}$.

解　因为当 $|a|<1$ 时，$\lim\limits_{n\to\infty}|a|^n=0$，所以本题分子、分母同时除以 3^n，得

$$\lim_{n\to+\infty}\frac{2^n-3^n}{2^n+3^n}=\lim_{n\to+\infty}\frac{\left(\dfrac{2}{3}\right)^n-1}{\left(\dfrac{2}{3}\right)^n+1}=\frac{0-1}{0+1}=-1.$$

例 7　求 $\lim\limits_{x\to1}\left(\dfrac{1}{1-x}-\dfrac{2}{1-x^2}\right)$.

解　$\lim\limits_{x\to1}\left(\dfrac{1}{1-x}-\dfrac{2}{1-x^2}\right)=\lim\limits_{x\to1}\dfrac{1+x-2}{1-x^2}=-\lim\limits_{x\to1}\dfrac{1}{x+1}=-\dfrac{1}{2}$.

通过上述例题我们可以看出：可以直接用法则求出的极限是易于计算的. 不能直接用法则求的极限通常称为未定式问题，这是因为这类问题的极限是否存在，如果存在，极限值是什么，不能一概而论. 一般要先变形，如因式分解、无理式的有理化、分子分母同除以某因子或通分等，然后再用极限法则计算.

二、复合函数的极限运算法则

定理 2.7　设 $\lim\limits_{u\to u_0}f(u)=A$，$\lim\limits_{x\to x_0}u(x)=u_0$，且在点 x_0 的某去心邻域内 $u(x)\neq u_0$，则复合函数 $f[u(x)]$ 当 $x\to x_0$ 时的极限存在，且

$$\lim_{x\to x_0}f[u(x)]=\lim_{u\to u_0}f(u)=A.$$

注　该法则对 $x\to\infty$ 仍然适用.

例 8　求下列函数的极限：

（1）$\lim\limits_{x\to1}\cos(\ln x)$；　　　　　　　（2）$\lim\limits_{x\to1^+}\arctan\dfrac{x^2+2x-3}{(x-1)^2}$.

解 （1）$\cos(\ln x)$ 可看作 $f(u) = \cos u$ 与 $u = \ln x$ 复合而成的．

当 $x \to 1$ 时，$u \to 0$，则 $\lim\limits_{x \to 1}\cos(\ln x) = \lim\limits_{u \to 0}\cos u = 1$．

（2）函数 $\arctan \dfrac{x^2 + 2x - 3}{(x-1)^2}$ 可看作是由 $f(u) = \arctan u$ 与 $u = \dfrac{x^2 + 2x - 3}{(x-1)^2}$ 复合而成的．当 $x \to 1^+$ 时，$u \to +\infty$，从而

$$\lim_{x \to 1^+}\arctan \frac{x^2 + 2x - 3}{(x-1)^2} = \lim_{u \to +\infty}\arctan u = \frac{\pi}{2}.$$

习题 2.3

1．求下列函数的极限：

（1）$\lim\limits_{x \to \sqrt{2}} \dfrac{x^2 - 2}{x^4 + 2x}$；

（2）$\lim\limits_{x \to +\infty}(\arctan x + 2^{\frac{1}{x}})$；

（3）$\lim\limits_{x \to 1} \dfrac{x^3 - 3x + 2}{x^3 - x - 2}$；

（4）$\lim\limits_{x \to 1} \dfrac{x^3 - 2x^2 + 1}{x - x^3}$；

（5）$\lim\limits_{h \to 0} \dfrac{(a+h)^2 - a^2}{h}$；

（6）$\lim\limits_{x \to 1}(\dfrac{x}{x-1} - \dfrac{1}{x^2 - x})$；

（7）$\lim\limits_{x \to 1} \dfrac{x^n - 1}{x - 1}$；

（8）$\lim\limits_{x \to 0} \dfrac{\sqrt{1+x} - \sqrt{1-x}}{x}$；

（9）$\lim\limits_{n \to \infty} \dfrac{5^n - 4^{n-1}}{5^{n+1} + 3^{n+2}}$；

（10）$\lim\limits_{n \to \infty} \dfrac{(2n+1)^2 - (n-2)^2}{n^2 + 2n + 3}$．

2．已知极限 $\lim\limits_{x \to 2} \dfrac{2x^2 - ax - 2}{x^2 - 4} = k$ 存在，求常数 a 与 k 之值．

§2.4　极限存在准则与两个重要极限

本节介绍极限存在的两个准则及由这两个准则推得的两个重要极限，它们在求极限的时候有着非常重要的作用．

一、两个准则

准则 Ⅰ（夹逼准则）　如果函数满足 $f(x) \leqslant g(x) \leqslant h(x)$，且

$$\lim f(x) = \lim h(x) = A,$$

则 $\lim g(x) = A$.

这一准则不但可以用于判别极限的存在性,而且可以用来求极限.

准则 Ⅱ 单调递增(或递减)有上界(或有下界)数列必有极限.

这两个极限的证明超出了本书的范围,证明从略.

二、两个重要极限

公式 1 $\lim\limits_{x \to 0} \dfrac{\sin x}{x} = 1$.

观察当 $x \to 0$ 时,$\dfrac{\sin x}{x}$ 的变化情况,如表 1-1.

表 1-1

x	$\pm \dfrac{\pi}{9}$	$\pm \dfrac{\pi}{18}$	$\pm \dfrac{\pi}{36}$	$\pm \dfrac{\pi}{72}$	$\pm \dfrac{\pi}{144}$	$\to 0$
$\dfrac{\sin x}{x}$	0.9798	0.9949	0.9987	0.9997	0.9999	$\to 1$

由表可以看出,随着 x 越来越趋近于 0,$\dfrac{\sin x}{x}$ 的值越来越趋近于

1.事实上,我们可以利用数形结合的方法证明 $\lim\limits_{x \to 0} \dfrac{\sin x}{x} = 1$.

证 设 $0 < x < \dfrac{\pi}{2}$,作一单位圆,并作如

图 2-7 所示的辅助线.从图中可看出,

$$S_{\triangle AOB} < S_{\text{扇} AOB} < S_{\triangle AOD},$$

即 $\qquad 0 < \dfrac{1}{2} \sin x < \dfrac{1}{2} x < \dfrac{1}{2} \tan x$,

于是有 $\qquad \sin x < x < \tan x$,

改写为 $\qquad 1 < \dfrac{x}{\sin x} < \dfrac{1}{\cos x}$,

从而 $\qquad \cos x < \dfrac{\sin x}{x} < 1$.

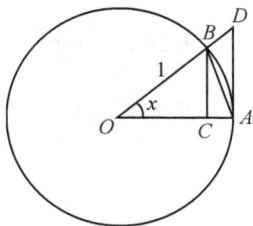

图 2-7

由于 $\cos x$，$\dfrac{\sin x}{x}$ 是偶函数，故不等式当 $\dfrac{\pi}{2} < x < 0$ 也成立. 而 $\lim\limits_{x \to 0} \cos x = 1$，根据准则 I，$\lim\limits_{x \to 0} \dfrac{\sin x}{x} = 1$.

例 1　求 $\lim\limits_{x \to 0} \dfrac{\tan x}{x}$.

解　$\lim\limits_{x \to 0} \dfrac{\tan x}{x} = \lim\limits_{x \to 0} \dfrac{1}{\cos x} \cdot \dfrac{\sin x}{x} = \lim\limits_{x \to 0} \dfrac{1}{\cos x} \cdot \lim\limits_{x \to 0} \dfrac{\sin x}{x} = 1$.

例 2　求 $\lim\limits_{x \to 0} \dfrac{\sin 2x}{x}$.

解　$\lim\limits_{x \to 0} \dfrac{\sin 2x}{x} = \lim\limits_{x \to 0} 2 \cdot \dfrac{\sin 2x}{2x} = 2$.

例 3　求 $\lim\limits_{x \to 0} \dfrac{1 - \cos x}{x^2}$.

解　$\lim\limits_{x \to 0} \dfrac{1 - \cos x}{x^2} = \lim\limits_{x \to 0} \dfrac{2 \sin^2 \dfrac{x}{2}}{x^2} = \dfrac{1}{2} \lim\limits_{x \to 0} \left(\dfrac{\sin \dfrac{x}{2}}{\dfrac{x}{2}} \right)^2 = \dfrac{1}{2}$.

例 4　求 $\lim\limits_{x \to 0} \dfrac{\arcsin x}{x}$.

解　设 $t = \arcsin x$，则 $x \to 0$ 等价于 $t \to 0$，故

$$\lim\limits_{x \to 0} \dfrac{\arcsin x}{x} = \lim\limits_{t \to 0} \dfrac{t}{\sin t} = 1.$$

公式 2　$\lim\limits_{x \to \infty} \left(1 + \dfrac{1}{x} \right)^x = \text{e}.$

我们先观察 $n \to \infty$ 时，变量 $a_n = \left(1 + \dfrac{1}{n} \right)^n$ 的变化趋势，如表 1 - 2.

表 1 - 2

n	1	10	100	1000	10000	100000	⋯
$\left(1 + \dfrac{1}{n} \right)^n$	2	2.5937	2.7048	2.7169	2.7182	2.7183	⋯

由表可知,当 n 越来越大时,变量 $a_n = \left(1 + \dfrac{1}{n}\right)^n$ 的值是单调递增的,并且当 $n \geqslant 10000$ 时,a_n 的前面 3 个数字已经保持不变,可见 a_n 不会超过 3. 于是由单调有界收敛准则可以断定,当 $n \to \infty$ 时,变量 $a_n = \left(1 + \dfrac{1}{n}\right)^n$ 的极限一定存在,不妨以字母 e 表示该极限,即

$$\lim_{n \to \infty} \left(1 + \frac{1}{n}\right)^n = \mathrm{e}.$$

可以用多种方法求出该极限的值,即

$$\mathrm{e} = 2.718\ 281\ 828\ 459\cdots,$$

在第 1 章中提到的无理数 e 就是此数. 把上述极限中的自然数 n 换成实数 x 也是成立的,于是得到另外一种形式的极限公式

$$\lim_{x \to \infty} \left(1 + \frac{1}{x}\right)^x = \mathrm{e}.$$

利用极限的变量替换 $t = \dfrac{1}{x}$,公式 2 的另一种形式为

$$\lim_{t \to 0} \left(1 + \frac{1}{t}\right)^t = \mathrm{e}.$$

公式 2 之所以重要,是因为自然界和社会中的许多现象和事物,比如植物生长、放射性物质的衰变、细菌繁殖、热的散射、复利计算等大量实际问题都可以归结于这种形式的极限. 此外,在数学计算中,我们还以此极限作为新工具,计算包含指数函数、对数函数、三角函数等在内的初等函数的极限.

例 5 求 $\lim\limits_{x \to 0} \dfrac{\ln(1+x)}{x}$.

解
$$\lim_{x \to 0} \frac{\ln(1+x)}{x} = \lim_{x \to 0} \ln(1+x)^{\frac{1}{x}}$$
$$= \ln \lim_{x \to 0} (1+x)^{\frac{1}{x}}$$
$$= \ln \mathrm{e} = 1.$$

例 6 求 $\lim\limits_{x \to 0} (1+2x)^{\frac{1}{x}}$.

解
$$\lim_{x \to 0} (1+2x)^{\frac{1}{x}} = \lim_{x \to 0} (1-2x)^{\frac{1}{2x} \cdot 2}$$

$$= \lim_{x \to 0}\left[(1+2x)^{\frac{1}{2x}}\right]^2 = \mathrm{e}^2.$$

例 7　求 $\lim\limits_{x \to \infty}\left(1-\dfrac{2}{x}\right)^{x+1}$.

解　$\lim\limits_{x \to \infty}\left(1-\dfrac{2}{x}\right)^{x+1} = \lim\limits_{x \to \infty}\left(1-\dfrac{2}{x}\right)^{x} \cdot \left(1-\dfrac{2}{x}\right)$

$$= \lim_{x \to \infty}\left[\left(1-\frac{2}{x}\right)^{-\frac{x}{2}}\right]^{-2} \cdot \lim_{x \to \infty}\left(1-\frac{2}{x}\right).$$

$$= \mathrm{e}^{-2} \cdot 1 = \mathrm{e}^{-2}.$$

例 8　求 $\lim\limits_{x \to \infty}\left(\dfrac{x+1}{x-2}\right)^{x}$.

解　$\lim\limits_{x \to \infty}\left(\dfrac{x+1}{x-2}\right)^{x} = \lim\limits_{x \to \infty}\left(\dfrac{x-2+3}{x-2}\right)^{x} = \lim\limits_{x \to \infty}\left(1+\dfrac{3}{x-2}\right)^{x}$

$$= \lim_{x \to \infty}\left[\left(1+\frac{3}{x-2}\right)^{\frac{x-2}{3}}\right]^{\frac{3}{x-2}\cdot x}$$

$$= \mathrm{e}^3.$$

习题 2.4

1. 求下列极限：

(1) $\lim\limits_{n \to \infty}\left(n\sin\dfrac{\pi}{n}\right)$;

(2) $\lim\limits_{x \to 0}\dfrac{x-\sin x}{x+\sin x}$;

(3) $\lim\limits_{x \to 0}\dfrac{2\arctan x}{5x}$;

(4) $\lim\limits_{x \to 0^+}\dfrac{x}{\sqrt{1-\cos x}}$;

(5) $\lim\limits_{x \to \pi}\dfrac{\sin x}{x-\pi}$;

(6) $\lim\limits_{x \to 1}\dfrac{\sin(x-1)}{x^2+5x-6}$.

2. 求下列极限：

(1) $\lim\limits_{n \to \infty}\left(1+\dfrac{1}{n}\right)^{-2n}$;

(2) $\lim\limits_{n \to \infty}\left(1+\dfrac{1}{n+2}\right)^{n}$;

(3) $\lim\limits_{x \to \infty}(1-\dfrac{2}{x})^{\frac{x}{3}+1}$;

(4) $\lim\limits_{x \to 0}\left(\dfrac{2x-1}{3x-1}\right)^{\frac{1}{x}}$;

(5) $\lim\limits_{x \to \infty}\left(\dfrac{x-4}{x+3}\right)^{x}$;

(6) $\lim\limits_{x \to \frac{\pi}{2}}(1+\cos x)^{4\sec x}$.

3. 设 $\lim\limits_{x \to \infty}\left(\dfrac{x+a}{x-a}\right)^x = 4$，求常数 a.

4. 设 $f(x-2) = \left(1 - \dfrac{3}{x}\right)^x$，求 $\lim\limits_{x \to \infty} f(x)$.

§2.5　无穷小量与无穷大量

无穷小量与无穷大量在极限理论中有着重要作用，本节重点讨论无穷小量的概念与无穷小量的阶.

一、无穷小量

在讨论数列和函数的极限时，经常遇到以零为极限的变量. 例如数列 $\left\{\dfrac{1}{n+1}\right\}$，当 $n \to \infty$ 时，其极限为零；函数 $f(x) = 1 - \cos x$，当 $x \to 1$ 时，其极限为零等. 对于这些变量，我们有如下定义：

定义 2.8　如果函数 $f(x)$ 当 $x \to x_0$（或 $x \to \infty$）时的极限为零，那么称 $f(x)$ 为当 $x \to x_0$（或 $x \to \infty$）时的**无穷小量**，简称**无穷小**.

例如，当 $x \to 0$ 时，x^2，$\sin x$ 与 $1 - \cos x$ 都是无穷小量；再如，当 $x \to 1^-$ 时，$\sqrt{1-x}$ 是无穷小量；当 $x \to \infty$ 时，$\dfrac{1}{x^2}$，$\dfrac{\sin x}{x}$ 是无穷小量. 特别地，以零为极限的数列 $\{x_n\}$ 称为 $n \to \infty$ 时的无穷小. 例如数列 $\left\{\dfrac{1}{n+1}\right\}$ 为当 $n \to \infty$ 时的无穷小.

需要注意的是，无穷小是一个变量，不可与很小的数混为一谈，但零是可作为无穷小量的唯一的数；如果不提 $x \to x_0$（或 $x \to \infty$），单说 $f(x)$ 为无穷小是没有意义的.

无穷小量与函数极限有如下关系：

定理 2.8　在自变量的同一变化过程 $x \to x_0$（或 $x \to \infty$）时，函数 $f(x)$ 有极限 A 的充分必要条件是 $f(x) - A$ 是无穷小.

证　必要性：当 $\lim f(x) = A$ 时，因为

$$\lim[f(x) - A] = \lim f(x) - \lim A = A - A = 0,$$

经济应用数学

JINGJI YINGYONG SHUXUE

故 $f(x) - A$ 当 $x \to x_0$（或 $x \to \infty$）时是无穷小.

充分性：若 $f(x) - A$ 当 $x \to x_0$（或 $x \to \infty$）时是无穷小时，即

$$\lim[f(x) - A] = 0,$$

根据关系式

$$f(x) = [f(x) - A] + A,$$

故由极限四则运算法则，有

$$\lim f(x) = \lim[f(x) - A] + \lim A = 0 + A = A.$$

一个函数是无穷小量，由于它的极限值的特殊性，使它具有其他有非零极限值的函数所没有的性质.

定理 2.9 有界函数与无穷小之积仍然为无穷小.

证明从略.

这个定理在结果上补充解决了两个函数乘积的极限法则所不能解决的某些极限问题.在应用函数乘积的极限法则时，要求 $\lim f(x)$ 与 $\lim g(x)$ 都存在，定理 2.9 放松了这个要求，只需要 $g(x)$ 是有界函数就行了.但是，它却在另一方面加强了条件，即不仅要求 $\lim f(x)$ 存在，还要求 $\lim f(x) = 0$.

例 1 求 $\lim\limits_{x \to \infty} \dfrac{\sin x}{x}$.

解 当 $x \to \infty$ 时，分子及分母的极限都不存在，故关于商的极限运算法则不能应用.若把 $\dfrac{\sin x}{x}$ 看作 $\sin x$ 与 $\dfrac{1}{x}$ 的乘积，由于当 $x \to \infty$ 时，$\dfrac{1}{x}$ 为无穷小，而 $\sin x$ 是有界函数，即 $|\sin x| \leqslant 1$，根据定理 2.9，有

$$\lim\limits_{x \to \infty} \frac{\sin x}{x} = 0.$$

二、无穷大量

与无穷小量相反，有一类函数在变化过程中绝对值可以无限增大.例如，当 $x \to 0$ 时，函数 $y = \dfrac{1}{x}$ 的极限不存在.但是从趋势上，我们可以说，当 $x \to 0$ 时，函数 $y = \dfrac{1}{x}$ 的取值有一个无限远离原点的趋势.

为了对这种也有某种趋势的情况进行研究,我们称这种极限不存在的特殊情况为当 $x \to 0$ 时,函数 $y = \dfrac{1}{x}$ 是无穷大.

定义 2.9 如果函数 $f(x)$ 当 $x \to x_0$ (或 $x \to \infty$) 时,$f(x)$ 的绝对值无限增大,那么称 $f(x)$ 为当 $x \to x_0$ (或 $x \to \infty$) 时的**无穷大量**,简称**无穷大**.

例如 $\lim\limits_{x \to 0} \dfrac{1}{x} = \infty$,所以函数 $\dfrac{1}{x}$ 为当 $x \to 0$ 时的无穷大.

同样,与无穷小类似,无穷大是一个变量,不可与绝对值很大的数混为一谈,没有数可作为无穷大;如果不提 $x \to x_0$ (或 $x \to \infty$),单说 $f(x)$ 为无穷大同样是没有意义的. 另外,$f(x)$ 为当 $x \to x_0$ (或 $x \to \infty$) 时的无穷大,按函数极限定义来说,极限是不存在的,但为了便于叙述函数的这一性态,我们也说"函数的极限是无穷大",并记作

$$\lim f(x) = \infty.$$

当然也有正无穷大 $(+\infty)$ 和负无穷大 $(-\infty)$ 之分. 例如

$$\lim_{x \to 1} \frac{1}{x-1} = \infty, \qquad \lim_{x \to 0^+} \ln x = -\infty, \qquad \lim_{x \to \frac{\pi}{2}^+} \tan x = +\infty.$$

需要指出的是无穷大必无界;但无界并不一定是无穷大. 例如数列 $\{[1 + (-1)^n] n\}$ 无界,但不是无穷大.

定理 2.10 在自变量的同一变化过程中,

(1) 若 $f(x)$ 为无穷小量且 $f(x) \neq 0$,则 $\dfrac{1}{f(x)}$ 是无穷大量.

(2) 若 $f(x)$ 为无穷大量,则 $\dfrac{1}{f(x)}$ 是无穷小量.

这个定理反映了无穷小量与无穷大量之间的重要关系,尤其是对无穷大量的研究,通过此定理可归结为对无穷小量的讨论.

例 2 求 $\lim\limits_{x \to \infty} \dfrac{3x^3 - 2x + 1}{2x^2 - x}$.

解 因为

$$\lim_{x \to \infty} \frac{2x^2 - x}{3x^3 - 2x + 1} = \lim_{x \to \infty} \frac{\dfrac{2}{x} - \dfrac{1}{x^2}}{3 - \dfrac{2}{x^2} + \dfrac{1}{x^3}} = 0,$$

所以

$$\lim_{x \to \infty} \frac{3x^3 - 2x + 1}{2x^2 - x} = \infty.$$

一般地,我们有

$$\lim_{x \to \infty} \frac{a_n x^n + \cdots + a_0}{b_m x^m + \cdots + b_0} = \begin{cases} 0, & n < m \\ \dfrac{a_n}{b_m}, & n = m, \quad (a_n, b_m \neq 0) \\ \infty, & n > m \end{cases}$$

以后在计算这种极限时,可利用上述一般的结果直接得到极限值.

三、无穷小量阶的比较

在自变量 x 的某种变化趋势下,设 $\alpha(x), \beta(x)$ 都是无穷小,其比值 $\dfrac{\alpha(x)}{\beta(x)}$ 可能出现各种情况. 例如,当 $x \to 0$ 时,$x, x^2, \sin x$ 都是无穷小,但它们的商 $\dfrac{x^2}{x} \to 0, \dfrac{\sin x}{x} \to 1, \dfrac{x}{x^2} \to \infty$. 这是因为它们趋于 0 的快慢程度(速度)不同. 比较无穷小趋于零的速度是个重要问题,为此人们引进了无穷小量的阶的概念.

定义 2.10 设 $\alpha(x), \beta(x)$ 是在同一变化过程中的两个无穷小量.

(1) 如果 $\lim \dfrac{\alpha(x)}{\beta(x)} = 0$,则称 $\alpha(x)$ 是比 $\beta(x)$ **高阶的无穷小**,记作 $\alpha(x) = o[\beta(x)]$;

(2) 如果 $\lim \dfrac{\alpha(x)}{\beta(x)} = \infty$,则称 $\alpha(x)$ 是比 $\beta(x)$ **低阶的无穷小**;

(3) 如果 $\lim \dfrac{\alpha(x)}{\beta(x)} = c$($c$ 为非零常数),则称 $\alpha(x)$ 是与 $\beta(x)$ **同阶的无穷小**;

(4) 如果 $\lim \dfrac{\alpha(x)}{\beta(x)} = 1$,则称 $\alpha(x)$ 是与 $\beta(x)$ **等价的无穷小**,记作 $\alpha(x) \sim \beta(x)$.

如上面的例子,当 $x \to 0$ 时,$x^2 = o(x)$,而 $\sin x \sim x$.

例 3　当 $x \to 0$ 时,比较 $x^2 - 3x^3$ 与 $2x + x^3$ 的阶.

解　因为当 $x \to 0$ 时,$x^2 - 3x^3$ 与 $2x + x^3$ 均为无穷小,且

$$\lim_{x \to 0} \frac{x^2 - 3x^3}{2x + x^3} = \lim_{x \to 0} \frac{x - 3x^2}{2 + x^2} = 0,$$

所以当 $x \to 0$ 时,$x^2 - 3x^3$ 是比 $2x + x^3$ 高阶的无穷小.

例 4　证明:当 $x \to 0$ 时,$\mathrm{e}^x - 1 \sim x$.

证　令 $\mathrm{e}^x - 1 = t$,则 $x = \ln(1 + t)$,当 $x \to 0$ 时,$t \to 0$,则

$$\lim_{x \to 0} \frac{\mathrm{e}^x - 1}{x} = \lim_{t \to 0} \frac{t}{\ln(1 + t)} = 1.$$

即,当 $x \to 0$ 时,$\mathrm{e}^x - 1 \sim x$.

以上讨论了无穷小量阶的比较. 但应指出,并不是任何两个无穷小量都可以进行这种阶的比较. 例如,当 $x \to 0$ 时,$x \sin \dfrac{1}{x}$ 和 x 都是无穷小量,但它们的比

$$\frac{x \sin \dfrac{1}{x}}{x} = \sin \frac{1}{x} \quad \text{或} \quad \frac{x}{x \sin \dfrac{1}{x}} = \frac{1}{\sin \dfrac{1}{x}}$$

当 $x \to 0$ 时都不是有界量或无穷大,所以这两个无穷小量不能进行阶的比较.

定理 2.11(等价无穷小替换原理)　设在自变量的同一趋向过程中,$\alpha(x) \sim \alpha'(x)$,$\beta(x) \sim \beta'(x)$,并且 $\lim \dfrac{\beta'(x)}{\alpha'(x)}$ 存在,则有

$$\lim \frac{\beta(x)}{\alpha(x)} = \lim \frac{\beta'(x)}{\alpha'(x)}.$$

证　$\lim \dfrac{\beta(x)}{\alpha(x)} = \lim \dfrac{\beta(x)}{\beta'(x)} \cdot \dfrac{\beta'(x)}{\alpha'(x)} \cdot \dfrac{\alpha'(x)}{\alpha(x)}$

$$= \lim \frac{\beta(x)}{\beta'(x)} \lim \frac{\beta'(x)}{\alpha'(x)} \lim \frac{\alpha'(x)}{\alpha(x)} = \lim \frac{\beta'(x)}{\alpha'(x)}.$$

定理 2.11 表明,求两个无穷小之比的极限时,分子及分母都可用其等价无穷小来代替. 因此,如果用来代替的无穷小选取得适当,

则可使计算简化.

常用的等价无穷小:当 $x \to 0$ 时,有如下等价式

(1) $x \sim \sin x \sim \tan x \sim \arcsin x \sim \arctan x \sim e^x - 1 \sim \ln(1+x)$;

(2) $1 - \cos x \sim \dfrac{x^2}{2}$.

例 5　求 $\lim\limits_{x \to 0} \dfrac{\arctan x}{\sin 4x}$.

解　当 $x \to 0$ 时,$\arctan x \sim x$,$\sin 4x \sim 4x$,故由定理 2.11 可得

$$\lim_{x \to 0} \frac{\arctan x}{\sin 4x} = \lim_{x \to 0} \frac{x}{4x} = \frac{1}{4}.$$

例 6　求 $\lim\limits_{x \to 0} \dfrac{\tan x - \sin x}{\sin x^3}$.

解

$$\lim_{x \to 0} \frac{\tan x - \sin x}{\sin x^3} = \lim_{x \to 0} \frac{\tan x(1 - \cos x)}{x^3}$$

$$= \lim_{x \to 0} \frac{x \cdot \dfrac{1}{2}x^2}{x^3} = \frac{1}{2}.$$

需要注意的是,在利用等价无穷小量代换求极限时,只有对所求极限式中相乘或相除的因式才能用等价无穷小量替代,而对极限式中的相加或相减部分则不能随意替代.如在例 6 中,若

$$\lim_{x \to 0} \frac{\tan x - \sin x}{\sin x^3} = \lim_{x \to 0} \frac{x - x}{x^3} = 0,$$

则得到的是错误的结果.

习题 2.5

1. 变量 $f(x) = \dfrac{x^2 - 1}{x^2(x-1)}$ 当 x 在什么变化过程中是无穷小量?在什么变化过程中是无穷大量?

2. 当 $x \to 0$ 时,下列变量哪些是无穷小量?哪些是无穷大量?

(1) $y = x^4$;

(2) $y = 1 - \cos x$;

(3) $y = \ln(1+x)$;

(4) $y = \cot 5x$;

(5) $y = \sec(\dfrac{\pi}{2} - x)$;

(6) $y = \dfrac{1}{x}\sin\dfrac{1}{x}$.

3. 当 $x \to \infty$ 时,变量 $y = \dfrac{ax^3 + (b+1)x^2 + 3}{x^2 - 2}$ 何时是无穷小量?何时是无穷大量?

4. 求下列极限:

(1) $\lim\limits_{x \to +\infty} \dfrac{\sin x^3}{\sqrt{x}}$;

(2) $\lim\limits_{x \to \infty} \dfrac{x^2 + x}{x^3 - 7} \cos(5x^2 + 1)$;

(3) $\lim\limits_{x \to \infty} \dfrac{\text{arccot} x}{x}$;

(4) $\lim\limits_{x \to \infty} \dfrac{3x^2 - 2x + 1}{2x^2 - x}$;

(5) $\lim\limits_{x \to \infty} \dfrac{4x^3 + 2x^2 - 1}{3x^4 + 1}$;

(6) $\lim\limits_{n \to \infty} \left(\dfrac{1}{n^2} + \dfrac{2}{n^2} + \cdots + \dfrac{n}{n^2} \right)$;

(7) $\lim\limits_{x \to \infty} \dfrac{(3x + 1)^{30} (x - 9)^{20}}{(2x + 5)^{50}}$;

(8) $\lim\limits_{x \to 0} \dfrac{1 - \cos 2x}{x^2}$;

(9) $\lim\limits_{x \to 0} \dfrac{\ln(1 + x)}{\tan 2x}$;

(10) $\lim\limits_{x \to 0} \dfrac{e^{2x} - 1}{\ln(1 + x)}$.

5. 验证当 $x \to 1$ 时,$x^2 - 1$ 与 $x^3 - 1$ 是同阶无穷小.

6. 验证当 $x \to 0$ 时,$(1 - \cos x)^2$ 是 x^2 的高阶无穷小.

§2.6　函数的连续性

　　自然界中的很多现象,如气温的变化、河水的流动、生物的生长等,都是连续地变化的;在稳定的社会经济系统中,如人口数、国民收入、价格指数等许多经济量也都是连续变化的. 这种现象都有一种规律,即当时间的变化很微小时,它们各自的变化也是很微小的,这种规律在函数关系上的反映,就是函数的连续性,它是与函数极限密切相关的另一基本概念.本节将给出函数连续与间断的定义,并介绍连续函数的性质及初等函数的连续性.

一、函数连续的概念

　　研究函数 $y = x^2$,当 x 从 1 增加到 1.1,函数值 y 从 1 增加到 1.21,我们把 $1.1 - 1 = 0.1$ 称为自变量 x 的增量,把 $1.21 - 1 = 0.21$ 称为函数 y 的增量.

习惯上,我们常用 x_0 表示自变量的初值,用 Δx 表示**自变量的增量**,则 $\Delta x = x - x_0$,自变量的终值可表示为 $x = x_0 + \Delta x$;如果我们用 Δy 表示**函数值的增量**,则有

$$\Delta y = y - y_0 = f(x) - f(x_0) = f(x_0 + \Delta x) - f(x_0).$$

直观上看,所谓函数的"连续性"就是当自变量 x 的增量很微小时,函数值的增量也很微小.

定义 2.11 设函数 $y = f(x)$ 在点 x_0 的某个邻域内有定义,如果

$$\lim_{\Delta x \to 0} \Delta y = \lim_{\Delta x \to 0} [f(x_0 + \Delta x) - f(x_0)] = 0,$$

那么就称函数 $f(x)$ 在点 x_0 处是**连续的**,并称 x_0 是 $f(x)$ 的一个连续点. 否则就称函数 $f(x)$ 在点 x_0 处是不连续的或间断的,并称 x_0 是 $f(x)$ 的一个不连续点或间断点.

例 1 证明:$y = x^2$ 在其定义域内任意点 x_0 处连续.

证 因为

$$\begin{aligned}
\Delta y &= f(x_0 + \Delta x) - f(x_0) \\
&= (x_0 + \Delta x)^2 - x_0^2 = 2x_0 \Delta x + (\Delta x)^2,
\end{aligned}$$

所以

$$\lim_{\Delta x \to 0} \Delta y = \lim_{\Delta x \to 0} [2x_0 \Delta x + (\Delta x)^2] = 0,$$

即 $y = x^2$ 在 x_0 处连续.

利用极限变量替换法,连续的定义还可以写成另一种形式.

因为 $\Delta x = x - x_0$,$x = x_0 + \Delta x$,所以当 $\Delta x \to 0$ 时,$x \to x_0$,于是

$$\begin{aligned}
\lim_{\Delta x \to 0} \Delta y &= \lim_{\Delta x \to 0} [f(x_0 + \Delta x) - f(x_0)] \\
&= \lim_{x \to x_0} [f(x) - f(x_0)] = 0,
\end{aligned}$$

即 $\lim_{x \to x_0} f(x) = f(x_0)$. 因此,我们可以得到函数连续性的另一等价定义.

定义 2.12 设函数 $y = f(x)$ 在点 x_0 的某个邻域内有定义,且有

$$\lim_{x \to x_0} f(x) = f(x_0),$$

则称 $y = f(x)$ 在点 x_0 处是连续的.

由此可见,函数 $f(x)$ 在 x_0 点连续包含了三个条件:

(1) $f(x)$ 在 x_0 点有确定的函数值.

(2) 极限 $\lim\limits_{x \to x_0} f(x)$ 存在.

(3) 极限值等于函数值 $f(x_0)$.

这三个条件中只要有一条不成立,函数 $f(x)$ 在 x_0 点必是间断的.

若函数 $f(x)$ 在开区间 (a,b) 内的每一点都连续,则称 $f(x)$ 在开区间 (a,b) 内是连续的;若函数 $f(x)$ 在开区间 (a,b) 内连续,并且在区间左端点 a 处是右连续的(所谓右连续,指的是函数在区间左端点 a 处的右极限 $f(a+0)$ 等于它的函数值 $f(a)$,即 $f(a+0) = f(a)$),在区间右端点 b 处是左连续的(即 $f(b-0) = f(b)$),则称 $f(x)$ 在闭区间 $[a,b]$ 上是连续的.若一个函数 $f(x)$ 在它的定义域上的每一点都是连续的,则称它是**连续函数**.连续函数的图形是一条连续而不间断的曲线.

由上面左连续与右连续的定义,我们不难推出如下定理.

定理 2.17 函数 $f(x)$ 在点 x_0 连续的充要条件是:$f(x)$ 在点 x_0 既是左连续的又是右连续的.

此定理常用来判别分段函数在分界点处的连续性.

例 2 证明:函数 $y = \sin x$ 在 **R** 上连续.

证 对任意的 $x \in$ **R** 和该点处的增量 Δx,函数的增量为

$$\Delta y = \sin(x + \Delta x) - \sin x = 2\sin\frac{\Delta x}{2}\cos(x + \frac{\Delta x}{2}).$$

当 $\Delta x \to 0$ 时,$\sin\dfrac{\Delta x}{2} \to 0$ 且 $\left|\cos(x + \dfrac{\Delta x}{2})\right| \leqslant 1$,利用无穷小的性质,有

$$\lim_{\Delta x \to 0} \Delta y = 0,$$

所以函数 $y = \sin x$ 在点 x 都连续,即函数 $y = \sin x$ 在 **R** 上连续.

例 3 考察函数 $f(x) = \begin{cases} x\sin\dfrac{1}{x}, & x \neq 0 \\ 0, & x \neq 0 \end{cases}$ 在点 $x = 0$ 处的连续性.

解 因为 $\lim\limits_{x \to 0} f(x) = \lim\limits_{x \to 0} x\sin\dfrac{1}{x} = 0$,又 $f(0) = 0$,所以有

$\lim\limits_{x \to 0} f(x) = f(0)$. 由连续的定义知, $f(x)$ 在 $x = 0$ 处连续.

例 4 讨论函数 $f(x) = \begin{cases} x+2, & x \geqslant 0 \\ x-2, & x < 0 \end{cases}$ 在点 $x = 0$ 处的连续性.

解 因为 $\lim\limits_{x \to 0^+} f(x) = \lim\limits_{x \to 0^+} (x+2) = 2, \lim\limits_{x \to 0^-} f(x) = \lim\limits_{x \to 0^-} (x-2)$ $= -2$, 而 $f(0) = 2$, 所以 $f(x)$ 在点 $x = 0$ 处右连续, 但不左连续, 从而它在 $x = 0$ 不连续, 也即间断.

二、函数间断点的分类

函数 $f(x)$ 在点 x_0 处间断, 会出现哪些情况呢?

由 $f(x)$ 在点 x_0 处连续的定义, $f(x)$ 在 x_0 处间断只能是下列三种情况之一:

(1) $f(x)$ 在 x_0 没有定义(但在 x_0 的一侧或两侧邻近有定义);

(2) $f(x)$ 在 x_0 有定义, 但 $\lim\limits_{x \to x_0} f(x)$ 不存在;

(3) $f(x)$ 在 x_0 有定义且 $\lim\limits_{x \to x_0} f(x)$ 存在, 但 $\lim\limits_{x \to x_0} f(x) \neq f(x_0)$.

定义 2.13 设点 x_0 是函数 $f(x)$ 的间断点.

(1) 如果 $f(x)$ 在 x_0 的左、右极限都存在, 那么 x_0 称为 $f(x)$ 的**第一类间断点**;

(2) 如果 $f(x)$ 在 x_0 的左、右极限至少有一个不存在, 那么 x_0 称为 $f(x)$ 的**第二类间断点**.

对于第一类间断点, 我们又可以将它分为两种情况: 其一, 如果极限 $\lim\limits_{x \to x_0} f(x)$ 存在(即 $f(x)$ 在点 x_0 的左、右极限都存在且相等), 但是 $\lim\limits_{x \to x_0} f(x) \neq f(x_0)$, 或者 $f(x)$ 在点 x_0 处没有定义, 则称 x_0 为 $f(x)$ 的一个**可去间断点**; 其二, 如果函数 $f(x)$ 在点 x_0 的左、右极限都存在, 但两者不相等, 则称 x_0 为 $f(x)$ 的一个**跳跃间断点**.

例 5 函数 $g(x) = \dfrac{x^2 - 1}{x - 1}$ 在 $x = 1$ 没有定义, 所以点 $x = 1$ 是函数的间断点. 又因为

$$\lim_{x \to 1} \frac{x^2 - 1}{x - 1} = \lim_{x \to 1} (x + 1) = 2,$$

所以 $x=1$ 是函数 $\dfrac{x^2-1}{x-1}$ 的第一类间断点中的可去间断点,如图 $2-8$ 所示.此时,如果我们对 $g(x)$ 在点 $x=1$ 处补充或重新定义函数,令

$$g(x)=\begin{cases}\dfrac{x^2-1}{x-1}, & x\neq 1,\\ 2, & x=1\end{cases}$$

则 $g(x)$ 在点 $x=1$ 就是连续的了.这也是为什么将这种间断点称为可去间断点的理由.

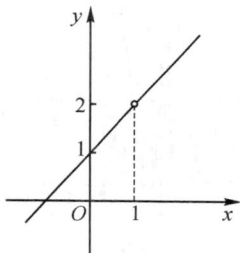

图 $2-8$

例 6　符号函数 $\mathrm{sgn}\,x$ 在点 $x=0$ 处的左、右极限分别为 -1 和 1,故 $x=0$ 是 $\mathrm{sgn}\,x$ 的跳跃间断点.

第二类间断点的情况比较复杂,我们只对其中感兴趣的两种情况进行举例说明.

例 7　函数 $y=\dfrac{1}{x}$ 在点 $x=0$ 没有定义,所以点 $x=0$ 是函数 $\dfrac{1}{x}$ 的间断点,又因为

$$\lim_{x\to 0}\frac{1}{x}=\infty,$$

$\dfrac{1}{x}$ 在点 $x=0$ 的极限不存在,故 $x=0$ 是 $\dfrac{1}{x}$ 的第二类间断点,这种类型的间断点称为**无穷间断点**.

同样,$x=k\pi\pm\dfrac{\pi}{2}\ (k=0,1,\cdots)$ 是正切函数 $y=\tan x$ 的无穷间断点.

例 8 函数 $f(x) = \begin{cases} \sin\dfrac{1}{x}, & x \neq 0 \\ 0, & x = 0 \end{cases}$, $f(x)$ 在点 $x = 0$ 有定义，

但 $\lim\limits_{x\to 0}\sin\dfrac{1}{x}$ 不存在，所以 $f(x)$ 在点 $x = 0$ 间断．又当 $x \to 0$ 时，函数值在 -1 与 $+1$ 之间变动无穷多次，如图 2-9 所示，所以 $x = 0$ 是 $f(x)$ 的第二类间断点，这种间断点称为**振荡间断点**．

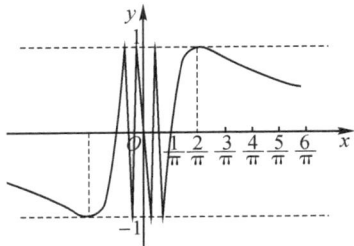

图 2-9

三、连续函数的运算法则与初等函数的连续性

定理 2.18 若 $f(x)$ 及 $g(x)$ 在点 x_0 处连续，则

$$f(x) \pm g(x),\ f(x) \cdot g(x),\ \frac{f(x)}{g(x)}\ (g(x_0) \neq 0)$$

在点 x_0 处也连续．

证明 我们只对 $f(x) \pm g(x)$ 的连续性加以证明．

因为 $f(x)$ 和 $g(x)$ 在点 x_0 连续，所以它们在点 x_0 有定义，从而 $f(x) \pm g(x)$ 在点 x_0 也有定义，再由连续性和极限运算法则，有

$$\lim_{x\to x_0}[f(x) \pm g(x)] = \lim_{x\to x_0}f(x) \pm \lim_{x\to x_0}g(x) = f(x_0) \pm g(x_0),$$

根据连续性的定义，$f(x) \pm g(x)$ 在点 x_0 连续．

例 9 已知 $f(x) = \cos x$，$g(x) = 1 + x^2$ 都是 $(-\infty, +\infty)$ 上的连续函数，则由定理 2.18 知，

$$\frac{f(x)}{g(x)} = \frac{\cos x}{1 + x^2}$$

也是$(-\infty, +\infty)$上的连续函数.

定理 2.19 设函数 $y = f[g(x)]$ 由函数 $y = f(u)$ 与函数 $u = g(x)$ 复合而成,若函数 $u = g(x)$ 在点 x_0 连续,函数 $y = f(u)$ 在点 $u_0 = g(x_0)$ 连续,则复合函数 $y = f[g(x)]$ 在点 x_0 也连续.

证明 因为函数 $u = g(x)$ 在点 x_0 连续,所以

$$\lim_{x \to x_0} g(x) = g(x_0) = u_0,$$

又函数 $y = f(u)$ 在点 $u = u_0 = g(x_0)$ 连续,所以

$$\lim_{x \to x_0} f[g(x)] = f(u_0) = f[g(x_0)].$$

根据连续性的定义,复合函数 $y = f[g(x)]$ 在点 x_0 连续.

例 10 讨论函数 $y = \sin \dfrac{1}{x}$ 的连续性.

解 函数 $y = \sin \dfrac{1}{x}$ 可看作是由 $y = \sin u$ 及 $u = \dfrac{1}{x}$ 复合而成的. $\sin u$ 当 $-\infty < u < +\infty$ 时是连续的,$\dfrac{1}{x}$ 当 $-\infty < x < 0$ 和 $0 < x < +\infty$ 时是连续的,根据定理 2.19,函数 $y = \sin \dfrac{1}{x}$ 在区间 $(-\infty, 0) \bigcup (0, +\infty)$ 内是连续的.

我们可以证明**基本初等函数在它们的定义域内都是连续的**. 根据初等函数的定义,由基本初等函数的连续性以及定理 2.18,2.19,可得下面重要结论:**一切初等函数在其定义区间内都是连续的**. 所谓定义区间,就是包含在定义域内的区间.

根据函数 $f(x)$ 在点 x_0 连续的定义,如果已知 $f(x)$ 在点 x_0 连续,那么求 $f(x)$ 当 $x \to x_0$ 的极限时,只要求 $f(x)$ 在点 x_0 的函数值就行了. 因此,上述关于初等函数连续性的结论提供了求极限的一个方法,这就是:如果 $f(x)$ 是初等函数,且 x_0 是 $f(x)$ 的定义区间内的点,则

$$\lim_{x \to x_0} f(x) = f(x_0).$$

例 11 求 $\lim\limits_{x \to 1} \sin(1 - x^2)$.

解 由于 $x = 1$ 是初等函数 $\sin(1 - x^2)$ 在定义区间 $(-\infty,$

$+\infty$) 内的点,所以

$$\lim_{x \to 1} \sin(1 - x^2) = \sin(1 - 1^2) = \sin 0 = 0.$$

例 12 求 $\lim\limits_{x \to 0} \dfrac{\ln(1 + x^2)}{\cos x}$.

解 由于 $x = 0$ 是初等函数 $\dfrac{\ln(1 + x^2)}{\cos x}$ 的一个定义区间 $[-1, 1]$

内的点,利用初等函数连续性,有

$$\lim_{x \to 0} \frac{\ln(1 + x^2)}{\cos x} = \frac{\ln(1 + 0)}{\cos 0} = 0.$$

例 13 求 $\lim\limits_{x \to 0} \dfrac{\sqrt{1 + x^2} - 1}{x}$.

解 因为点 $x = 0$ 不在函数定义域中,故不能直接代入函数求函数值. 但注意到此时分子也为零,故可用共轭因子的方法.

$$\lim_{x \to 0} \frac{\sqrt{1 + x^2} - 1}{x} = \lim_{x \to 0} \frac{(\sqrt{1 + x^2} - 1)(\sqrt{1 + x^2} + 1)}{x(\sqrt{1 + x^2} + 1)}$$

$$= \lim_{x \to 0} \frac{x}{\sqrt{1 + x^2} + 1} = \frac{0}{2} = 0.$$

例 14 讨论函数 $f(x) = \begin{cases} \dfrac{\sqrt{1 + x} - 1}{x}, & x > 0 \\ \dfrac{1}{2}, & x = 0 \\ \mathrm{e}^{-\frac{1}{x}}, & x < 0 \end{cases}$ 的连续性.

解 当 $x > 0$ 时,$f(x) = \dfrac{\sqrt{1 + x} - 1}{x}$ 是初等函数.

当 $x < 0$ 时,$f(x) = \mathrm{e}^{-\frac{1}{x}}$ 也是初等函数.

由初等函数的连续性知它们在相应区间上都是连续的. 因此,只需讨论函数在分界点 $x = 0$ 处的情况.

由已知条件,有 $f(0) = \dfrac{1}{2}$,又

$$\lim_{x \to 0^-} f(x) = \lim_{x \to 0^-} \mathrm{e}^{-\frac{1}{x}} = +\infty$$

此时左极限不存在,所以 $f(x)$ 在点 $x=0$ 处不连续,$x=0$ 是 $f(x)$ 的第二类间断点,且是无穷间断点.

习题 2.6

1. 研究下列函数的连续性,并画出函数的图形:

(1) $f(x) = \begin{cases} x^2, & 0 \leqslant x \leqslant 1 \\ 2-x, & 1 < x \leqslant 2 \end{cases}$;

(2) $f(x) = \begin{cases} x, & -1 \leqslant x \leqslant 1 \\ 1, & |x| > 1 \end{cases}$.

2. 下列函数在指出的点处间断,说明这些间断点属于哪一类,如果是可去间断点,则补充或改变函数的定义使它连续:

(1) $f(x) = \dfrac{x^2-1}{x^2-3x+2}$, $x=1, x=2$;

(2) $f(x) = \cos^2 \dfrac{1}{x}$, $x=0$;

(3) $f(x) = \begin{cases} x, & x \neq 1 \\ \dfrac{1}{2}, & x=1 \end{cases}$, $x=1$;

(4) $f(x) = \begin{cases} x-1, & x \leqslant 1 \\ 3-x, & x > 1 \end{cases}$, $x=1$.

3. 求函数 $f(x) = \dfrac{x^3+3x^2-x-3}{x^2+x-6}$ 的连续区间,并求极限 $\lim\limits_{x \to 0} f(x)$, $\lim\limits_{x \to -3} f(x)$ 及 $\lim\limits_{x \to 2} f(x)$.

4. 设 $f(x) = \begin{cases} \dfrac{\sin x^2}{x}, & x < 0 \\ a, & x=0 \\ e^{-x}-1, & x > 0 \end{cases}$,问 a 为何值时 $f(x)$ 在其定义域内连续?

5. 利用函数的连续性求下列极限:

(1) $\lim\limits_{x \to 2}(3x^2-2x+1)$;　　　　(2) $\lim\limits_{x \to 0} \ln \dfrac{\sin x}{x}$;

（3）$\lim\limits_{x \to 0} \dfrac{e^{x^2} \cos x}{\arcsin(x+1)}$；

（4）$\lim\limits_{x \to 0} \left[\dfrac{\lg(100+x)}{a^x + \arcsin x} \right]^{\frac{1}{2}}$；

（5）$\lim\limits_{x \to 4} \dfrac{\sqrt{1+2x} - 3}{\sqrt{x} - 2}$；

（6）$\lim\limits_{x \to 0} (1 + 3\tan^2 x)^{\cot^2 x}$.

§2.7　闭区间上的连续函数

定义在闭区间上的连续函数有很多在理论和应用中都十分重要的性质. 下面介绍闭区间上连续函数的两个基本性质. 由于证明要用到实数理论, 超过了本书要求, 故我们只从直观上加以说明, 将严格的证明略去. 以后会多次用到这两个性质, 请读者认真体会.

定义 2.15　设函数 $f(x)$ 在区间 I 上有定义, 且 $x_0 \in I$, 若对任何 $x \in I$, 都有

$$f(x_0) \geqslant f(x) \ (\ \text{或} \ f(x_0) \leqslant f(x)\ ),$$

则称 $f(x_0)$ 为 $f(x)$ 在区间 I 上的**最大值**（或最小值）, 最大值和最小值统称为**最值**, x_0 称为**最值点**.

定理 2.21(最值定理)　若函数 $f(x)$ 在闭区间 $[a, b]$ 上连续, 则 $f(x)$ 在闭区间 $[a, b]$ 上有最大值与最小值.

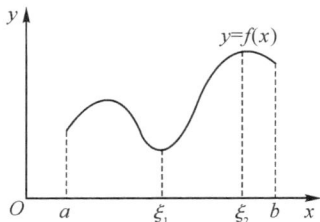

图 2 - 10

推论　若函数 $f(x)$ 在闭区间 $[a, b]$ 上连续, 则 $f(x)$ 在闭区间 $[a, b]$ 上有界.

定理 2.21 及其推论从几何上是明显的, 设函数 $f(x)$ 在 $[a, b]$ 上连续, 从图 2 - 10 不难看出, 从点 $(a, f(a))$ 到点 $(b, f(b))$ 的连续曲线

$y=f(x)$ 一定有最低点 $(\xi_1,f(\xi_1))$ 和最高点 $(\xi_2,f(\xi_2))$，最大值与最小值也是函数的上界与下界，从而函数 $f(x)$ 在 $[a,b]$ 上是有界的.

需要注意的是，最值定理中"闭区间 $[a,b]$"与"连续"这两个条件缺一不可. 若函数在开区间连续，则不一定有界，如 $f(x)=\dfrac{1}{x}$ 在 $(0,1)$ 内连续，但无界，且无最大值和最小值（图 2-11）；若函数有间断点，也不一定能取到最值，如

$$f(x)=\begin{cases}-x+1,&0\leqslant x<1\\1,&x=1\\-x+3,&1<x\leqslant 2\end{cases}$$

在 $[0,2]$ 上有间断点 $x=1$，而 $f(x)$ 在 $[0,2]$ 上既无最大值又无最小值（图 2-12）.

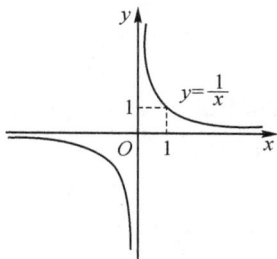

图 2-11

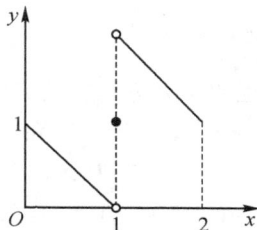

图 2-12

定理 2.22（介值定理）　如果 $y=f(x)$ 在闭区间 $[a,b]$ 上连续，则 $f(x)$ 在 $[a,b]$ 上能取到最大值和最小值之间的任何数值（图 2-13）.

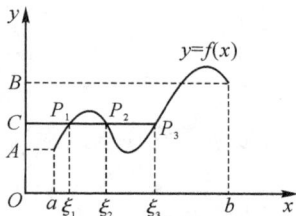

图 2-13

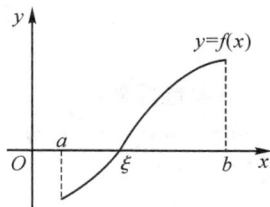

图 2-14

推论(零点定理) 如果 $y = f(x)$ 在闭区间 $[a,b]$ 上连续,且两个端点的值 $f(a)$ 与 $f(b)$ 异号,则至少存在一点 $\xi \in (a,b)$,使 $f(\xi) = 0$(图 2-14).

推论的几何意义是:一条连续不间断的曲线从上(或下)半平面到达下(或上)半平面时,至少穿过 x 轴一次.

作为应用,零点定理常用于说明方程的根的存在性.

例 1 证明方程 $x^3 - 4x^2 + 1 = 0$ 在区间 $(0,1)$ 内至少有一个根.

证 设函数 $f(x) = x^3 - 4x^2 + 1$,因为 $f(x)$ 在闭区间 $[0,1]$ 上连续,又 $f(0) = 1 > 0, f(1) = -2 < 0$,所以,根据零点定理,在 $(0,1)$ 内至少有一点 ξ,使得 $f(\xi) = 0$,即

$$\xi^3 - 4\xi^2 + 1 = 0 \quad (0 < \xi < 1),$$

即方程 $x^3 - 4x^2 + 1 = 0$ 在区间 $(0,1)$ 内至少有一个根是 ξ.

习题 2.7

1. 证明下列方程在指定区间中必有根:

(1) $x^3 - x - 1 = 0$,在区间 $(1,2)$;

(2) $x \cdot 3^x = 1$,在区间 $(0,1)$;

(3) $\sin x + x + 1 = 0$,在区间 $(-\infty, +\infty)$.

2. 设函数 $f(x)$ 和 $g(x)$ 在 $[a,b]$ 上连续,且 $f(a) < g(a)$, $f(b) > g(b)$,证明:在 $[a,b]$ 内至少存在一点 ξ,使 $f(\xi) = g(\xi)$.

3. 已知函数 $f(x)$ 在 $[0,2]$ 上连续,且有 $f(0) = f(2)$,求证:必存在一点 $\xi \in [0,2]$,使得 $f(\xi) = f(\xi+1)$.

复习题二

一、单项选择题

1. 函数 $y = f(x)$ 在点 $x = x_0$ 处有极限是它在该点附近有界的( ).

A. 必要条件   B. 充分条件

C. 充分必要条件   D. 无关条件

2. $\lim\limits_{x \to \infty} \dfrac{1}{1 + e^x} = ($　　$)$.

A. 0

B. 1

C. 不存在, 但不是 ∞

D. ∞

3. 当 $x \to 0$ 时, 下列函数为无穷小的是(　　).

A. $\dfrac{\sin x}{x}$

B. $x^2 + \sin x$

C. $\dfrac{1}{x} \ln(1 + x)$

D. $2x - 1$

4. 下列变量在给定的变化过程中为无穷小量的是(　　).

A. $\sin \dfrac{1}{x}$ $(x \to 0)$

B. $e^{\frac{1}{x}}$ $(x \to 0)$

C. $\ln(1 + x^2)$ $(x \to 0)$

D. $\dfrac{x - 3}{x^2 - 9}$ $(x \to 3)$

5. 下列极限中, 正确的是(　　).

A. $\lim\limits_{x \to \infty} \dfrac{\sin x}{x} = 1$

B. $\lim\limits_{x \to 0} \dfrac{\sin x}{2x} = 1$

C. $\lim\limits_{x \to \infty} x \sin \dfrac{1}{x} = 1$

D. $\lim\limits_{x \to 0} \dfrac{\sin \dfrac{1}{x}}{\dfrac{1}{x}} = 1$

6. $\lim\limits_{x \to 2} \dfrac{\sin(x - 2)}{x^2 - 4}$ 等于(　　).

A. 0

B. $\dfrac{1}{4}$

C. $\dfrac{1}{2}$

D. 1

7. 下列各式中, 正确的是(　　).

A. $\lim\limits_{x \to \infty} \left(1 - \dfrac{1}{x}\right)^x = e$

B. $\lim\limits_{x \to \infty} \left(1 + \dfrac{1}{x}\right)^{\frac{1}{x}} = e$

C. $\lim\limits_{x \to 0} (1 + x)^{-\frac{1}{x}} = e$

D. $\lim\limits_{x \to 0} (1 + x)^{\frac{1}{x}} = e$

8. $\lim\limits_{x \to \infty} \left(1 + \dfrac{a}{x}\right)^{bx + d}$ 等于(　　).

A. e

B. e^b

C. e^{ab}

D. $e^{ab + d}$

9. 当 $x \to 0$ 时, x^2 与 $\sin x$ 比较是(　　).

A. 较高阶的无穷小量　　　　　　B. 较低阶的无穷小量

C. 等价无穷小量　　　　　　　　D. 同阶但非等价的无穷小量

10. 当 $x \to 0$ 时,与 $3x^2 + 2x^3$ 等价的无穷小量是(　　　).

A. $2x^3$ 　　　　B. $3x^2$ 　　　　C. x^2 　　　　D. x^3

11. 当 $x \to 0$ 时,$\sin(2x + x^2)$ 与 x 比较是(　　　).

A. 较高阶的无穷小量　　　　　　B. 较低阶的无穷小量

C. 等价无穷小量　　　　　　　　D. 同阶但非等价的无穷小量

12. 当 $x \to 0$ 时,$x^2 - \sin x$ 是 x 的(　　　).

A. 高阶无穷小　　　　　　　　　B. 等价无穷小

C. 同阶但非等价无穷小　　　　　D. 低阶无穷小

13. 设 $f(x) = \begin{cases} x^2 - 1, & x < 0, \\ x, & 0 \leqslant x \leqslant 1, \\ 2 - x, & 1 < x \leqslant 2, \end{cases}$ 则 $f(x)$ 在(　　　).

A. $x = 0, x = 1$ 处都间断

B. $x = 0, x = 1$ 处都连续

C. $x = 0$ 处间断,$x = 1$ 处连续

D. $x = 0$ 处连续,$x = 1$ 处间断

14. 设 $f(x) = \dfrac{1 - \cos^2 x}{x^2}$,当 $x \neq 0$ 时,$F(x) = f(x)$,若 $F(x)$ 在点 $x = 0$ 处连续,则 $F(0)$ 等于(　　　).

A. -1 　　　　B. 0 　　　　C. 1 　　　　D. 2

15. 设 $y = \dfrac{\sqrt[3]{x} - 1}{x - 1}$,则 $x = 1$ 是函数 y 的(　　　).

A. 连续点　　　　　　　　　　　B. 可去间断点

C. 跳跃间断点　　　　　　　　　D. 无穷间断点

二、填空题

1. $\lim\limits_{n \to \infty} \dfrac{1 + 2 + \cdots + n}{n^2 + 3n} = $ _____.

2. $\lim\limits_{x \to \infty} \dfrac{3x^3 - 2x^2 + 1}{(x + 2)^3} = $ _____.

3. $\lim\limits_{x \to 1} \dfrac{\sqrt{x} - 1}{x - 1} = $ _____.

4. $\lim\limits_{x \to 2} \dfrac{x^2 + x - 6}{x^2 - 4} = $ _____.

5. 函数 $f(x) = \begin{cases} 2x + 1, & x < 0 \\ \ln(1 + x), & x \geqslant 0 \end{cases}$，则 $f(x)$ 在点 $x = 0$ 处的

左极限 $\lim\limits_{x \to 0^-} f(x) = $ _____.

6. $\lim\limits_{x \to \infty} \left(1 - \dfrac{1}{2x}\right)^x = $ _____.

7. 设 $\lim\limits_{x \to \infty} \left(1 + \dfrac{k}{x}\right)^{2x} = \mathrm{e}$，则 $k = $ _____.

8. 当 $x \to \infty$ 时，函数 $f(x)$ 与 $\dfrac{1}{x}$ 是等价无穷小量，则 $\lim\limits_{x \to \infty} 2x f(x)$

= _____.

9. 设 当 $x \to 0$ 时，ax^2 与 $\tan \dfrac{x^2}{4}$ 为等价无穷小，则 a

= _____.

10. $\lim\limits_{x \to 1} \dfrac{\sin(x - 1)}{x^2 + 5x - 6} = $ _____.

11. $\lim\limits_{x \to 0} \dfrac{\ln(1 + \sin 2x)}{\arcsin(x + x^2)} = $ _____.

12. 设 $f(x) = \begin{cases} 3x, & -1 < x < 1 \\ a, & x = 1 \\ 3x^2, & 1 < x < 2 \end{cases}$ 在点 $x = 1$ 处连续，则常数

$a = $ _____.

13. 设函数 $f(x) = \begin{cases} \dfrac{\sqrt{x + 4} - 2}{x}, & x \neq 0 \\ k, & x = 0 \end{cases}$，在点 $x = 0$ 处连续，

则 $k = $ _____.

14. 函数 $f(x) = \dfrac{x}{\sqrt[3]{3 - x}}$ 的间断点为 _____.

15. 设 $f(x) = \begin{cases} \dfrac{\sin x}{x}, & x > 0 \\ 0, & x \leqslant 0 \end{cases}$,则 $x = 0$ 是 $f(x)$ 的第_____类

间断点.

三、计算下列极限

1. $\lim\limits_{x\to 0} \dfrac{\ln(1+x^2)}{\sec x - \cos x}$;

2. $\lim\limits_{x\to 0}(1+x^2)^{\frac{1}{1-\cos x}}$;

3. $\lim\limits_{x\to 0} \dfrac{\sqrt{1+x}-1}{\sin x}$;

4. $\lim\limits_{x\to +\infty} \dfrac{(3x+6)^{70}(8x-5)^{20}}{(5x-1)^{90}}$;

5. $\lim\limits_{x\to 1}(1-x)\tan\dfrac{\pi x}{2}$;

6. $\lim\limits_{x\to 1}\left(\dfrac{2}{x^2-1} - \dfrac{3}{x^3-1}\right)$;

7. $\lim\limits_{x\to 0}\dfrac{\tan x - x}{x+\sin x}$;

8. $\lim\limits_{x\to 0}\dfrac{\sqrt{1-\cos x^2}}{1-\cos x}$.

四、计算题

1. 设 $\lim\limits_{x\to\infty}\left(\dfrac{x+a}{x-2a}\right)^x = 8$,求常数 a.

2. 设 $\lim\limits_{x\to\infty}\left(\dfrac{x^2+1}{x+1} - ax - b\right) = 0$,求 a,b.

3. 设 $f(x) = \begin{cases} \dfrac{1}{x}\sin x, & x < 0 \\ k, & x = 0,\text{求常数 } k \text{ 的值,使 } f(x) \text{ 在} \\ x\sin\dfrac{1}{x}+1, & x > 0 \end{cases}$

其定义域内连续.

4. 设 $\varphi(x) = 1 - e^{\frac{1}{1-x}}$,讨论它的间断点.

五、证明题

1. 证明:方程 $x\cdot 2^x = 1$ 至少有一个小于 1 的正根.

2. 证明:方程 $x - a\sin x - b = 0(a,b>0)$ 在区间 $[0,a+b]$ 上至少有一个根.

第 3 章　　导　　数

在研究实际问题中,除了需要引入变量并确定相互之间的函数关系之外,我们还需要考虑各个变量改变量之间的依赖关系.例如,物体运动中的位移和时间的改变量,国民经济中的总量和时间的改变量,资产投资中的收益和时间改变量等.所有这些问题可以统一归结为同一个概念——导数.导数是微分学的基本内容,也是微积分的重要组成部分.

§3.1　　导数的概念

一、引例

在引入导数概念之前,我们先考虑两个具体的例子.

1. 质点做变速直线运动的瞬时速度

设一质点在坐标轴上做变速直线运动,时刻 t 对应的坐标为 s,其中 s 是 t 的函数,且满足关系式

$$s = s(t),$$

求质点在时刻 t_0 的瞬时速度.

考虑动点在时间间隔 $t - t_0$ 内的平均速度

$$\frac{s - s_0}{t - t_0} = \frac{s(t) - s(t_0)}{t - t_0}. \tag{3-1}$$

如果 $t - t_0$ 比较小,即时间间隔比较短,则比值(3-1)可以近似动点在时刻 t_0 的瞬时速度.时间间隔越短,近似效果越好.特别地,当 $t - t_0 \to 0$(或者 $t \to t_0$),假使比值(3-1)存在,则该比值就等于时刻 t_0 的瞬时速度,即我们可以利用极限

$$\lim_{t \to t_0} \frac{s(t) - s(t_0)}{t - t_0}$$

表示动点在时刻 t_0 的瞬时速度.

2. 平面曲线的切线斜率

设曲线方程为 $y = f(x)$，$M(x_0, f(x_0))$ 为该曲线上一定点（如图 3-1）. 如何求曲线 $y = f(x)$ 在点 M 处切线的斜率呢？

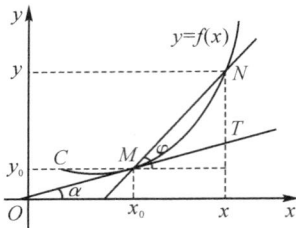

图 3-1

在曲线 $y = f(x)$ 上取一动点 $N(x, y)$，并作割线 MN，设它与 x 轴的夹角（或倾角）为 φ，则割线 MN 的斜率为 $\tan\varphi$，即

$$\tan\varphi = \frac{y - y_0}{x - x_0} = \frac{f(x) - f(x_0)}{x - x_0}. \qquad (3-3)$$

从图 3-1 不难看出，当动点 N 沿曲线不断接近点 M 时，割线 MN 也随之趋于曲线 $y = f(x)$ 在点 M 处的切线 MT，即当 $x \to x_0$ 时，假使比值（3-3）存在，则它即为切线 MT 的斜率 k. 如果记切线与 x 轴的倾角为 α，则

$$k = \tan\alpha = \lim_{x \to x_0} \frac{f(x) - f(x_0)}{x - x_0}. \qquad (3-4)$$

二、导数的定义

质点做变速直线运动瞬时速度的表达式（3-2）和曲线在定点切线斜率的表达式（3-4）存在着一些共性：它们是一个极限，对应的函数是因变量的改变量和自变量的改变量的比值，即它们可以归结为如下形式的极限：

$$\lim_{x \to x_0} \frac{f(x) - f(x_0)}{x - x_0}. \tag{3-5}$$

我们把这种极限形式的问题归结为导数.

定义 3.1 设函数 $y = f(x)$ 在点 x_0 的某邻域内有定义. 如果当 $x \to x_0$ 时, 比值 $\dfrac{f(x) - f(x_0)}{x - x_0}$ 的极限存在, 则称函数 $y = f(x)$ 在点 x_0 处可导, 并称该极限为函数 $y = f(x)$ 在点 x_0 的**导数**(或**微商**), 记作 $f'(x_0)$, 即

$$f'(x_0) = \lim_{x \to x_0} \frac{f(x) - f(x_0)}{x - x_0}. \tag{3-6}$$

导数也可记为

$$y'|_{x=x_0}, \quad \frac{\mathrm{d}y}{\mathrm{d}x}\bigg|_{x=x_0}, \quad \text{或} \quad \frac{\mathrm{d}f(x)}{\mathrm{d}x}\bigg|_{x=x_0}.$$

函数 $f(x)$ 在点 x_0 处可导, 也称 $f(x)$ 在点 x_0 处具有导数或导数存在, 否则称为不可导.

如果分别记自变量和因变量的改变量为

$$\Delta x = x - x_0, \quad \Delta y = f(x_0 + \Delta x) - f(x_0),$$

则(3 - 6)也可以重新写成

$$f'(x_0) = \lim_{\Delta x \to 0} \frac{\Delta y}{\Delta x}$$

或

$$f'(x_0) = \lim_{\Delta x \to 0} \frac{f(x_0 + \Delta x) - f(x_0)}{\Delta x}, \tag{3-7}$$

(3 - 7)式也可以看作是导数的定义式.

定义 3.2 如果函数 $y = f(x)$ 在开区间 I 内每点处都可导, 即对开区间 I 内每一点 x, 都有一个导数值 $f'(x)$ 与它对应, 这些导数值就构成了一个新的函数, 我们称之为函数 $y = f(x)$ 在区间 I 上的**导函数**, 记作

$$f'(x), \quad y'(x), \frac{\mathrm{d}y}{\mathrm{d}x}, \frac{\mathrm{d}f(x)}{\mathrm{d}x}.$$

为了方便起见, 导函数 $f'(x)$ 也简称为导数. 函数 $y = f(x)$ 在点 x_0 处的导数 $f'(x_0)$ 也可以视为导数 $f'(x)$ 在点 $x = x_0$ 处的函数值,

即

$$f'(x_0) = f'(x)\big|_{x=x_0}.$$

下面我们导出一些基本初等函数的导数.

例 1 求函数 $f(x) = C(C$ 为常数$)$ 的导数.

解 对于任意的 $x \in (-\infty, +\infty)$,

$$f'(x) = \lim_{\Delta x \to 0} \frac{f(x+\Delta x) - f(x)}{\Delta x} = \lim_{\Delta x \to 0} \frac{C - C}{\Delta x} = 0.$$

即 $(C)' = 0$.

例 2 求函数 $f(x) = x^n$ 的导数$(n$ 为正整数$)$.

解 对于任意的 $x \in (-\infty, +\infty)$,根据二项式定理,有

$$(x+\Delta x)^n = x^n + nx^{n-1}\Delta x + \frac{n(n-1)}{2!}x^{n-1}(\Delta x)^2 + \cdots + (\Delta x)^n,$$

故

$$f'(x) = \lim_{\Delta x \to 0} \frac{f(x+\Delta x) - f(x)}{\Delta x} = \lim_{\Delta x \to 0} \frac{(x+\Delta x)^n - x^n}{\Delta x}$$

$$= \lim_{\Delta x \to 0} \left[nx^{n-1} + \frac{n(n-1)}{2!}x^{n-1}\Delta x + \cdots + (\Delta x)^{n-1}\right]$$

$$= nx^{n-1},$$

即 $(x^n)' = nx^{n-1}$.

更一般地,我们有 $(x^\mu)' = \mu x^{\mu-1}$,其中 μ 为常数.

例如,对于 $y = \frac{1}{x} = x^{-1}$,有 $(x^{-1})' = -1 \cdot x^{-1-1} = -\frac{1}{x^2}$,再如 $y = \sqrt{x}$,有 $(\sqrt{x})' = (x^{\frac{1}{2}})' = \frac{1}{2} \cdot x^{\frac{1}{2}-1} = \frac{1}{2\sqrt{x}}$.

例 3 求函数 $f(x) = \sin x$ 的导数.

解 对于任意的 $x \in (-\infty, +\infty)$,

$$f'(x) = \lim_{\Delta x \to 0} \frac{f(x+\Delta x) - f(x)}{\Delta x} = \lim_{\Delta x \to 0} \frac{\sin(x+\Delta x) - \sin x}{\Delta x}$$

$$= \lim_{\Delta x \to 0} \frac{1}{\Delta x} \cdot 2\cos\left(x + \frac{\Delta x}{2}\right)\sin\frac{\Delta x}{2}$$

$$= \lim_{\Delta x \to 0} \cos\left(x + \frac{\Delta x}{2}\right) \cdot \frac{\sin\frac{\Delta x}{2}}{\frac{\Delta x}{2}} = \cos x,$$

即 $(\sin x)' = \cos x.$

用类似的方法，可得

$$(\cos x)' = -\sin x.$$

例 4　求函数 $f(x) = a^x (a > 0, a \neq 1)$ 的导数.

解　对于任意的 $x \in (-\infty, +\infty)$,

$$f'(x) = \lim_{\Delta x \to 0} \frac{f(x + \Delta x) - f(x)}{\Delta x} = \lim_{\Delta x \to 0} \frac{a^{x+\Delta x} - a^x}{\Delta x}$$

$$= a^x \lim_{\Delta x \to 0} \frac{a^{\Delta x} - 1}{\Delta x} = a^x \lim_{\Delta x \to 0} \frac{e^{\Delta x \ln a} - 1}{\Delta x},$$

注意到，当 $\Delta x \to 0$ 时, $e^{\Delta x \ln a} - 1 \sim \Delta x \ln a$, 所以

$$f'(x) = \lim_{\Delta x \to 0} a^x \frac{\Delta x \ln a}{\Delta x} = a^x \ln a,$$

即 $(a^x)' = a^x \ln a.$

特别地, $(e^x)' = e^x.$

例 5　求函数 $f(x) = \log_a x \ (a > 0, a \neq 1)$ 的导数.

解　对于任意的 $x \in (0, +\infty)$,

$$f'(x) = \lim_{\Delta x \to 0} \frac{f(x + \Delta x) - f(x)}{\Delta x} = \lim_{\Delta x \to 0} \frac{\log_a (x + \Delta x) - \log_a x}{\Delta x}$$

$$= \lim_{\Delta x \to 0} \frac{1}{\Delta x} \log_a \left(1 + \frac{\Delta x}{x}\right) = \frac{1}{x} \lim_{\Delta x \to 0} \log_a \left(1 + \frac{\Delta x}{x}\right)^{\frac{x}{\Delta x}}$$

$$= \frac{1}{x} \log_a e = \frac{1}{x \ln a}.$$

即 $(\log_a x)' = \dfrac{1}{x \ln a}.$

特别地, $(\ln x)' = \dfrac{1}{x}.$

由上面的例子，我们不难得到利用定义求导数的基本步骤：

(1) 求增量 $\Delta y = f(x + \Delta x) - f(x)$;

(2) 算比值 $\dfrac{\Delta y}{\Delta x} = \dfrac{f(x + \Delta x) - f(x)}{\Delta x}$;

(3) 求极限 $y' = \lim\limits_{\Delta x \to 0} \dfrac{\Delta y}{\Delta x}.$

三、导数的几何意义

由引例 2 不难发现,导数的几何意义就是曲线 $y = f(x)$ 在点 $M(x_0, f(x_0))$ 处切线的斜率,即

$$f'(x_0) = \tan\alpha = \lim_{x \to x_0} \frac{f(x) - f(x_0)}{x - x_0},$$

其中 α 是切线的倾角(图 $3-2$).

此时,曲线 $y = f(x)$ 在点 $M(x_0, y_0)$ 处的切线方程为

$$y - y_0 = f'(x_0)(x - x_0).$$

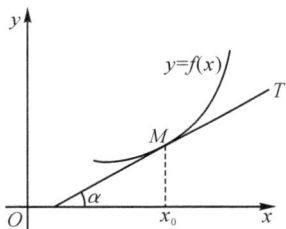

图 $3-2$

我们称过切点 $M(x_0, y_0)$ 且与切线垂直的直线为曲线 $y = f(x)$ 在点 $M(x_0, y_0)$ 处的法线. 则当 $f'(x_0) \neq 0$ 时,法线的斜率为 $-\dfrac{1}{f'(x_0)}$,从而法线方程可以写成

$$y - y_0 = -\frac{1}{f'(x_0)}(x - x_0).$$

例 6 求抛物线 $y = x^3$ 在点 $(1,1)$ 处切线的斜率,并写出在该点处的切线和法线方程.

解 记切线的斜率为 k,根据导数的几何意义,有

$$k = y'\big|_{x=1} = 3x^2\big|_{x=1} = 3,$$

所以切线方程为

$$y - 1 = 3(x - 1),\text{即 } 4x - y - 2 = 0.$$

法线的斜率为 $\tilde{k} = -\dfrac{1}{k} = -\dfrac{1}{3}$,故法线方程为

$$y - 1 = -\frac{1}{3}(x - 1),\ \text{即}\ x + 3y - 4 = 0.$$

四、单侧导数

由(3-6)或者(3-7),我们不难发现:$f(x)$ 在点 x_0 处的导数 $f'(x_0)$ 是利用极限来定义的. 注意到,极限有左、右极限的概念,因此导数相应地也有类似的概念.

定义 3.3　若极限 $\lim\limits_{x \to x_0^+} \dfrac{f(x) - f(x_0)}{x - x_0}$ 存在,则称它为 $f(x)$ 在点 x_0 处的**右导数**,记为 $f'_+(x_0)$. 而若 $\lim\limits_{x \to x_0^-} \dfrac{f(x) - f(x_0)}{x - x_0}$ 存在,则称它为 $f(x)$ 在点 x_0 处的**左导数**,记为 $f'_-(x_0)$.

左导数和右导数统称为**单侧导数**.

定理 3.1　函数 $f(x)$ 在点 x_0 处可导的充分必要条件是左导数 $f'_-(x_0)$ 和右导数 $f'_+(x_0)$ 存在且相等.

上述定理给出了判断分段函数在分段点是否可导的一种方法:先求出该点的左、右导数,然后再判定 $f(x)$ 在分段点是否可导.

例 7　判定函数 $f(x) = |x|$ 在点 $x = 0$ 处是否可导.

解　函数可以改写成

$$f(x) = |x| = \begin{cases} x, & x \geqslant 0, \\ -x, & x < 0, \end{cases}$$

则 $f(x)$ 在点 $x = 0$ 处的左、右导数分别为

$$f'_-(0) = \lim_{x \to 0^-} \frac{f(x) - f(0)}{x - 0} = \lim_{x \to 0^-} \frac{-x - 0}{x - 0} = \lim_{x \to 0^-}(-1) = -1,$$

$$f'_+(0) = \lim_{x \to 0^+} \frac{f(x) - f(0)}{x - 0} = \lim_{x \to 0^+} \frac{x - 0}{x - 0} = \lim_{x \to 0^+} 1 = 1.$$

因为 $f'_+(0) \neq f'_-(0)$,所以 $f(x) = |x|$ 在点 $x = 0$ 处不可导.

例 8　设 $f(x) = \begin{cases} \ln(x + 1), & x > 0 \\ x, & x \leqslant 0 \end{cases}$,问 $f(x)$ 在点 $x = 0$ 处是否可导?

解　因为

$$f'_+(0) = \lim_{x \to 0^+} \frac{\ln(1+x) - \ln 1}{x - 0} = \lim_{x \to 0^+} \frac{\ln(1+x)}{x} = 1,$$

$$f'_-(1) = \lim_{x \to 0^-} \frac{x - 0}{x - 0} = 1,$$

所以 $f'_+(0) = f'_-(0) = 1$，从而 $f(x)$ 在点 $x = 0$ 处可导，且导数为 $f'(0) = 1$.

五、函数的可导性与连续性关系

下面我们根据导数的定义来讨论函数在一点处可导与在该点连续之间的关系.

定理 3.2 若函数 $f(x)$ 在点 x_0 处可导，则 $f(x)$ 在点 x_0 处是连续的，但反之不然.

证明 因为 $f(x)$ 在点 x_0 处可导，故由导数的定义有

$$f'(x_0) = \lim_{\Delta x \to 0} \frac{\Delta y}{\Delta x} = \lim_{x \to x_0} \frac{f(x) - f(x_0)}{x - x_0},$$

所以

$$\lim_{x \to x_0} [f(x) - f(x_0)] = \lim_{x \to x_0} \frac{f(x) - f(x_0)}{x - x_0} \cdot (x - x_0)$$
$$= f'(x_0) \cdot \lim_{x \to x_0} (x - x_0) = 0,$$

即

$$\lim_{x \to x_0} [f(x) - f(x_0)] = 0.$$

所以 $f(x)$ 在点 x_0 处一定连续.

可导必连续，但该定理的逆命题并不成立，即一个函数在某点连续却不一定在该点可导. 如 $y = |x|$ 在 $x = 0$ 处连续，而在例 7 中我们已经证明它在 $x = 0$ 处是不可导的. 连续只是可导的必要而非充分条件.

例 9 讨论 $y = f(x) = \begin{cases} x\sin \dfrac{1}{x}, & x \neq 0 \\ 0, & x = 0 \end{cases}$，在点 $x = 0$ 处的连续性及可导性.

解 先讨论连续性：

特别地,当 $u = C(C$ 为常数)时,因为 $C' = 0$,所以易知,

(1) $(C \cdot v)' = C \cdot v'$, 　　　　　　　　　　　　　　　(3 – 11)

即常数因子可以提到导数记号外.

(2) $\left(\dfrac{C}{v}\right)' = -\dfrac{C \cdot v'}{v^2}$. 　　　　　　　　　　　　　(3 – 12)

此外,公式(3-8),(3-9)分别可以推广到有限个函数的代数和, 有限个函数积的情况,如

$$[u_1(x) \pm u_2(x) \pm u_3(x)]' = u'_1(x) \pm u'_2(x) \pm u'_3(x),$$

$$[u(x)v(x)w(x)]'$$

$$= u'(x)v(x)w(x) + u(x)v'(x)w(x) + u(x)v(x)w'(x).$$

例 1　$y = 5x^2 - 4\cos x + x\sqrt{x} + \ln 3$, 求 y'.

解　$y' = (5x^2)' - 4(\cos x)' + (x^{\frac{3}{2}})' + (\ln 3)'$

$$= 10x + 4\sin x + \frac{3}{2}x^{-\frac{1}{2}}.$$

例 2　$y = (3x - 2)(1 + x^2)$, 求 y'.

解　$y' = (3x - 2)' \cdot (1 + x^2) + (3x - 2)(1 + x^2)'$

$$= 3(1 + x^2) + (3x - 2) \cdot 2x$$

$$= 9x^2 - 4x + 3.$$

例 3　$y = \dfrac{x^2 + 1}{x^2 - 1}$, 求 y'.

解　$y' = \dfrac{(x^2 + 1)'(x^2 - 1) - (x^2 + 1)(x^2 - 1)'}{(x^2 - 1)^2}$

$$= \frac{2x(x^2 - 1) - 2x(x^2 + 1)}{(x^2 - 1)^2} = -\frac{4x}{(x^2 - 1)^2}.$$

例 4　求下列函数的导数:

(1) $y = \tan x$;　　　　　　　(2) $y = \sec x$.

解　(1) $y' = (\tan x)' = \left(\dfrac{\sin x}{\cos x}\right)'$

$$= \frac{(\sin x)' \cos x - \sin x (\cos x)'}{\cos^2 x}$$

$$= \frac{\cos^2 x + \sin^2 x}{\cos^2 x} = \frac{1}{\cos^2 x} = \sec^2 x.$$

(2) $y' = (\sec x)' = \left(\dfrac{1}{\cos x}\right)' = \dfrac{-(\cos x)'}{\cos^2 x}$

$= \dfrac{\sin x}{\cos^2 x} = \dfrac{\sin x}{\cos x}\dfrac{1}{\cos x} = \sec x \tan x.$

同理，

$$(\cot x)' = -\csc^2 x, \qquad (\csc x)' = -\csc x \cot x.$$

习题 3.2

1. 求下列函数的导数：

(1) $y = 3x^2 + e^x - 3^x - x + 5$;　　(2) $y = x^a + a^x + a^a$;

(3) $y = 2\sqrt{x} - \dfrac{1}{x} + \dfrac{1}{\sqrt{x}} - \ln 2$;　　(4) $y = e^x \cdot x^3$;

(5) $y = x^n \cdot \ln x$;　　(6) $y = x\ln x + \dfrac{2}{x^2}$;

(7) $y = (x^2 + 1)\arctan x$;　　(8) $y = x\tan x - 2\sec x$;

(9) $y = x^2\cos x \cdot \ln\sqrt{x}$;　　(10) $y = \dfrac{\arcsin x}{x^2}$;

(11) $y = \dfrac{1-\sin x}{1+\cos x}$;　　(12) $y = \dfrac{1-\ln x}{1+\ln x}$.

2. 求下列函数在给定点的导数：

(1) $y = t\sin t + \dfrac{1}{2}\cos t$, 求 $\left.\dfrac{\mathrm{d}y}{\mathrm{d}t}\right|_{t=\frac{\pi}{4}}$;

(2) $f(t) = \dfrac{1-\sqrt{t}}{1+\sqrt{t}}$, 求 $f'(4)$;

(3) $y = \dfrac{x^2}{x+1} + x e^x$, 求 $y'|_{x=0}$.

§3.3　复合函数的求导法则

在 §3.2 中，我们考虑了基本初等函数的求导公式以及导数的四则运算，为了进一步解决初等函数的求导法则，进而将其推广到分段函数，我们需要引入复合函数的求导法则．

定理 3.3　设 $u = \varphi(x)$ 在 x 处可导，$y = f(u)$ 在 $u = \varphi(x)$ 处可导，则复合函数 $y = f[\varphi(x)]$ 在 x 处可导，其导数为

$$\frac{\mathrm{d}y}{\mathrm{d}x} = \frac{\mathrm{d}y}{\mathrm{d}u}\frac{\mathrm{d}u}{\mathrm{d}x} \text{ 或 } y' = f'(u)\varphi'(x). \tag{3-13}$$

此法则也被称为复合函数的**链式法则**，即复合函数对自变量的导数等于函数对中间变量的导数乘以中间变量对自变量的导数.

在复合函数的求导法则中，为了明确起见，有时需要在函数的右下角注明对中间变量求导还是对自变量求导，如 y'_x 表示对 x 求导，y'_u 表示对 u 求导，此时（3-11）也可简写为

$$y'_x = y'_u \cdot u'_x.$$

定理 3.3 可推广到有限多个函数复合的情形. 如设 $y = f(u)$，$u = \varphi(v)$，$v = r(x)$，则复合函数 $y = f[\varphi(r(x))]$ 的导数为

$$y'_x = y'_u \cdot u'_v \cdot v'_x.$$

应用复合函数求导法则时，首先要分析所给函数由哪些函数复合而成，或者说，所给函数能分解成哪些函数. 如果所给函数能分解成比较简单的函数，而这些简单函数的导数我们已经会求，那么应用复合函数求导法则就可以求所给函数的导数了.

例 1　设 $y = (1 - 3x)^{10}$，求 y'.

解　所求函数可以视为复合函数 $y = u^{10}$，$u = 1 - 3x$，则
$$y'_x = (u^{10})'_u(1 - 3x)'_x = 10u^9(-3) = -30(1 - 3x)^9.$$

例 2　求 $y = \ln\tan\frac{x}{2}$ 的导数.

解　所求函数可以视为复合函数

$$y = \ln u, \ u = \tan v, \ v = \frac{x}{2},$$

由复合函数的求导法则，得

$$y' = (\ln u)'_u \cdot (\tan v)'_v \cdot \left(\frac{x}{2}\right)'_x$$
$$= \frac{1}{u} \cdot \frac{1}{\cos^2 v} \cdot \frac{1}{2} = \frac{1}{2\tan\frac{x}{2} \cdot \cos^2\frac{x}{2}}$$

$$= \frac{1}{2\sin\frac{x}{2} \cdot \cos\frac{x}{2}} = \frac{1}{\sin x}.$$

对复合函数的求导法则比较熟练后,可不必再写函数的复合过程.

例 3 求下列函数的导数:

(1) $y = e^{\sin\frac{1}{x}}$;　　　　　(2) $y = \sqrt{x^2-1} \cdot \tan 2x$;

(3) $y = \ln(x + \sqrt{x^2+a^2})$.

解 (1) $y' = e^{\sin\frac{1}{x}}\left(\sin\frac{1}{x}\right)' = e^{\sin\frac{1}{x}} \cdot \cos\frac{1}{x} \cdot \left(\frac{1}{x^2}\right)'$

$$= -\frac{2}{x^3}e^{\sin\frac{1}{x}} \cdot \cos\frac{1}{x}.$$

(2) $y' = (\sqrt{x^2-1})'\tan 2x + (\sqrt{x^2-1})(\tan 2x)'$

$$= \frac{1}{2}(x^2-1)^{-\frac{1}{2}} \cdot (x^2-1)' \cdot \tan 2x + \sqrt{x^2-1} \cdot \sec^2 2x \cdot (2x)'$$

$$= \frac{x}{\sqrt{x^2-1}} \cdot \tan 2x + 2\sqrt{x^2-1} \cdot \sec^2 2x.$$

(3) $y'_x = \frac{1}{x+\sqrt{x^2+a^2}} \cdot (x+\sqrt{x^2+a^2})'_x$

$$= \frac{1}{x+\sqrt{x^2+a^2}} \cdot [1+(\sqrt{x^2+a^2})']$$

$$= \frac{1}{x+\sqrt{x^2+a^2}} \cdot \left[1+\frac{1}{2\sqrt{x^2+a^2}}(x^2+a^2)'\right]$$

$$= \frac{1}{x+\sqrt{x^2+a^2}} \cdot \left(1+\frac{x}{\sqrt{x^2+a^2}}\right)$$

$$= \frac{1}{\sqrt{x^2+a^2}}.$$

例 4 设 $f(x) = \frac{x^2-1}{x^2+1}\arctan x$,求 $f'(x)$ 及 $f'(1)$.

解 $f'(x) = \left(\frac{x^2-1}{x^2+1}\right)'\arctan x + \left(\frac{x^2-1}{x^2+1}\right)(\arctan x)'$

$$= \frac{2x(x^2+1)-(x^2-1)2x}{(x^2+1)^2}\arctan x + \frac{x^2-1}{x^2+1}\frac{1}{1+x^2}$$

$$= \frac{4x\arctan x + x^2 - 1}{(x^2+1)^2}.$$

因此，

$$f'(1) = \frac{4\arctan 1}{(1+1)^2} = \frac{\pi}{4}.$$

为简化计算，有时在求导前需要先把函数化简.

例 4　设 $y = \ln\sqrt{\dfrac{x-2}{x-1}}$，求 y'.

解： 先化简

$$y = \frac{1}{2}\big[\ln(x-2) - \ln(x-1)\big],$$

所以，

$$y' = \frac{1}{2}\left(\frac{1}{x-2} - \frac{1}{x-1}\right) = \frac{1}{2(x-2)(x-1)}.$$

下面，我们求抽象函数的导数.

例 5　设 f 为可导函数，求 $\dfrac{\mathrm{d}y}{\mathrm{d}x}$.

(1) $y = f(\ln x)$,　　(2) $y = \dfrac{f(\sin(x))}{\ln x}$.

解　(1) 函数 $y = f(\ln x)$ 可以视为复合函数

$$y = f(u),\ u = \ln x.$$

则

$$y' = f'_u \cdot \frac{\mathrm{d}u}{\mathrm{d}x} = f'(\ln x) \cdot (\ln x)' = \frac{f'(\ln x)}{x}.$$

(2) $y' = \left(\dfrac{f(\sin x)}{\ln x}\right)' = \dfrac{f'(\sin x)(\sin x)'\ln x - f(\sin x)(\ln x)'}{\ln^2 x}$

$$= \frac{f'(\sin x)\cos x\ln x - f(\sin x)\dfrac{1}{x}}{\ln^2 x}$$

$$= \frac{xf'(\sin x)\cos x\ln x - f(\sin x)}{x\ln^2 x}.$$

习题 3.3

1. 求下列各函数的导数：

（1）$y = \ln \sqrt{a^2 - x^2}$；　　　　（2）$y = \ln \dfrac{1 + x^2}{1 - x^2}$；

（3）$y = (x^3 + 10)^4$；　　　　（4）$y = (3 - 2\sin x)^5$；

（5）$y = e^{\tan \frac{1}{x}}$；　　　　（6）$y = e^{-\sin^2 \frac{1}{x}}$；

（7）$y = e^{-x} \cdot \sqrt{1 - 2x}$；　　　　（8）$y = x^2 \cdot e^{-2x} \cdot \sin 3x$；

（9）$y = \left(\operatorname{arccot} \dfrac{1}{x} \right)^2$；　　　　（10）$y = \left(\arcsin \dfrac{x}{2} \right)^2$；

（11）$y = \ln \ln x$；　　　　（12）$y = x \sqrt{1 - x^2} + \arcsin x$；

（13）$y = \dfrac{\arccos x}{\sqrt{1 - x^2}}$；　　　　（14）$y = 4\arcsin \dfrac{\sqrt{x}}{2} + \sqrt{4x - x^2}$；

（15）$y = \sec^2 \dfrac{x}{a} + \csc^2 \dfrac{x}{a}$；

（16）$y = \dfrac{x}{2} \sqrt{x^2 + a^2} + \dfrac{a^2}{2} \ln(x + \sqrt{x^2 + a^2})$.

2. 设 $f(x)$ 可导，求下列函数的导数 $\dfrac{\mathrm{d}y}{\mathrm{d}x}$：

（1）$y = f(\ln x)$；　　　　（2）$y = f(\arcsin x^2)$；

（3）$y = f(e^x + x^e)$；　　　　（4）$y = f(e^x) \cdot e^{f(x)}$.

3. 证明：

（1）可导的奇函数的导数是偶函数；

（2）可导的偶函数的导数是奇函数；

（3）设 $f(x)$ 是偶函数且 $f'(0)$ 存在，则 $f'(0) = 0$.

§3.4　隐函数的导数、对数求导法

一、隐函数求导法

前面我们介绍的求导法则针对的函数的特征是：因变量和自变

量相互分离的,即因变量 y 可以用自变量 x 表示,我们称这种函数为**显函数**.但是在很多问题中,x 与 y 之间的函数关系往往是由方程 $F(x,y)=0$ 确定的,因变量 y 并不总是可以用自变量 x 显式表示.例如,$y-x-3\sin y=0$,$e^{xy}-\sin xy=x^{2}$ 等.

通常我们把未解出因变量的二元方程 $F(x,y)=0$ 所确定的 y 关于 x 的函数关系称为**隐函数**.隐函数的求导关键要从 $F(x,y)=0$ 中直接产生 y' 并将之解出.我们采用的方法是:

先对等式两边的 x 求导(遇到由 y 表达的函数,应看作 x 的复合函数),然后从所得的关系式中解出 y'_x(即为隐函数 y 的导数).

例 1　由方程 $x^{2}+y^{2}=R^{2}$ 确定 y 是 x 的函数,求 y'.

解　这里 x^{2} 是 x 的函数,而 y^{2} 看成 x 的复合函数,将所给方程两边对 x 求导,得

$$2x+2y \cdot y'=0,$$

解出 y',得 $y'=-\dfrac{x}{y}$.

例 2　由方程 $y=x\ln y$ 确定 y 是 x 的函数,求 y'.

解　将方程两边对 x 求导,得

$$y'=\ln y+x \cdot \frac{1}{y} \cdot y',$$

解得 $y'=\dfrac{y\ln y}{y-x}$.

例 3　求由方程 $xy-e^{x}+e^{y}=0$ 所确定的隐函数 $y=y(x)$ 的导数,并且求出 y 在点 $x=0$ 处的切线方程.

解　将方程中的 y 看作隐函数 $y=y(x)$,则 e^{y} 是 x 的复合函数,将方程两边对 x 求导,得

$$y+xy'-e^{x}+e^{y} \cdot y'=0,$$

解得 $y'=\dfrac{e^{x}-y}{x+e^{y}}$.

由 $x=0$ 代入原方程,得 $y=0$,则有 $y'\Big|_{\substack{x=0\\y=0}}=1$,于是隐函数 $y=y(x)$ 在点 $(0,0)$ 处的切线方程是

$$y - 0 = y'(0)(x-0)，即 y = x.$$

例 4　证明 $(\arcsin x)' = \dfrac{1}{\sqrt{1-x^2}}\ (-1 < x < 1).$

证明　令 $y = \arcsin x$，则 $\sin y = x$，两边关于 x 求导，

$$\cos y \cdot y' = 1,$$

因此 $y' = \dfrac{1}{\cos y}$. 注意到，当 $-\dfrac{\pi}{2} < x < \dfrac{\pi}{2}$ 时，

$$\cos y = \sqrt{1 - \sin^2 y} = \sqrt{1 - x^2},$$

所以

$$(\arcsin x)' = \dfrac{1}{\sqrt{1-x^2}}\ (-1 < x < 1).$$

例 4 给出了利用隐函数求导法则求反函数导数的操作过程，利用类似的方法，我们可以得到另外几个反三角函数的导数公式.

$$(\arccos x)' = -\dfrac{1}{\sqrt{1-x^2}};$$

$$(\arctan x)' = \dfrac{1}{1+x^2};$$

$$(\operatorname{arccot} x)' = -\dfrac{1}{1+x^2}.$$

二、对数求导法

对数具有很好的特性：它可以将乘除转化为加减，将指数转化为乘除. 在本节中，作为隐函数求导的一个应用，我们引入**对数求导法**：先在方程两边取对数，然后利用隐函数的求导方法求出导数. 该方法特别适用于下列函数的导数：(1) 幂指函数 $y = u(x)^{v(x)}$；(2) 由多个函数的乘积（商）形成的函数，例如

$$y = \sqrt{\dfrac{(x-1)(x-2)}{(x-3)(x-4)}}, \quad y = \dfrac{(2x+3)^4 \cdot \sqrt{x-6}}{\sqrt[3]{x+1}}$$

等.

例 5　用隐函数求导法证明

$$(a^x)' = a^x \ln a\ (a > 0, a \neq 1).$$

证明　设 $y = a^x (a > 0, a \neq 1)$，两边取对数，写成隐函数形式

$$\ln y = x \ln a,$$

将此式两边对 x 求导，得

$$\frac{1}{y} y' = \ln a, \ \text{即} \ y' = y \ln a,$$

因此

$$y' = (a^x)' = a^x \ln a.$$

例 6　求 $y = x^x$ 的导数.

解　该函数是幂指函数，我们利用对数求导法将 $y = x^x$ 两边取对数，得

$$\ln y = x \ln x.$$

上式两边对 x 求导，

$$\frac{1}{y} y' = \ln x + x \cdot \frac{1}{x} = \ln x + 1,$$

于是得　　　$y' = y(\ln x + 1) = x^x (\ln x + 1).$

关于幂指函数 $y = [u(x)]^{v(x)}$ 的导数，我们还可以利用指数函数与对数函数的恒等变形，先将它变形为

$$y = [u(x)]^{v(x)} = e^{v(x)\ln u(x)},$$

然后再利用复合函数求导的方法去做.

例 7　设 $y = x^{\sin x}$，求 y'.

解　先变形：$y = e^{\sin x \ln x}$，则

$$y' = e^{\sin x \ln x} (\sin x \ln x)' = e^{\sin x \ln x} \left(\cos x \ln x + \frac{\sin x}{x} \right)$$

$$= x^{\sin x} \left(\cos x \ln x + \frac{\sin x}{x} \right).$$

例 8　求 $y = \sqrt{\dfrac{(x-1)(x-2)}{(x-3)(x-4)}}$ 的导数.

解　先对等式两边取对数

$$\ln y = \ln \sqrt{\frac{(x-1)(x-2)}{(x-3)(x-4)}},$$

即

$$\ln y = \frac{1}{2}\big[\ln(x-1)+\ln(x-2)-\ln(x-3)-\ln(x-4)\big].$$

上式两边对 x 求导数,

$$\frac{y'}{y}=\frac{1}{2}\Big(\frac{1}{x-1}+\frac{1}{x-2}-\frac{1}{x-3}-\frac{1}{x-4}\Big).$$

所以,

$$y'=\frac{y}{2}\Big(\frac{1}{x-1}+\frac{1}{x-2}-\frac{1}{x-3}-\frac{1}{x-4}\Big)$$

$$=\frac{1}{2}\sqrt{\frac{(x-1)(x-2)}{(x-3)(x-4)}}\Big(\frac{1}{x-1}+\frac{1}{x-2}-\frac{1}{x-3}-\frac{1}{x-4}\Big).$$

习题 3.4

1. 求下列隐函数的导数(其中 a,b 为常数):

(1) $y^2-2axy+b=0$; (2) $y=1+xe^y$;

(3) $e^{x+y}-xy=0$; (4) $y=x\ln y$;

(5) $y\sin x-\cos(y-x)=0$; (6) $\arctan\dfrac{x-y}{x+y}=\ln\sqrt{x^2+y^2}$;

(7) $x+e^{2y}=4-e^{xy}$,求 $\dfrac{dy}{dx}\Big|_{x=2}$.

2. 利用对数求导法,求下列函数的导数:

(1) $y=\dfrac{x^2}{1-x}\sqrt[3]{\dfrac{3-x}{(3+x)^2}}$; (2) $y=(\sin x)^{\cos x}$;

(3) $y=\dfrac{e^{\sqrt{x}}}{\sqrt{(ax+b)(cx+d)}}$;

(4) $y=\Big(\dfrac{a}{b}\Big)^x\Big(\dfrac{b}{x}\Big)^a\Big(\dfrac{x}{b}\Big)^b\ (a>0,\ b>0)$.

3. 利用对数求导法,求下列反函数的导数:

(1) $y=\operatorname{arccot}x$; (2) $y=\arctan x$.

§3.5 高 阶 导 数

函数 $y=f(x)$ 的导数 $y'=f'(x)$ 仍是 x 的一个函数,如果导函

数 $y' = f'(x)$ 的导数存在,则称这个导数为原来函数 $y = f(x)$ 的二阶导数,记作

$$y'', \quad f''(x), \quad \frac{\mathrm{d}^2 y}{\mathrm{d}x^2} \text{ 或 } \frac{\mathrm{d}^2 f}{\mathrm{d}x^2}.$$

类似地,函数 $y = f(x)$ 的 $n - 1$ 阶可导函数的导数称为 $y = f(x)$ 的 **n 阶导数**,记作

$$y^{(n)}, \quad f^{(n)}(x), \quad \frac{\mathrm{d}^n y}{\mathrm{d}x^n} \text{ 或 } \frac{\mathrm{d}^n f}{\mathrm{d}x^n}.$$

二阶以及二阶以上的导数称为**高阶导数**.

函数 $f(x)$ 各阶导数在点 $x = x_0$ 处的数值记为

$$f'(x_0), \quad f''(x_0), \quad \cdots, \quad f^{(n)}(x_0),$$

或

$$y'\mid_{x=x_0}, \quad y''\mid_{x=x_0}, \quad \cdots, \quad y^{(n)}\mid_{x=x_0}.$$

从定义可知,求高阶导数只需反复应用导数基本公式、基本运算法则及复合函数运算法则,并不需要新的方法.

例 1　求 $y = 3\mathrm{e}^x + \ln x - 8$ 的二阶导数.

解　先求一阶导数,

$$y' = 3\mathrm{e}^x + \frac{1}{x},$$

再对上式求一阶导数,得

$$y'' = 3\mathrm{e}^x - \frac{1}{x^2}.$$

例 2　设 $y = \ln(x + \sqrt{1+x^2})$,求 y''.

解　$y' = \dfrac{1}{x + \sqrt{1+x^2}}\left(1 + \dfrac{x}{\sqrt{1+x^2}}\right) = \dfrac{1}{\sqrt{1+x^2}}$,

$$y''(y')' = \left[(1+x^2)^{-\frac{1}{2}}\right]' = -\frac{1}{2}(1+x^2)^{-\frac{3}{2}} \cdot 2x = -\frac{x}{\sqrt{(1+x^2)^3}}.$$

例 3　设方程 $\mathrm{e}^y + xy = \mathrm{e}$ 确定 y 是 x 的函数 $y = y(x)$,求 $y''\mid_{x=0}$.

解　方程两边对 x 求导,得

$$\mathrm{e}^y y' + y + xy' = 0,$$

将 $x = 0$ 代入原方程得 $y = 1$. 将 $x = 0, y = 1$ 代入上式, 得

$$ey' + 1 = 0,$$

从而

$$y'|_{x=0} = -\frac{1}{e}.$$

两边再对 x 求导, 得

$$e^y(y')^2 + e^y y'' + 2y' + xy'' = 0,$$

将 $x = 0, y = 1$ 及 $y' = -\frac{1}{e}$ 代入, 得

$$e\left(-\frac{1}{e}\right)^2 + ey'' + 2\left(-\frac{1}{e}\right) = 0,$$

从而解得

$$y''|_{x=0} = \frac{1}{e^2}.$$

例 4　求 $y = \sin x$ 的 n 阶导数.

解　$y' = \cos x = \sin\left(x + \frac{\pi}{2}\right),$

$$y'' = \cos\left(x + \frac{\pi}{2}\right) = \sin\left(x + \frac{\pi}{2} + \frac{\pi}{2}\right) = \sin\left(x + 2 \cdot \frac{\pi}{2}\right),$$

$$y''' = \cos\left(x + 2 \cdot \frac{\pi}{2}\right) = \sin\left(x + 3 \cdot \frac{\pi}{2}\right),$$

$$y^{(4)} = \cos\left(x + 3 \cdot \frac{\pi}{2}\right) = \sin\left(x + 4 \cdot \frac{\pi}{2}\right),$$

一般地, 可得

$$y^{(n)} = (\sin x)^{(n)} = \sin\left(x + n \cdot \frac{\pi}{2}\right).$$

用类似方法, 可得

$$(\cos x)^{(n)} = \cos\left(x + n \cdot \frac{\pi}{2}\right).$$

例 5　求 $y = \ln(x + 1)$ 的 n 阶导数.

解　$y' = \frac{1}{x+1},\ y'' = (-1)\frac{1}{(x+1)^2},$

$$y''' = \frac{(-1) \cdot (-2)}{(x+1)^3}, \cdots,$$

一般地,可得

$$y^{(n)} = (-1)^n \frac{(n-1)!}{(x+1)^n}.$$

例 6 求抽象函数 $y = f(\ln x)$ 的两阶导数 y''.

解 函数 $y = f(\ln x)$ 可视为复合函数

$$y = f(u), \ u = \ln x.$$

则一阶导数为

$$y' = f'(\ln x) \cdot (\ln x)' = \frac{f'(\ln x)}{x}.$$

对上式再求导,得

$$y'' = \frac{f''(\ln x)(\ln x)' \cdot x - f'(\ln x) \cdot (x)'}{x^2}$$

$$= \frac{f''(\ln x) - f'(\ln x)}{x^2}.$$

习题 3.5

1. 求下列各函数的二阶导数:

(1) $y = (1+x^2)\arctan x$;   (2) $y = \dfrac{x}{\sqrt{1+x^2}}$;

(3) $y = x^2 \ln x$;   (4) $y = e^{-x} \cdot \sin x$;

(5) $y = \ln(x + \sqrt{1+x^2})$.

2. 求下列函数指定的导数值:

(1) $x^2 + 4y^2 = 25$,求 $y''\big|_{\substack{x=3 \\ y=2}}$;

(2) $e^y + xy = e$,求 $y''(0)$;

(3) $y\sin x - \cos(x+y) = 0, y \in [0, \pi]$ 所确定的隐函数 y 在点 $x = 0$ 处的二阶导数 $y''(0)$.

3. 求下列抽象函数的两阶导数:

(1) $y = f(x^2)$;   (2) $y = \sqrt{f(x)}$;

(3) $y = \ln[f(x^2)]$.

4. 求下列各函数的 n 阶导数:

(1) $y = \mathrm{e}^{2x}$;

(2) $y = (x + k)^a$;

(3) $y = \dfrac{1}{x^2 - 3x + 2}$;

(4) $y = x\mathrm{e}^{-x}$.

5. 证明: $y = \mathrm{e}^x \sin x$ 满足方程 $y'' - 2y' + 2y = 0$.

§3.6　微分的概念及其应用

由于给定的函数不一定是线性的,因此当自变量有一个微小的改变量(增量)时,要计算对应的因变量增量的精确值往往比较困难.因此,我们的想法是:能否找到因变量增量的一个近似表达式,该表达式比较容易计算,同时近似效果比较好(与因变量增量足够接近).为此,我们需要引进微分的概念.微分与函数的导数密切相关,它是一元函数微分学中的一个基本概念.

一、微分的定义

我们先来看一个实际问题.

一块正方形金属薄片受温度变化的影响,其边长由 x 变到 $x + \Delta x$,问此时薄片的面积改变量?

不妨设正方形的面积为 S,则有 $S(x) = x^2$.当边长由 x 变到 $x + \Delta x$ 时,则 S 相应地有改变量(如图 3-3 阴影面积)

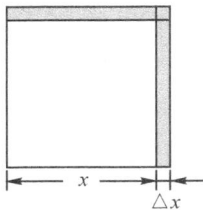

图 3-3

$$\Delta S = (x + \Delta x)^2 - x^2 = 2x\Delta x + (\Delta x)^2.$$

从上式可以看出 ΔS 被分成两部分:$2x\Delta x$ 和 $(\Delta x)^2$.第一部分 $2x\Delta x$ 是 Δx 的线性函数(x 与 Δx 无关),而第二部分 $(\Delta x)^2$ 当 $\Delta x \to 0$ 时是 Δx 的高阶无穷小量.因此,当 Δx 很小时,$(\Delta x)^2$ 远小于 $2x\Delta x$,即我们可用 $2x\Delta x$ 近似代替 ΔS,其误差 $\Delta S - 2x\Delta x$ 可以忽略.因此我们把 $2x\Delta x$ 叫做正方形面积 S 的微分.记作

$$\mathrm{d}S = 2x\Delta x.$$

我们有下面的定义：

设函数 $y = f(x)$ 在 x 的某个邻域内有定义，对于自变量的改变量 Δx，如果函数 $y = f(x)$ 的相应改变量 $\Delta y = f(x + \Delta x) - f(x)$ 可以表示为

$$\Delta y = A\Delta x + o(\Delta x), (\Delta x \to 0),$$

与 Δx 无关的关于 x 的函数，则称函数 $y = f(x)$ 在 x 处**可微**，称 $A\Delta x$ 为函数在 x 处的**微分**，记为 $\mathrm{d}y$ 或 $\mathrm{d}f(x)$，即

$$\mathrm{d}y = A\Delta x.$$

（1）函数微分 $\mathrm{d}y$ 是自变量增量 Δx 的线性函数，当 $A \neq 0$ 时称微分 $\mathrm{d}y = A \cdot \Delta x$ 为函数增量 Δy 的线性主部．称 A 为微分系数．

（2）函数微分 $\mathrm{d}y$ 与函数的增量 Δy 的差是比 Δx 较高阶的无穷小量．

现在的问题是如何确定微分系数 A?为此我们引入下面的定理.

定理 3.4   函数 $y = f(x)$ 在点 x 处可微的充分必要条件是函数 $f(x)$ 在点 x 处可导，且

$$A = f'(x).$$

证明   必要性：若 $y = f(x)$ 在点 x 处可微，则由定义

$$\Delta y = A \cdot \Delta x + o(\Delta x),$$

用 $\Delta x \neq 0$ 除上式两边，得

$$\frac{\Delta y}{\Delta x} = A + \frac{o(\Delta x)}{\Delta x}.$$

当 $\Delta x \to 0$ 时，由上式得

$$f'(x) = \lim_{\Delta x \to 0} \frac{\Delta y}{\Delta x} = A + \lim_{\Delta x \to 0} \frac{o(\Delta x)}{\Delta x} = A.$$

即 $y = f(x)$ 在点 x 处可导，且

$$f'(x) = A.$$

充分性：因为 $y = f(x)$ 在点 x 处可导，则有

$$\frac{\Delta y}{\Delta x} = f'(x) + \alpha.$$

其中 α 是当 $\Delta x \to 0$ 时的无穷小量，所以

$$\Delta y = f'(x)\Delta x + \alpha \cdot \Delta x.$$

$f'(x)\Delta x$ 是 Δx 的线性函数，$\alpha \cdot \Delta x$ 是比 Δx 高阶的无穷小
就是说函数 $y = f(x)$ 在点 x 处可微，且 $f'(x)\Delta x$ 就是它的微分. 这

定理 3.4 表明：函数的可导性与可微性是等价的，求函数的微分
先求函数的导数，然后写成微分形式.

通常把自变量 x 的增量 Δx 称为自变量的微分，记作 $\mathrm{d}x$，即
Δx. 于是函数 $y = f(x)$ 的微分又可记作

$$\mathrm{d}y = f'(x)\mathrm{d}x.$$

从而有 $f'(x) = \dfrac{\mathrm{d}y}{\mathrm{d}x}$，因此，导数也叫做"微商".

例 1　求函数 $y = \ln x$ 的微分.

解　先求函数的导数

$$y' = (\ln x)' = \frac{1}{x},$$

再写成微分形式

$$\mathrm{d}y = (\ln x)'\mathrm{d}x = \frac{1}{x}\mathrm{d}x.$$

例 2　求函数 $y = x^2$ 在 $x = 1, \Delta x = 0.01$ 处的微分.

解　因为

$$\mathrm{d}y = (x^2)'\Delta x = 2x\Delta x,$$

所以

$$\mathrm{d}y\Big|_{\substack{x=1\\\Delta x=0.01}} = 2x \cdot \Delta x\Big|_{\substack{x=1\\\Delta x=0.01}} = 0.02.$$

例 3　已知 $\mathrm{e}^y = xy$，求 $\mathrm{d}y$.

解　方程两边对 x 求导，得

$$\mathrm{e}^y y' = y + xy',$$

整理得

$$y' = \frac{y}{\mathrm{e}^y - x} = \frac{y}{xy - x},$$

所以

$$\mathrm{d}y = \frac{y}{xy - x}\mathrm{d}x.$$

二、微分的几何意义

下面利用函数图象说明函数 $y = f(x)$ 的微分 $\mathrm{d}y$ 的几何意义. 设函数的图象如图 3-4 所示.

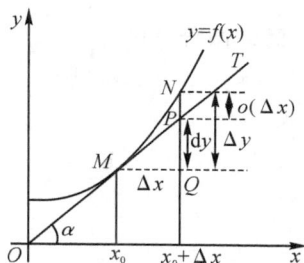

图 3-4

MT 是函数曲线在 $M(x_0, y_0)$ 的切线, 如果 x_0 的增量为 Δx, 则曲 y 的增量 $\Delta y = QN$, 而

$$QP = MQ\tan\alpha = \Delta x f'(x_0).$$

由此可以看出: 当 Δy 是曲线的纵坐标增量时, $\mathrm{d}y$ 就是切线纵坐标对应的增量. 这就是微分的几何意义. 当 $|\Delta x|$ 很小时, 在点 M 的附近切线段 MP 可近似代替曲线段 MN.

三、微分运算法则

从 $\mathrm{d}y = f'(x)\mathrm{d}x$ 可见, 要计算函数的微分, 只需要计算函数的导数, 再乘以自变量的微分. 因此所有微分公式都可由导数公式推出.

1. 基本初等函数的微分公式

$\mathrm{d}(C) = 0,$ $\qquad$ $\mathrm{d}(x^u) = ux^{u-1}\mathrm{d}x,$

$\mathrm{d}(a^x) = a^x \ln a \mathrm{d}x,$ $\qquad$ $\mathrm{d}(\mathrm{e}^x) = \mathrm{e}^x \mathrm{d}x,$

$\mathrm{d}(\log_a x) = \dfrac{1}{x\ln a}\mathrm{d}x,$ $\qquad$ $\mathrm{d}(\ln x) = \dfrac{1}{x}\mathrm{d}x,$

$\mathrm{d}(\sin x) = \cos x \mathrm{d}x,$ $\qquad$ $\mathrm{d}(\cos x) = -\sin x \mathrm{d}x,$

$\mathrm{d}(\tan x) = \sec^2 x \mathrm{d}x,$ $\qquad$ $\mathrm{d}(\cot x) = -\csc^2 x \mathrm{d}x,$

$$d(\sec x) = \sec x \tan x \, dx, \qquad d(\csc x) = -\csc x \cot x \, dx,$$

$$d(\arcsin x) = \frac{1}{\sqrt{1-x^2}} dx, \qquad d(\arccos x) = -\frac{1}{\sqrt{1-x^2}} dx,$$

$$d(\arctan x) = \frac{1}{1+x^2} dx, \qquad d(\text{arccot} x) = -\frac{1}{1+x^2} dx.$$

2. 函数和、差、积、商的微分法则

设函数 $u = u(x), v = v(x)$ 可微，则

$$d(u \pm v) = du \pm dv,$$

$$d(Cu) = C du,$$

$$d(uv) = v du + u dv,$$

$$d\left(\frac{u}{v}\right) = \frac{v du - u dv}{v^2} \quad (v \neq 0).$$

对于函数的微分，我们有下面的性质：若函数 $y = f(u)$ 对 u 是可导的，则有

（1）当 u 是自变量时，函数的微分形式为 $dy = f'(u)du$，

（2）当 u 是 x 的函数 $u = \varphi(x)$ 时，则 y 是 x 的复合函数，且有

$$du = \varphi'(x)dx.$$

由复合函数求导公式，y 对 x 的导数为 $\dfrac{dy}{dx} = f'(u)\varphi'(x)$，所以

$$dy = f'(u)\varphi'(x)dx = f'(u)du.$$

由此可见，设函数 $y = f(u)$，无论 u 是自变量还是中间变量，微分形式 $dy = f'(u)du$ 保持不变。我们称这一性质为**一阶微分的形式不变性**。

例 4 已知 $y = e^x \cos x$，求 dy.

解 $dy = d(e^x \cos x) = \cos x \, de^x + e^x \, d\cos x$

$= e^x(\cos x - \sin x)dx.$

例 5 设 $y = e^{ax+bx^2}$，求 dy.

解法 1 利用 $dy = y'dx$，得

$$dy = (e^{ax+bx^2})'dx = e^{ax+bx^2}(ax+bx^2)'dx$$

$$= (a+2bx)e^{ax+bx^2}dx$$

解法 2 令 $u = ax + bx^2$，则 $y = e^u$ 由微分形式的不变性得

$$\mathrm{d}y = (\mathrm{e}^u)'\mathrm{d}u = \mathrm{e}^u\mathrm{d}u$$
$$= \mathrm{e}^{ax+bx^2}\mathrm{d}(ax+bx^2) = (a+2bx)\mathrm{e}^{ax+bx^2}\mathrm{d}x.$$

例 6　设 $y = \sin(2x+3)$，求 $\mathrm{d}y$.

解　用微分形式不变性
$$\mathrm{d}y = \cos(2x+3)\mathrm{d}(2x+3) = 2\cos(2x+3)\mathrm{d}x.$$

四、微分在近似计算中的应用

在工程计算和经济问题中，经常需要计算一些复杂的函数 $f(x)$. 如果直接计算，非常困难. 我们采用如下的方法：如果在 x 的附近能找到一点 x_0，满足下面的两个条件

（1）函数 $f(x)$ 和导数 $f'(x)$ 在该点容易求，

（2）x_0 和 x 比较接近，即 $|x-x_0|$ 比较小，

则
$$f(x) - f(x_0) \approx \mathrm{d}y\,|_{x=x_0},$$

或者
$$f(x) \approx f(x_0) + f'(x_0)(x-x_0). \tag{3-14}$$

例 7　求 $\sqrt[3]{1.02}$ 的近似值（精确到 0.0001）.

解　令函数 $y = \sqrt[3]{x}$，则点 $x = 1.02$ 处的函数值不是一个特殊值，比较难算. 如果令 $x_0 = 1$，则 x_0 和 $x = 1.02$ 差 0.02 比较小，即两者比较靠近，且 $y(x_0)$ 和 $y'(x_0)$ 比较容易求，满足（3-12）的条件，所以
$$\sqrt[3]{1.02} \approx \sqrt[3]{1} + \frac{1}{3(\sqrt[3]{1})^2} \cdot 0.02 \approx 1.0067.$$

例 8　利用微分的近似计算公式求 $\sin 31°$ 近似值.

解　设 $f(x) = \sin x$，令 $x_0 = 30° = \dfrac{\pi}{6}$，则 $f(x_0)$ 与 $f'(x_0)$ 的值容易求，且误差 $\Delta x = 1° = \dfrac{\pi}{180}$ 比较小，所以
$$\sin 31° = f(31°) = f\left(\frac{\pi}{6} + \frac{\pi}{180}\right) \approx f\left(\frac{\pi}{6}\right) + f'\left(\frac{\pi}{6}\right) \times \frac{\pi}{180}$$
$$= \frac{1}{2} + \frac{\sqrt{3}}{2}\frac{\pi}{180} = 0.5151.$$

事实上,$\sin 31° = 0.51504$,误差很小.

例 9 有一批半径为 1 厘米的球,为了提高球面的光洁度,要镀上一层铜,厚度定为 0.01 厘米,每只球大概要用多少克铜(铜的密度是 8.9 克 / 厘米³)?

解 已知球体体积为 $V = \dfrac{4}{3}\pi R^3$,$R_0 = 1\text{cm}$,$\Delta R = 0.01\text{cm}$,镀层的体积为

$$\begin{aligned}
\Delta V &= V(R_0 + \Delta R) - V(R_0) \approx V'(R_0)\Delta R \\
&= 4\pi R_0^2 \Delta R = 4 \times 3.14 \times 1^2 \times 0.01 = 0.13(\text{厘米}^3),
\end{aligned}$$

于是镀每只球需用的铜约为 $0.13 \times 8.9 = 1.16$ 克.

习题 3.6

1. 求下列各函数的微分:

(1) $y = \dfrac{x}{1 - x^2}$; (2) $y = \ln\sqrt{1 - x^3}$;

(3) $y = (e^x + e^{-x})^2$; (4) $y = e^{1-3t} \cdot \cos t$;

(5) $y = x\arctan\sqrt{x}$; (6) $y = \arctan\dfrac{1 - x^2}{1 + x^2}$.

2. 求下列方程所确定的隐函数 y 的微分 $\mathrm{d}y$.

(1) $y = 1 + xe^y$; (2) $x\cos y + \sin(y - x) = 0$.

3. 求下列各式的近似值:

(1) $\sqrt[5]{0.95}$; (2) $e^{0.05}$;

(3) $\ln 1.01$;

§3.7 导数的经济应用

边际和弹性是经济学中与导数相关联的两个重要概念,本节将介绍边际分析和弹性分析在经济学中的应用.

一、边际函数

设函数 $y = f(x)$ 可导,则导函数 $f'(x)$ 称为边际函数. 其中

$f(x)$ 在点 $x = x_0$ 处的导数 $f'(x_0)$ 称为 $f(x)$ 在点 x_0 处的边际函数值,它表示 $f(x)$ 在点 $x = x_0$ 处的变化速度.

注意到,微分可以近似增量 Δy,

$$\Delta y \approx f'(x)\Delta x \qquad\qquad (3-15)$$

该式在经济学上具有明确的实际意义:它表示 $f(x)$ 在点 $x = x_0$ 处,当 x 产生一个单位改变时,y 将改变 $f'(x_0)$ 个单位. 如果导数是正的,则 y 是增长的,反之,则是降低的.

由此,我们可以得到边际成本、边际收益、边际需求、边际利润及其经济意义等.

例 1 设需求函数 $x = 100 - 5P$,其中 P 表示价格,求边际收入,及 $x = 20, 50, 70$ 时的边际收入并解释结果的经济意义.

解 $x = 100 - 5P$,则 $P = \dfrac{100 - x}{5} = 20 - \dfrac{x}{5}$,

$$R(x) = xP = x\left(20 - \frac{x}{5}\right) = 20x - \frac{x^2}{5},$$

$$R'(x) = 20 - \frac{2}{5}x.$$

所以 $R'(20) = 12$,$R'(50) = 0$,$R'(70) = -8$.

经济意义:当销量为 20 时,扩大销量可使总收益增加,多销售一个单位商品时可使总收益增加 12 个单位,当销量为 50 时,扩大销量不再增加收益,当销量为 70 时,多销售一个单位商品反而使收益减少 8 个单位,即若需求减少一个单位商品时,倒使总收益少损失 8 个单位.

例 2 已知某产品的售价为 200 元 / 件,固定成本为 50000 元,可变成本为 $C_2(x) = -60x + \dfrac{1}{20}x^2$,(1) 求边际利润 $L'(x)$,(2) 求 $L'(2600)$,并解释其经济意义.

解 总成本函数

$$C(x) = 50000 + C_2(x) = 50000 + \frac{1}{20}x^2 - 60x,$$

总收益函数

$$R(x) = xP = 200x,$$

总利润函数

$$L(x) = R(x) - C(x) = 260x - \frac{1}{20}x^2 - 50000.$$

于是边际利润

$$L'(x) = 260 - \frac{1}{10}x.$$

$$L'(2600) = 260 - \frac{1}{10} \cdot 2600 = 0.$$

经济意义:销售量为 2600 时,再销售一个产品时,不再产生利润.实际上(将在下章节介绍),当边际利润为零时,利润达到最大.这里,2600 就是实现最大利润的销售量.

二、弹性

在经济理论(特别是计量经济学)中,还经常应用弹性的概念来定量分析各经济变量之间的变动关系,下面我们首先给出函数弹性的一般定义、计算方法以及与导数概念的联系,然后简单介绍一下它的经济意义及应用.

定义 3.4 设函数 $y = f(x)$ 在点 x 处可导,我们分别称 $\frac{\Delta x}{x}$ 与 $\frac{\Delta y}{y}$

$= \frac{f(x+\Delta x) - f(x)}{f(x)}$ 为自变量的相对增量和因变量的相对增量. 函数的相对增量与自变量的相对增量之比的极限

$$\lim_{\Delta x \to 0} \frac{\Delta y}{y} / \frac{\Delta x}{x} = \lim_{\Delta x \to 0} \frac{f(x+\Delta x) - f(x)}{\Delta x} \cdot \frac{x}{f(x)} = \frac{x}{f(x)} \cdot f'(x)$$

为函数 $f(x)$ 在点 x 处的**弹性**,记为 $\frac{Ef(x)}{Ex}$.(这是一个函数)

函数 $y = f(x)$ 在点 x_0 处的弹性 $\frac{Ef(x)}{Ex}\big|_{x=x_0}$ 表示在点 x_0 处,当 x 产生 1% 的改变量时,$f(x)$(近似地)改变 $\frac{Ef(x)}{Ex}\big|_{x=x_0}$%.

从弹性的定义可知:函数的弹性概念与导数概念密切相关,同时函数的弹性是函数的相对增量与自变量相对增量之比的极限,它是一个与变量度量单位无关的标量,所以在研究经济变量之间变化关系时,应用弹性概念比导数概念更有用,也更方便.

下面我们介绍需求对价格的弹性.

1. 需求价格弹性

在经济学中我们常用需求价格弹性来衡量价格的变动对需求量的影响程度.

定义 3.5 某商品需求函数 $Q = f(P)$,其中 P 表示某种商品的价格,Q 表示该种商品市场需求量,那么

$$\frac{EQ}{EP} = f'(P) \cdot \frac{P}{f(P)}$$

称为该商品在 P 处的**需求弹性**,记作 $\eta|_P$ 或 $\eta(P)$. 如:$\frac{EQ}{EP} = -2$,表示当价格上涨 1% 时,市场的需求量下降 2%.

由于价格上涨(或下降)时需求一般总是下跌(或上升),所以需求弹性一般是个负值. 所以需求弹性

$$\eta = \frac{EQ}{EP} = f'(P) \cdot \frac{P}{f(P)} \leqslant 0,$$

它表示该商品价格在 P 处每上涨 1%,需求量将减少 $|\eta|\%$.

当 $|\eta| < 1$ 时,表示商品价格的变动对需求的影响不大,称为低弹性.

当 $|\eta| > 1$ 时,表示商品价格的变动对需求的影响较大,称为高弹性.

2. 需求价格弹性与总收益的关系

设总收益函数为 $R = Q \cdot P$,其中 $Q = f(P)$ 为销量,P 为价格. 总收益对价格的弹性为

$$\frac{ER}{EP} = R'(P) \cdot \frac{P}{R} = R'(P) \cdot \frac{1}{f(P)}.$$

由

$$R'(P) = f(P) + P \cdot f'(P) = f(P)[1 + f'(P) \frac{P}{f(P)}],$$

得

$$\frac{ER}{EP} = 1 + \eta(P).$$

经济意义:

当 $\eta < -1$ 时($\frac{ER}{EP} < 0$)的商品为高弹性,高弹性商品当涨价 1% 时,需求量减少幅度大于 1%,因此,提价使总收益减少,减价反而使总收益增加;

当 $-1 < \eta < 0$ 时($\frac{ER}{EP} > 0$)的商品为低弹性,此时,商品价格增加 1%,需求量减少的幅度低于 1%,对于低弹性商品提价会使收益增加,减价会使总收益减少;

当 $\eta = -1$ 时($\frac{ER}{EP} = 0$)的商品为需求有单位弹性,若商品价格提 1%,此时需求减少 1%,总收益不变.

例 3 某商品的需求函数为 $Q = \mathrm{e}^{-\frac{P}{6}}$,

(1)求此商品的弹性函数 $\eta(P)$,

(2)求价格为 $3,5,6$ 时的需求弹性 $\eta(3),\eta(5),\eta(6)$,并解释其经济意义.

解 由定义

$$\eta(P) = \frac{P}{Q} \cdot \frac{\mathrm{d}Q}{\mathrm{d}P} = \frac{P}{\mathrm{e}^{-\frac{P}{Q}}} \cdot \left(-\frac{1}{5}\right) \cdot \mathrm{e}^{-\frac{P}{Q}} = -\frac{P}{5}, \text{所以,}$$

$$\eta(3) = -\frac{3}{5}, \ \eta(5) = -1, \ \eta(6) = -\frac{6}{5}.$$

经济意义:

当 $P = 3$ 时,价格上涨 1% 时,需求将减少 0.6%,此时提价会使收益增加,减价会使总收益减少;

当 $P = 5$ 时,价格上涨 1% 时,需求将减少 1%,总收益不变;

当 $P = 6$ 时,价格上涨 1% 时,需求将减少 1.2%,提价使总收益减少,减价反而使总收益增加.

习题 3.7

1. 设某产品的总成本函数和总收益函数分别为 $C(x) = 3 +$

$2\sqrt{x}$，$R(x) = \dfrac{5x}{x+1}$，其中 x 是产品的销售量. 试求该产品的

（1）平均成本 $\overline{C}(x)$ 及平均单位收益 $\overline{R}(x)$；

（2）边际成本及边际收入.

2. 某厂每月产品的总成本 C（单位：万元）是月产量 x 的函数：$C(x) = x^2 + x + 100$. 如果每单位产品的销售价为 3 万元，试写出利润函数并求边际利润为零时的月产量.

3. 设需求函数 $Q = 400 - 100P$，求 $P = 1, 2, 3$ 时需求的价格弹性，并给以适当的经济解释.

4. 某商品的需求函数为 $Q = 75 - P^2$，

（1）求 $P = 4$ 时的边际需求，并说明其经济意义；

（2）求 $P = 4$ 时的需求弹性，并说明其经济意义；

（3）求 $P = 4$ 时，若价格上涨 1%，总收益将变化百分之几？是增加还是减少？

（4）求 $P = 6$ 时，若价格上涨 1%，总收益将变化百分之几？是增加还是减少？

6. 指出下列需求关系中 P 取何值时需求是高弹性，P 取何值时需求是低弹性.

（1）$Q = 100(2 - \sqrt{P})$；　　（2）$P = \sqrt{a - bQ}$ $(a, b > 0)$.

复习题三

一、单项选择题

1. 设 $f(x) = \ln\dfrac{1}{x} - \ln 2$，则 $f'(x) = ($　　　$)$.

A. $x - \dfrac{1}{2}$ 　　　　　　　　B. $-\dfrac{1}{x} - \dfrac{1}{2}$

C. x 　　　　　　　　　　　D. $-\dfrac{1}{x}$

2. 设 $f(x) = \ln\cos x$，则 $f'(x) = ($　　　$)$.

A. $\sec^2 x$ 　　　B. $-\sec^2 x$ 　　　C. $\cot x$ 　　　D. $-\tan x$

3. 由方程 $x\ln y + y\ln x = 1$ 确定 y 是 x 的函数,则 y' 等于(　　)

A. $-\dfrac{y(y+x\ln y)}{x(x+y\ln x)}$ 　　　　　　B. $\dfrac{x(y+x\ln y)}{y(x+y\ln x)}$

C. $\dfrac{y(y+x\ln y)}{x(x+y\ln x)}$ 　　　　　　D. $-\dfrac{x(y+x\ln y)}{y(x+y\ln x)}$

4. 由导数定义知 $\lim\limits_{x\to\frac{\pi}{4}}\dfrac{\arctan x-\arctan\frac{\pi}{4}}{x-\frac{\pi}{4}}=$ (　　).

A. $(\arctan x)'$ 　　　　　　B. $(\arctan\frac{\pi}{4})'$

C. $\dfrac{1}{1+x^2}\Big|_{x=\frac{\pi}{4}}$ 　　　　　　D. $\sec^2 x\Big|_{x=\frac{\pi}{4}}$

5. 设 $f(x)$ 可微,则 $\lim\limits_{x\to 1}\dfrac{f(2-x)-f(1)}{x-1}=$ (　　).

A. $f'(1)$ 　　　　　　B. $-f'(1)$

C. $-f'(x-1)$ 　　　　　　D. $f'(-1)$

6. 若 $f(x)$ 在点 x_0 处可导,则 $\lim\limits_{\Delta x\to 0}\dfrac{f(x_0-2\Delta x)-f(x_0)}{\Delta x}=$ (　　).

A. $f'(x_0)$ 　　　　　　B. $-f'(x_0)$

C. $2f'(x_0)$ 　　　　　　D. $-2f'(x_0)$

7. 函数 $f(x)$ 在点 x_0 处连续是在该点可导的(　　).

A. 充分条件,但不是必要条件

B. 必要条件,但不是充分条件

C. 充分必要条件

D. 既非充分也非必要条件

8. 设函数 $y=f(e^{-x})$,则 $\dfrac{dy}{dx}$ 等于(　　)

A. $-e^{-x}f'(e^{-x})$ 　　　　　　B. $e^{-x}f'(e^{-x})$

C. $-f'(e^{-x})$ 　　　　　　D. $f'(e^{-x})$

9. 已知 $y=f(2x)$,且 $f'(4)=2$,则 $\dfrac{dy}{dx}\Big|_{x=2}=$ (　　).

A. 8 　　　　　　B. 4 　　　　　　C. 2 　　　　　　D. 1

10. 设 $y = \mathrm{e}^{2x}$，则 $y^{(n)}(x) = ($　　$)$.

A. e^{2x}　　　　　　　　　　B. $2^n \mathrm{e}^{2x}$

C. $2^n \mathrm{e}^x$　　　　　　　　　　D. $n \cdot \mathrm{e}^{2x}$

11. 设函数 $y = x^n + \mathrm{e}^{-x}$，则 $y^{(n)}(0)$ 等于（　　）.

A. $n! + (-1)^n$　　　　　　　B. $n!$

C. $n! + (-1)^{n-1}$　　　　　　D. $n! - 1$

12. 过曲线 $y = f(x)$ 上点 $\left(1, \dfrac{1}{2}\right)$ 的切线方程为 $y - \dfrac{1}{2} = 5(x - 1)$，则 $f'(1)$ 等于（　　）

A. -5　　　　B. $-\dfrac{1}{2}$　　　　C. 2　　　　D. 5

13. 在点 x 处，当自变量有改变量 Δx 时，函数 $y = 5x^2$ 的改变量 $\Delta y = ($　　$)$.

A. $10x\Delta x$　　　　　　　　　B. $10 + 5\Delta x$

C. $10\Delta x + (\Delta x)^2$　　　　　D. $10x\Delta x + 5(\Delta x)^2$

14. 设 $f(x)$ 在点 x_0 处可微，且 $f'(x) \neq 0$，则当 $|\Delta x|$ 很小时，$f(x_0 + \Delta x) \approx ($　　$)$.

A. $f(x_0)$　　　　　　　　　　B. $f'(x_0)\Delta x$

C. Δy　　　　　　　　　　D. $f(x_0) + f'(x_0)\Delta x$

15. 下列哪个数是 $\mathrm{e}^{0.995}$ 的最优近似值（　　）

A. e　　　　　　　　　　B. $0.995\mathrm{e}$

C. $0.888\mathrm{e}$　　　　　　　　D. $1.005\mathrm{e}$

16. 设 $y = \mathrm{e}^{-\frac{1}{x}}$，则 $\mathrm{d}y$ 等于（　　）

A. $\mathrm{e}^{-\frac{1}{x}}\mathrm{d}x$　　　　　　　　　B. $\mathrm{e}^{\frac{1}{x}}\mathrm{d}x$

C. $-\dfrac{1}{x^2}\mathrm{e}^{-\frac{1}{x}}\mathrm{d}x$　　　　　D. $\dfrac{1}{x^2}\mathrm{e}^{-\frac{1}{x}}\mathrm{d}x$

17. $\dfrac{\mathrm{d}(x^2 - 3x^4)}{\mathrm{d}x^2} = ($　　$)$

A. $1 - 6x^2$　　　　　　　　　B. $2 - 36x^2$

C. $2x - 12x^3$　　　　　　　　D. $x - 6x^3$

18. 求幂函数 $y = x^\alpha$ 的弹性是（　　）.

A. $\dfrac{1}{\alpha}$ B. x^{α} C. α D. $x^{\frac{1}{\alpha}}$

19. 某商品的需求函数 $Q = 100 - 2p$ 则价格 $p = 10$ 时，提价 1%，总收益将（ ）.

A. 增加 0.75% B. 减少 0.75%

C. 增加 75% D. 减少 0.25%

二、填空题

1. 如果抛物线 $y = x^2$ 在点 P 的切线平行于直线 $2x - 6y + 5 = 0$，则点 P 的横坐标为_____.

2. 设 $f(x) = \arctan x$，则 $f'(1) =$ _____，$[f(1)]' =$ _____.

3. 设 $y = 2^x + x^2 + \ln 2$，则 $y'' =$ _____.

4. 设 $y = 2^{\sin 3x}$，则 $\mathrm{d}y =$ _____.

5. 若 $f(x) = \mathrm{e}^{-2x}$，则 $f'(\ln x) =$ _____.

6. 若函数 $y = f(x)$ 在点 x_0 处的增量 $f(x_0 + \Delta x) - f(x_0) = 2x_0^2 \Delta x + 3x_0 (\Delta x)^2$，则 $f(x)$ 在点 x_0 处的微分 $\mathrm{d}y|_{x=x_0} =$ _____.

7. 若 $f(x)$ 是奇函数且 $f'(x_0) = -a \neq 0$，则 $f'(-x_0) =$ _____.

8. 若某商品的需求量 Q 与价格 p 的函数关系是 $Q = 30000 - p^2$，当 $p =$ _____ 时，涨价 1%，需求将按 1% 的幅度下跌.

9. 曲线 $y = \mathrm{e}^{\frac{1}{x}}$ 在 $(1, \mathrm{e})$ 处的切线方程为_____.

10. 利用微分作近似计算，$\sqrt[3]{8.12} \approx$ _____.

11. 某商品的销售量 Q 是价格 p 的函数，若该商品的销售收入 R 在价格变化的情况下保持不变，则该商品对价格的需求弹性 $\eta =$ _____.

12. 若 $f(x) = \begin{cases} \ln x + 2, & x \geq 1 \\ 2x^2, & x < 1 \end{cases}$，则 $f'(x) =$ _____.

三、计算题

1. 设 $f(x) = \mathrm{e}^{-x^2} \cos 2x$，求 $f'(x)$ 及 $f'(0)$.

2. $y = \arctan e^x - \ln \sqrt{\dfrac{e^{2x}}{1 + e^{2x}}}$，求 y'.

3. $y = 3x^3 \arcsin x + (x^2 + 1)\sqrt{1 - x^2} + \log_2 5$，求 y'.

4. $xe^y + ye^x = 1$，求 $\dfrac{dy}{dx}\big|_{x=0}$.

5. $y = x^{2^x}$，求 y'.

6. $y = x(\sin x)^{\cos x}$，求 y'.

7. $y = \dfrac{(2x + 3)^4 \cdot \sqrt{x - 6}}{\sqrt[3]{x + 1}}$，求 y'.

8. 求 $\arctan 1.02$ 的近似值.

9. 设曲线 $y = y(x)$ 由方程 $e^y + xy = e$ 确定，(1) 求 $\dfrac{dy}{dx}\big|_{x=0}$；
(2) 写出曲线 $y = y(x)$ 在点 $(1,1)$ 处的切线方程.

10. $y = (1 + x)\ln(1 + x + \sqrt{2x + x^2}) - \sqrt{2x + x^2}$，求 dy.

11. 若 $f(t) = \lim\limits_{x \to \infty} t\left(1 + \dfrac{t}{x}\right)^{tx}$，求 $f'(t)$.

12. 已知函数 $f(x) = \begin{cases} a + bx^2, & x \leqslant 1 \\ \dfrac{4}{x}, & x > 1 \end{cases}$，在其定义域内处处可导，试求出常数 a,b 之值，并写出导数 y' 的表达式.

13. 某商品的需求函数为 $Q = Q(P) = 12 - 0.01P^2$，单位 Q:吨；P:百元，求：

(1) $P = 10$ 时的边际需求，并说明其经济意义；

(2) $P = 10$ 时的需求弹性，并说明其经济意义；

(3) $P = 10$ 时，若价格上涨 1%，总收益将变化百分之几？是增加还是减少？

(4) $P = 30$ 时，若价格上涨 1%，总收益将变化百分之几？是增加还是减少？

第 4 章　　中值定理和导数的应用

　　本章中,我们先介绍微分中值定理,包含罗尔定理、拉格朗日中值定理、柯西中值定理等. 由此进一步研究导数的应用:洛比达法则求不定式极限,并考虑如何借助函数导数的性质判断函数本身应具有的特性. 微分中值定理是导数应用的理论基础,它揭示了导数和函数之间的内在联系.

§4.1　　拉格朗日中值定理

一、罗尔定理

　　我们先引入费尔马引理.

　　引理 4.1(费尔马引理)　　如果函数 $f(x)$ 在点 x_0 处可导,且在 x_0 的某邻域 $U(x_0,\delta)$ 内恒有 $f(x) \leqslant f(x_0)$(或 $f(x) \geqslant f(x_0)$),则
$$f'(x_0) = 0.$$

　　证明　　我们只考虑 x_0 的某邻域 $U(x_0,\delta)$ 内恒有 $f(x) \leqslant f(x_0)$ 这种情形. 此时,对任意的 Δx,总有
$$f(x_0 + \Delta x) - f(x_0) \leqslant 0.$$
因此,
$$f'_-(x_0) = \lim_{\Delta x \to 0^-} \frac{f(x_0 + \Delta x) - f(x_0)}{\Delta x} \leqslant 0 \qquad (4-1)$$
和
$$f'_+(x_0) = \lim_{\Delta x \to 0^+} \frac{f(x_0 + \Delta x) - f(x_0)}{\Delta x} \geqslant 0. \qquad (4-2)$$
注意到 $f(x)$ 在点 x_0 处可导,即

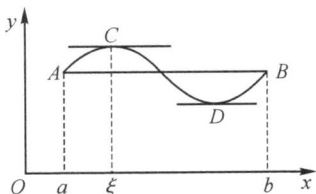

图 4 - 2

需要注意的是,罗尔定理中三个条件是缺一不可的,否则结论不一定成立.

例 1 验证函数 $f(x) = x^3(x-1)$ 在区间 $[0,1]$ 上满足罗尔定理的所有条件,并求出满足定理等式(4-4)的 ξ.

解 由于 $f(x) = x^3(x-1)$ 是定义在 $(-\infty, +\infty)$ 上的初等函数,因此在 $[0,1]$ 上连续. 而导数 $f'(x) = 4x^3 - 3x^2$ 在 $(0,1)$ 上有定义,则 $f(x)$ 在 $(0,1)$ 内可导. 同时 $f(0) = 0 = f(1)$,所以该函数在 $[0,1]$ 上满足罗尔定理的所有条件.

限制 $\xi \in (0,1)$ 且令

$$f'(\xi) = 4\xi^3 - 3\xi^2 = 0,$$

解得 $\xi = \dfrac{3}{4}$.

例 2 设函数 $f(x)$ 在 $[a, b](b > a > 0)$ 上连续,在 (a, b) 内可导,且 $f(a) = b, f(b) = a$. 证明:在 (a, b) 内至少存在一点 ξ,使得 $f'(\xi) = -\dfrac{f(\xi)}{\xi}$.

证明 构造辅助函数 $F(x) = xf(x), x \in [a, b]$,容易验证 $F(x)$ 在 $[a, b]$ 上满足罗尔定理的三个条件,故由罗尔定理,在区间 (a, b) 内至少存在一点 ξ,使得 $F'(\xi) = 0$,即

$$\xi f'(\xi) + f(\xi) = 0.$$

于是,$f'(\xi) = -\dfrac{f(\xi)}{\xi}$.

例 3 设函数 $f(x)$ 在 $[0, 1]$ 上连续,在 $(0, 1)$ 内可导,且 $f(0) = f(1) = 0, f\left(\dfrac{1}{2}\right) = 1$,则在 $(0, 1)$ 内至少存在一点 ξ,使 $f'(\xi)$

$= 1$.

证明　设 $F(x) = f(x) - x$，则 $F(x)$ 在 $\left[\dfrac{1}{2}, 1\right]$ 上连续，且

$$F\left(\dfrac{1}{2}\right) \cdot F(1) = -\dfrac{1}{2} < 0.$$

由零点定理，存在 $\eta \in \left(\dfrac{1}{2}, 1\right)$，使得 $F(\eta) = 0$.

又因为 $F(0) = 0$，所以 $F(x)$ 在 $[0, \eta]$ 满足罗尔定理条件. 因此存在一点 $\xi \in (0, \eta) \subset (0, 1)$，使得 $F'(\xi) = 0$，即 $f'(\xi) = 1$.

二、拉格朗日中值定理

定理 4.2　设函数 $y = f(x)$ 满足：

（1）在闭区间 $[a, b]$ 上连续，

（2）在开区间 (a, b) 内可导，

则在开区间 (a, b) 内至少存在一点 ξ，使得

$$f'(\xi) = \dfrac{f(b) - f(a)}{b - a}. \tag{4-5}$$

证明　作辅助函数

$$F(x) = f(x) - f(a) - \dfrac{f(b) - f(a)}{b - a}(x - a),$$

则 $F(a) = F(b) = 0$.

因为 $f(x)$ 在闭区间 $[a, b]$ 上连续且在开区间 (a, b) 内可导，所以 $F(x)$ 也具有同样的性质，即满足罗尔定理条件. 因此，在开区间 (a, b) 内至少存在一点 ξ，使得

$$F'(\xi) = f'(\xi) - \dfrac{f(b) - f(a)}{b - a} = 0,$$

移项即得所要证明的结论.

拉格朗日中值定理表明：如果曲线 $y = f(x)$ 满足定理条件，则在该曲线上至少存在一点. 使得该点处的切线是平行于曲线两端点的连线 AB（如图 4-3 所示）.

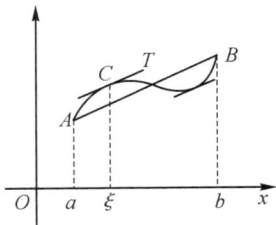

图 4 - 3

不难看出,罗尔中值定理是拉格朗日中值定理当 $f(a) = f(b)$ 时的特殊情况. 此外,(4 - 5) 可以表示成为

$$f(b) - f(a) = f'(\xi)(b - a), a < \xi < b. \qquad (4-6)$$

例 4 证明 $\dfrac{1}{b} < \dfrac{\ln b - \ln a}{b - a} < \dfrac{1}{a}$.

证明 令 $f(x) = \ln x$,则 $f(x)$ 在 $[a,b]$ 上连续,在 (a,b) 内可导,由拉格朗日中值定理得

$$\frac{\ln b - \ln a}{b - a} = f'(\xi) = \frac{1}{\xi}, \quad \xi \in (a,b).$$

注意到 $0 < a < \xi < b$,则

$$\frac{1}{b} < \frac{1}{\xi} < \frac{1}{a},$$

于是

$$\frac{1}{b} < \frac{\ln b - \ln a}{b - a} < \frac{1}{a}.$$

例 5 证明:$\dfrac{x}{1 + x} < \ln(1 + x) < x \ (x > 0)$.

证明 令 $f(t) = \ln(1 + t)$,对 $x > 0$,在 $[0,x]$ 上对 $f(t)$ 应用拉格朗日中值定理,存在 $\xi \in (0,x)$,使得

$$\frac{\ln(1 + x) - \ln 1}{x - 0} = \frac{1}{1 + \xi},$$

而 $0 < \xi < x$,故 $1 < 1 + \xi < 1 + x$,所以

$$\frac{1}{1 + x} < \frac{1}{1 + \xi} < 1, \text{即} \frac{x}{1 + x} < \frac{x}{1 + \xi} < x,$$

故 $\dfrac{x}{1+x} < \ln(1+x) < x$.

注　本例中函数 $f(t)$ 也可取成 $\ln t$, 此时我们需要在区间 $[1, 1+x]$ 上运用拉格朗日中值定理, 具体证明留作练习.

由拉格朗日中值定理可得到下面两个推论.

推论 1　如果函数 $f(x)$ 在 (a, b) 上的导数恒为零, 那么 $f(x)$ 在 (a, b) 上是一个常数.

证明　在 (a, b) 内任取 x_1, x_2, 不妨设 $x_1 < x_2$, 在 $[x_1, x_2]$ 上对 $f(x)$ 使用拉格朗日中值定理,
$$f(x_2) - f(x_1) = f'(\xi)(x_2 - x_1) = 0, \ \xi \in (x_1, x_2),$$
由 x_1, x_2 的任意性可知, $f(x) = $ 常数, $x \in (a, b)$.

推论 2　如果函数 $f(x), g(x)$ 在 (a, b) 上的导数相等, 那么 $f(x), g(x)$ 在 (a, b) 上最多相差一个常数.

证明　作辅助函数 $F(x) = f(x) - g(x)$, 则
$$F'(x) = f'(x) - g'(x) = 0,$$
由推论 1 即得结论.

例 6　证明恒等式 $\arcsin x + \arccos x \equiv \dfrac{\pi}{2}, x \in [-1, 1]$.

证明　设 $f(x) = \arcsin x + \arccos x, x \in [-1, 1]$. 因为
$$f'(x) = \frac{1}{\sqrt{1-x^2}} - \frac{1}{\sqrt{1-x^2}} = 0, \quad x \in (-1, 1),$$
所以 $f(x) \equiv C, x \in (-1, 1)$. 而 $f(0) = \dfrac{\pi}{2}$, 故
$$f(x) \equiv \frac{\pi}{2}, \ x \in (-1, 1),$$
又 $f(-1) = f(1) = \dfrac{\pi}{2}$, 从而定理得证.

类似可得: $\arctan x + \operatorname{arccot} x \equiv \dfrac{\pi}{2}, x \in \mathbf{R}$.

三、函数的单调性

利用拉格朗日中值定理,我们可以得到可导函数单调性的一个简单判别法.

定理 4.3 设函数 $f(x)$ 在 (a,b) 内连续可导,

(1) 若对任意的 $x \in (a,b)$,恒有 $f'(x) > 0$,则函数 $f(x)$ 在 (a,b) 内单调递增.

(2) 若对任意的 $x \in (a,b)$,恒有 $f'(x) < 0$,则函数 $f(x)$ 在 (a,b) 内单调递减.

证明 我们只证明结论(1),用相似的方法可以证明结论(2).

任取 $x_1, x_2 \in (a,b)$,且满足 $x_1 < x_2$.由拉格朗日中值定理得

$$f(x_2) - f(x_1) = f'(\xi)(x_2 - x_1), \xi \in (x_1, x_2).$$

因为 $f'(x) > 0$,所以

$$f(x_1) > f(x_2),$$

即 $f(x)$ 在 (a,b) 内单调递增.

上述判别法具有明显的几何意义: $f'(x) > 0$ 表明 $f(x)$ 每点处的切线斜率大于零,即切线与 x 正半轴夹角是锐角,即曲线随 x 增大是上升的;反之, $f'(x) < 0$,曲线每点处的切线与 x 正半轴夹角是钝角,即曲线随 x 增大是下降的.

利用导数,定理 4.3 给出了函数单调性的一个简单判断,对于整体不单调的函数,我们可以利用导数等于零的点或者导数不存在的点将函数的定义域分成若干个子区间,使得函数在这些子区间上是单调的,我们将这些区间称为**单调区间**.

例 7 证明函数 $f(x) = \ln(1+x) - x, x \in (0, +\infty)$ 是单调递减的.

证明 因为

$$f'(x) = \frac{1}{1+x} - 1 = \frac{-x}{1+x} < 0, x \in (0, +\infty),$$

由定理 4.3,它是单调递减的.

例 8 设函数 $f(x) = x^3 - x$,试讨论它的单调区间.

解 由于
$$f'(x) = 3x^2 - 1 = (\sqrt{3}\,x + 1)(\sqrt{3}\,x - 1).$$
令 $f'(x) = 0$,不难得到解为
$$x_1 = -\frac{1}{\sqrt{3}}, \quad x_2 = \frac{1}{\sqrt{3}}.$$
以这两个点将定义域分成 3 个子区间:
$$\left(-\infty, -\frac{1}{\sqrt{3}}\right), \left(-\frac{1}{\sqrt{3}}, +\frac{1}{\sqrt{3}}\right), \left(\frac{1}{\sqrt{3}}, +\infty\right).$$

当 $x \in \left(-\infty, -\dfrac{1}{\sqrt{3}}\right)$, $f'(x) > 0$, $f(x)$ 单调递增;

当 $x \in \left(-\dfrac{1}{\sqrt{3}}, \dfrac{1}{\sqrt{3}}\right)$, $f'(x) < 0$, $f(x)$ 单调递减;

当 $x \in \left(\dfrac{1}{\sqrt{3}}, +\infty\right)$, $f'(x) > 0$, $f(x)$ 单调递增.

为清晰起见,我们也采用如下的列表法:

x	$\left(-\infty, -\dfrac{1}{\sqrt{3}}\right)$	$-\dfrac{1}{\sqrt{3}}$	$\left(-\dfrac{1}{\sqrt{3}}, +\dfrac{1}{\sqrt{3}}\right)$	$\dfrac{1}{\sqrt{3}}$	$\left(\dfrac{1}{\sqrt{3}}, +\infty\right)$
y'	$+$	0	$-$	0	$+$
y	↑		↓		↑

其中,符号 ↑ 表示单调递增,↓ 表示单调递减.

例 9 确定函数 $f(x) = (x+2)^2(x-1)^3$ 的单调区间.

解 注意到
$$f'(x) = 2(x+2)(x-1)^3 + 3(x+2)^2(x-1)^2$$
$$= (x+2)(x-1)^2(5x+4),$$
令 $f'(x) = 0$,不难得到解为
$$x_1 = -2, \ x_2 = -\frac{4}{5}, \ x_3 = 1.$$
以这三个点将函数的定义域 $(-\infty, +\infty)$ 分成 4 个区间:
$$(-\infty, -2), \left(-2, -\frac{4}{5}\right), \left(-\frac{4}{5}, 1\right) \text{和} (1, +\infty).$$

列表如下：

x	$(-\infty, -2)$	-2	$\left(-2, -\dfrac{4}{5}\right)$	$-\dfrac{4}{5}$	$\left(-\dfrac{4}{5}, 1\right)$	1	$(1, +\infty)$
y'	$+$	0	$-$	0	$+$	0	$+$
y	↗		↘		↗		↗

所以区间$(-\infty, -2)$，$\left(-\dfrac{4}{5}, 1\right)$和$(1, +\infty)$是函数的单调递增区间；而区间$\left(-2, -\dfrac{4}{5}\right)$是函数的单调递减区间.

例 10 确定函数 $f(x) = \sqrt[3]{(x+1)^2}$ 的单调区间.

解 因为

$$f'(x) = \frac{2}{3} \frac{1}{\sqrt[3]{(x+1)}},$$

所以 $f(x)$ 不存在导数等于零的点. 而在 $x = -1$ 处 $f(x)$ 是不可导的. 我们以 $x = -1$ 将函数的定义域$(-\infty, +\infty)$分为

$$(-\infty, -1), (-1, +\infty).$$

下面我们在这两个子区间上考虑函数的单调性. 列表如下：

x	$(-\infty, -1)$	-1	$(-1, +\infty)$
y'	$-$	不存在	$+$
y	↘		↗

因此，$(-\infty, -1)$是函数的单调递减区间，而$(-1, +\infty)$是函数的单调递增区间.

利用函数的单调性，可以证明一些不等式.

例 11 证明不等式：$e^x > 1 + x, x \neq 0$.

证明 设 $f(x) = e^x - 1 - x$，则

$$f'(x) = e^x - 1.$$

(1) 当 $x > 0$ 时，$f'(x) > 0$，$f(x)$ 严格递增，故 $f(x) > f(0) = 0$；

(2) 当 $x < 0$ 时，$f'(x) < 0$，$f(x)$ 严格递减，故 $f(x) > f(0) = 0$.

因此，对任意的 $x \neq 0$，总有

$$f(x) = e^x - 1 - x > 0,$$

即

$$e^x > 1 + x, x \neq 0.$$

习题 4.1

1. 验证下列函数在指定区间上满足罗尔定理，并给出对应的 ξ 值.

(1) $f(x) = 2^{\sin x}$, $x \in [0, \pi]$;

(2) $f(x) = \ln \sin x$, $x \in [\frac{\pi}{6}, \frac{5\pi}{6}]$.

2. 试说明下列函数在给定的区间上依次不满足罗尔定理的三条件，所以结论不成立.

(1) $f(x) = \begin{cases} x, & x \in [-1, 1) \\ -1, & x = 1 \end{cases}$;

(2) $f(x) = |x|$, $x \in [-1, 1]$;

(3) $f(x) = x$, $x \in [-1, 1]$.

3. 验证下列函数在指定区间上满足拉格郎日中值定理，并给出对应的 ξ 值.

(1) $f(x) = 4x^2 - 5x - 2, x \in [0, 1]$;

(2) $f(x) = e^x, x \in [0, 1]$.

4. 不求函数 $f(x) = (x-1)(x-2)(x-3)(x-4)$ 的导数，说明方程 $f'(x) = 0$ 的实根个数，并指出它们所在的区间.

5. $f(x), g(x)$ 在 $[a, b]$ 上可导，$g(x) \neq 0, f(a) = f(b) = 0$，证明在区间 (a, b) 内至少存在一点 ξ，使得

$$f'(\xi)g(\xi) = f(\xi)g'(\xi).$$

6. 设 $a > b > 0, n > 1$，证明：

$$nb^{n-1}(a-b) < a^n - b^n < na^{n-1}(a-b).$$

7. 利用拉格朗日定理证明下列不等式：

(1) $|\cos x - \cos y| \leqslant |x - y|$;

(2) 当 $x > 1$ 时，$e^x > ex$;

(3) $\left| \arctan a - \arctan b \right| \leqslant \left| a - b \right|$.

8. 设 $f(x) = \arctan x - \dfrac{1}{2}\arctan \dfrac{2x}{1-x^2}$，试证明：

(1) 在区间 $(-\infty, -1)$ 内，$f(x) = -\dfrac{\pi}{2}$；

(2) 在区间 $(-1, 1)$ 内，$f(x) = -0$；

(3) 在区间 $(1, +\infty)$ 内，$f(x) = \dfrac{\pi}{2}$.

9. 判定下列函数在指定区间内的单调性：

(1) $f(x) = \arctan x - x, x \in (-\infty, +\infty)$；

(2) $f(x) = \mathrm{e}^x - x, x \in (0, +\infty)$.

10. 确定下列函数的单调区间：

(1) $y = 2x^3 - 6x^2 - 18x - 7$；　　(2) $y = x + \dfrac{1}{x}$；

(3) $y = x\ln x$；　　　　　　　　　　(4) $y = (x-1)(x+1)^3$；

(5) $y = \sqrt{2x - x^2}$；　　　　　　　(6) $y = x^n \mathrm{e}^{-x}$.

11. 证明下列不等式：

(1) 当 $x > 0, 1 + \dfrac{1}{2}x > \sqrt{1+x}$；

(2) 当 $x > 0, 1 + x\ln(x + \sqrt{1+x^2}) > \sqrt{1+x^2}$；

(3) 当 $0 < x < \dfrac{\pi}{2}$ 时，$\tan x > x + \dfrac{1}{3}x^3$.

§4.2　洛比达法则

在第 2 章中，我们经常遇见计算两个无穷小或者无穷大比值的极限. 这种极限可能存在也可能不存在. 例如，无穷小比的极限：$\lim\limits_{x \to 0} \dfrac{\sin x}{x} = 1$ 是存在的，而 $\lim\limits_{x \to 0} \dfrac{\sin x}{x^2}$ 却是不存在的；无穷大比的极限：$\lim\limits_{x \to \infty} \dfrac{1+x}{x^2} = 0$ 是存在的，而 $\lim\limits_{x \to \infty} \dfrac{x^3+1}{x^2}$ 却是不存在的. 我们称这类极限为"不定式"，

两个无穷小和无穷大比值的极限分别记为 $\dfrac{0}{0}$ 和 $\dfrac{\infty}{\infty}$. 不定式极限无法直接运用极限运算法则得到. 在本节中,我们将以导数作为工具研究它. 我们先得到拉格朗日中值定理的推广形式 —— 柯西中值定理,并以此得到求不定式极限的一个简单实用的方法 —— 洛比达法则.

一、柯西中值定理

定理 4.4　设函数 $f(x)$ 和 $g(x)$ 在区间 $[a,b]$ 有定义,且满足:

(1) 在闭区间 $[a,b]$ 上连续,

(2) 在开区间 (a,b) 内可导,

(3) 对开区间 (a,b) 内任意一点 x,均有 $g'(x) \neq 0$,

则在开区间 (a,b) 内至少存在一点 ξ,使得

$$\frac{f'(\xi)}{g'(\xi)} = \frac{f(b) - f(a)}{g(b) - g(a)}.$$

证明　作辅助函数

$$F(x) = f(x) - f(a) - \frac{f(b) - f(a)}{g(b) - g(a)}(g(x) - g(a)),$$

则

$$F(a) = 0, \quad F(b) = 0.$$

又因为 $f(x)$ 在闭区间 $[a,b]$ 上连续且在开区间 (a,b) 内可导,所以 $F(x)$ 也具有同样的性质,即满足罗尔定理条件. 因此,在开区间 (a, b) 内至少存在一点 ξ,使得

$$F'(\xi) = f'(\xi) - \frac{f(b) - f(a)}{g(b) - g(a)}g'(\xi) = 0,$$

移项即得所要证明的结论.

　　例 1　设 $0 < a < b$,$f(x)$ 在 $[a, b]$ 上连续,在 (a, b) 内可导,证明:在 (a, b) 内至少存在一点 ξ,使

$$f(b) - f(a) = \xi f'(\xi)\ln\frac{b}{a}$$

成立.

　　证明　由题设知,$f(x)$ 和 $\ln x$ 在 $[a, b]$ 上满足柯西中值定理的

条件,故在(a,b)内至少存在一个ξ,使

$$\frac{f(b)-f(a)}{\ln b-\ln a}=\frac{f'(\xi)}{\frac{1}{\xi}}.$$

所以

$$f(b)-f(a)=\xi f'(\xi)\ln\frac{b}{a},$$

亦即命题成立.

注 在柯西中值定理中,如果令$g(x)=x$,则可以得到拉格朗日中值定理,即它是推广形式的拉格朗日中值定理.

在下面的几节中,我们利用柯西中值定理得到不同类型不定式的洛比达法则.

二、$\dfrac{0}{0}$ 型不定式

定理 4.5 若$f(x)$和$g(x)$满足

(1) $\lim\limits_{x\to x_0}f(x)=\lim\limits_{x\to x_0}g(x)=0$,

(2) 在点x_0的某空心邻域$\overset{\circ}{U}(x_0)$内两者都可导,且$g'(x)\neq 0$,

(3) $\lim\limits_{x\to x_0}\dfrac{f'(x)}{g'(x)}=A$($A$可为实数,也可为$\pm\infty$或$\infty$),

则

$$\lim_{x\to x_0}\frac{f(x)}{g(x)}=\lim_{x\to x_0}\frac{f'(x)}{g'(x)}=A.$$

证明 补充定义

$$f(x_0)=g(x_0)=0,$$

使得f与g在点x_0处连续.任取$\overset{\circ}{U}(x_0)$,在区间$[x_0,x]$(或$[x,x_0]$)上应用柯西中值定理,有

$$\frac{f(x)-f(x_0)}{g(x)-g(x_0)}=\frac{f'(\xi)}{g'(\xi)},$$

即

$$\frac{f(x)}{g(x)}=\frac{f'(\xi)}{g'(\xi)}\ (\xi\text{介于}x_0\text{与}x\text{之间}).$$

当 $x \to x_0$ 时,$\xi \to x_0$,故得

$$\lim_{x \to x_0} \frac{f(x)}{g(x)} = \lim_{x \to x_0} \frac{f'(\xi)}{g'(\xi)} = \lim_{x \to x_0} \frac{f'(x)}{g'(x)} = A.$$

例 2　求 $\lim\limits_{x \to 0} \dfrac{\sin ax}{\sin bx}$ $(b \neq 0)$.

解　该极限是 $\dfrac{0}{0}$ 不定式,可以直接利用定理 4.5.

$$\lim_{x \to 0} \frac{\sin ax}{\sin bx} = \lim_{x \to 0} \frac{(\sin ax)'}{(\sin bx)'} = \lim_{x \to 0} \frac{a\cos ax}{b\cos bx} = \frac{a}{b}.$$

例 3　求 $\lim\limits_{x \to 1} \dfrac{x^3 - 3x + 2}{x^3 - x^2 - x + 1}$.

解　$\lim\limits_{x \to 1} \dfrac{x^3 - 3x + 2}{x^3 - x^2 - x + 1}$ $\left(\dfrac{0}{0}\right) = \lim\limits_{x \to 1} \dfrac{(x^3 - 3x + 2)'}{(x^3 - x^2 - x + 1)'}$

$$= \lim_{x \to 1} \frac{3x^2 - 3}{3x^2 - 2x - 1} \left(\frac{0}{0}\right) = \lim_{x \to 1} \frac{6x}{6x - 2} = \frac{3}{2}.$$

上式中的 $\lim\limits_{x \to 1} \dfrac{6x}{6x - 2}$ 已不是未定式,不能对它应用洛必达法则,否则要导致错误结果.以后使用洛必达法则时应当经常注意这一点,如果不是未定式,就不能应用洛必达法则.

我们指出,对于 $x \to \infty$ 时的未定式 $\dfrac{0}{0}$,洛比达法则仍然适用.

例 4　求 $\lim\limits_{x \to +\infty} \dfrac{\dfrac{\pi}{2} - \arctan x}{\sin \dfrac{1}{x}}$.

解　$\lim\limits_{x \to +\infty} \dfrac{\dfrac{\pi}{2} - \arctan x}{\sin \dfrac{1}{x}}$ $\left(\dfrac{0}{0}\right) = \lim\limits_{x \to +\infty} \dfrac{-\dfrac{1}{1 + x^2}}{\cos \dfrac{1}{x} \cdot \left(-\dfrac{1}{x^2}\right)}$

$$= \lim_{x \to +\infty} \frac{1}{\cos \dfrac{1}{x}} \cdot \lim_{x \to +\infty} \frac{x^2}{1 + x^2} = \lim_{x \to +\infty} \frac{x^2}{1 + x^2} = 1.$$

一般而言,对于 $\dfrac{0}{0}$ 不定式,在做洛比达之前尽可能将该极限简

化,通常是通过等价无穷小替换、分子分母有理化、分离所求极限中
值不为零的极限实现.因此,例 4 也可这样操作.

$$\lim_{x \to +\infty} \frac{\frac{\pi}{2} - \arctan x}{\sin \frac{1}{x}} = \lim_{x \to +\infty} \frac{\frac{\pi}{2} - \arctan x}{\frac{1}{x}} \text{(等价无穷小替换)} \left(\frac{0}{0}\right)$$

$$= \lim_{x \to +\infty} \frac{-\frac{1}{1 + x^2}}{\left(-\frac{1}{x^2}\right)} = \lim_{x \to +\infty} \frac{x^2}{1 + x^2} = 1.$$

例 5 求 $\lim\limits_{x \to 0} \dfrac{x - \sin x}{x^2(e^x - 1)}$.

解 $\lim\limits_{x \to 0} \dfrac{x - \sin x}{x^2(e^x - 1)} = \lim\limits_{x \to 0} \dfrac{x - \sin x}{x^2 \cdot x} \left(\dfrac{0}{0}\right)$

$$= \lim_{x \to 0} \frac{1 - \cos x}{3x^2} \left(\frac{0}{0}\right) = \lim_{x \to 0} \frac{\sin x}{6x} = \frac{1}{6}.$$

例 6 求 $\lim\limits_{x \to 0} \dfrac{e^x - \sin x - 1}{1 - \sqrt{1 - x^2}}$.

解 $\lim\limits_{x \to 0} \dfrac{e^x - \sin x - 1}{1 - \sqrt{1 - x^2}} = \lim\limits_{x \to 0} \dfrac{e^x - \sin x - 1}{-\dfrac{1}{2}x^2} \left(\dfrac{0}{0}\right)$

$$= 2 \lim_{x \to 0} \frac{e^x - \cos x}{2x} \left(\frac{0}{0}\right) = 2 \lim_{x \to 0} \frac{e^x + \sin x}{2} = 2.$$

例 7 求 $\lim\limits_{x \to 0} \dfrac{\sqrt{1 + \tan x} - \sqrt{1 - \tan x}}{e^x - 1}$.

解 $\lim\limits_{x \to 0} \dfrac{\sqrt{1 + \tan x} - \sqrt{1 - \tan x}}{e^x - 1}$

$$= \lim_{x \to 0} \frac{(1 + \tan x) - (1 - \tan x)}{(e^x - 1)(\sqrt{1 + \tan x} + \sqrt{1 - \tan x})}$$

$$= \lim_{x \to 0} \frac{1}{\sqrt{1 + \tan x} + \sqrt{1 - \tan x}} \cdot \lim_{x \to 0} \frac{2\tan x}{e^x - 1} = \frac{1}{2} \cdot \lim_{x \to 0} \frac{2x}{x}$$

$$= 1.$$

三、$\dfrac{\infty}{\infty}$ 型不定式

定理 4.6　若 $f(x)$ 和 $g(x)$ 满足：

(1) $\lim\limits_{x \to x_0} f(x) = \lim\limits_{x \to x_0} g(x) = \infty$,

(2) 在点 x_0 的某空心邻域 $\overset{0}{U}(x_0)$ 内两者都可导，且 $g'(x) \neq 0$,

(3) $\lim\limits_{x \to x_0} \dfrac{f'(x)}{g'(x)} = A$（$A$ 可为实数，也可为 $\pm\infty$ 或 ∞），

则

$$\lim_{x \to x_0} \frac{f(x)}{g(x)} = \lim_{x \to x_0} \frac{f'(x)}{g'(x)} = A（\text{或} \infty）.$$

证明略.

若将"$x \to x_0$"改为"$x \to \infty$"，洛比达法则同样有效.

例 8　求 $\lim\limits_{x \to +\infty} \dfrac{\ln x}{x^n} (n > 0)$.

解　$\lim\limits_{x \to +\infty} \dfrac{\ln x}{x^n} \left(\dfrac{\infty}{\infty}\right) = \lim\limits_{x \to +\infty} \dfrac{\dfrac{1}{x}}{n x^{n-1}} = \lim\limits_{x \to +\infty} \dfrac{1}{n x^n} = 0.$

例 9　求 $\lim\limits_{x \to 0} \dfrac{1}{x^2 e^{\frac{1}{x^2}}}$.

解　本例不满足洛比达条件，无法直接计算，我们先作变形.

$$\lim_{x \to 0} \frac{1}{x^2 e^{\frac{1}{x^2}}} = \lim_{x \to 0} \frac{\dfrac{1}{x^2}}{e^{\frac{1}{x^2}}} \left(\frac{\infty}{\infty}\right),$$

上式可以利用洛比达法则，但是计算比较麻烦，为简化计算，我们采用换元法. 令 $t = \dfrac{1}{x^2}$，则 $x \to 0$，$t \to +\infty$，因此

$$\lim_{x \to 0} \frac{1}{x^2 e^{\frac{1}{x^2}}} = \lim_{t \to +\infty} \frac{t}{e^t} \left(\frac{\infty}{\infty}\right) = \lim_{t \to +\infty} \frac{1}{e^t} = 0.$$

四、其他不定式

对于不定式 $0 \cdot \infty, \infty - \infty, 0^0, \infty^0, 1^\infty$，我们可以将其化为 $\dfrac{0}{0}$,

$\dfrac{\infty}{\infty}$，然后再借助定理 4.5,4.6 计算.

1. $0 \cdot \infty, \infty - \infty$ 型

对于 $0 \cdot \infty$ 可以通过 $0 \cdot \infty = \dfrac{0}{\left(\dfrac{1}{\infty}\right)}$ 或者 $0 \cdot \infty = \dfrac{\infty}{\left(\dfrac{1}{0}\right)}$ 转化成

为 $\dfrac{0}{0}$ 或者 $\dfrac{\infty}{\infty}$. 而 $\infty - \infty$ 可以通过 $\infty - \infty = \dfrac{1}{0} - \dfrac{1}{0} = \dfrac{0-0}{0 \cdot 0}$ 转化成

为 $\dfrac{0}{0}$.

例 10　求 $\lim\limits_{x \to 0^{+}} x^{n} \ln x \ (n > 0)$.

解　$\lim\limits_{x \to 0^{+}} x^{n} \ln x = \lim\limits_{x \to 0^{+}} \dfrac{\ln x}{x^{-n}} \left(\dfrac{\infty}{\infty}\right) = \lim\limits_{x \to 0^{+}} \dfrac{\dfrac{1}{x}}{-nx^{-n-1}}$

$\qquad = \lim\limits_{x \to 0^{+}} \dfrac{1}{-nx^{-n}} = \lim\limits_{x \to 0^{+}} \dfrac{x^{n}}{-n} = 0.$

例 11　求 $\lim\limits_{x \to \frac{\pi}{2}} (\sec x - \tan x)$.

解　$\lim\limits_{x \to \frac{\pi}{2}} (\sec x - \tan x) (\infty - \infty)$

$\qquad = \lim\limits_{x \to \frac{\pi}{2}} \dfrac{1 - \sin x}{\cos x} \left(\dfrac{0}{0}\right) = \lim\limits_{x \to \frac{\pi}{2}} \dfrac{-\cos x}{-\sin x} = 0.$

例 12　求极限 $\lim\limits_{x \to 0} \left(\dfrac{1}{\sin x} - \dfrac{1}{x}\right)$.

解　$\lim\limits_{x \to 0} \left(\dfrac{1}{\sin x} - \dfrac{1}{x}\right) (\infty - \infty) = \lim\limits_{x \to 0} \dfrac{x - \sin x}{x \cdot \sin x} \left(\dfrac{0}{0}\right)$

$\qquad = \lim\limits_{x \to 0} \dfrac{1 - \cos x}{\sin x + x \cos x} \left(\dfrac{0}{0}\right)$

$\qquad = \lim\limits_{x \to 0} \dfrac{\sin x}{\cos x + \cos x - x \sin x} = \dfrac{0}{2} = 0.$

2. $0^{0}, \infty^{0}, 1^{\infty}$ 型

对于幂指函数 $f(x)^{g(x)}$，我们可以通过指数 e 进行转换，即

$$f(x)^{g(x)} = e^{g(x) \ln f(x)}.$$

因此

$$\lim f(x)^{g(x)} = \mathrm{e}^{\lim g(x)\ln f(x)}.$$

从而可以将 0^0，∞^0，1^∞ 化为 $0 \cdot \infty$ 型不定式，再化为 $\dfrac{0}{0}$ 型或 $\dfrac{\infty}{\infty}$ 型求解.

例 13　求 $\lim\limits_{x \to 0^+} x^{\tan x}$.

解　$\lim\limits_{x \to 0^+} x^{\tan x}\ (0^0) = \lim\limits_{x \to 0^+} \mathrm{e}^{\tan x \ln x} = \mathrm{e}^{\lim\limits_{x \to 0^+}\tan x \ln x}\ (\mathrm{e}^{0 \cdot \infty})$

$= \mathrm{e}^{\lim\limits_{x \to 0^+}\frac{\ln x}{\cot x}}\ (\mathrm{e}^{\frac{\infty}{\infty}}) = \mathrm{e}^{\lim\limits_{x \to 0^+}\frac{1}{-x\csc^2 x}}$

$= \mathrm{e}^{\lim\limits_{x \to 0^+}\frac{\sin^2 x}{-x}} = \mathrm{e}^{\lim\limits_{x \to 0^+}\frac{x^2}{-x}} = \mathrm{e}^{\lim\limits_{x \to 0^+} -x} = \mathrm{e}^0 = 1.$

例 14　求 $\lim\limits_{x \to 0^+} \left(\dfrac{1}{\sqrt{x}}\right)^{\sin x}$.

解　$\lim\limits_{x \to 0^+} \left(\dfrac{1}{\sqrt{x}}\right)^{\sin x} = \mathrm{e}^{\lim\limits_{x \to 0^+}\sin x \ln \frac{1}{\sqrt{x}}} = \mathrm{e}^{\lim\limits_{x \to 0^+} -\frac{1}{2} x \ln x} = \mathrm{e}^{-\frac{1}{2}\lim\limits_{x \to 0^+}\frac{\ln x}{\frac{1}{x}}}$

$= \mathrm{e}^{-\frac{1}{2}\lim\limits_{x \to 0^+}\frac{\frac{1}{x}}{-\frac{1}{x^2}}} = \mathrm{e}^{\frac{1}{2}\lim\limits_{x \to 0^+} x} = \mathrm{e}^{\frac{1}{2}\lim\limits_{x \to 0^+} x} = \mathrm{e}^0 = 1.$

例 15　求 $\lim\limits_{x \to 0^+} (\cos \sqrt{x})^{\frac{\pi}{x}}$.

解　$\lim\limits_{x \to 0^+} (\cos \sqrt{x})^{\frac{\pi}{x}}\ (1^\infty) = \lim\limits_{x \to 0^+} \mathrm{e}^{\frac{\pi}{x}\ln\cos\sqrt{x}}\ (\mathrm{e}^{\infty \cdot 0})$

$= \mathrm{e}^{\lim\limits_{x \to 0^+}\frac{\pi\ln\cos\sqrt{x}}{x}} = \mathrm{e}^{\lim\limits_{x \to 0^+}\pi \cdot \frac{1}{\cos\sqrt{x}} \cdot (-\sin\sqrt{x}) \cdot \frac{1}{2\sqrt{x}}} = \mathrm{e}^{-\frac{\pi}{2}\lim\limits_{x \to 0^+}\frac{\sin\sqrt{x}}{\sqrt{x}}} = \mathrm{e}^{-\frac{\pi}{2}}.$

需要指出的是，洛比达法则是求不定式的一种简便的方法. 当定理条件满足时，所求极限自然存在（或为 ∞），但是当定理条件不满足时，所求极限也可能存在，即，我们不能借助洛比达法则解决所有不定式的极限.

例 16　求 $\lim\limits_{x \to \infty} \dfrac{x - \cos x}{x}$.

解　该不定式是 $\dfrac{\infty}{\infty}$ 型，但是

$$\lim\limits_{x \to \infty} \frac{(x - \cos x)'}{(x)'} = \lim\limits_{x \to \infty} \frac{1 + \sin x'}{1} = \lim\limits_{x \to \infty} (1 + \sin x).$$

该式极限是不存在的，即我们无法利用洛比达求解. 其实

$$\lim_{x \to \infty} \frac{x - \cos x}{x} = \lim_{x \to \infty} \left(1 - \frac{\cos x}{x} \right) = 1 - \lim_{x \to \infty} \frac{\cos x}{x} = 1 - 0 = 1.$$

习题 4.2

1. 用洛比达法则求下列极限

（1）$\lim\limits_{x \to 1} \dfrac{2x^5 - 3x^2 + 2x - 1}{x^2 - 3x + 2}$；

（2）$\lim\limits_{x \to 0} \dfrac{e^x - e^{-x}}{\sin x}$；

（3）$\lim\limits_{x \to a} \dfrac{\sin x - \sin a}{x - a}$；

（4）$\lim\limits_{x \to 0} \dfrac{x - \sin x}{x^3}$；

（5）$\lim\limits_{x \to \pi} \dfrac{\sin 3x}{\tan 5x}$；

（6）$\lim\limits_{x \to a} \dfrac{x^m - a^m}{x^n - a^n}$；

（7）$\lim\limits_{x \to \frac{\pi}{2}} \dfrac{\ln \sin x}{(\pi - 2x)^2}$；

（8）$\lim\limits_{x \to 0} x \cot 2x$；

（9）$\lim\limits_{x \to 0^+} x \ln x$；

（10）$\lim\limits_{x \to 0} x^2 e^{1/x^2}$；

（11）$\lim\limits_{x \to 1} \left(\dfrac{2}{x^2 - 1} - \dfrac{1}{x - 1} \right)$；

（12）$\lim\limits_{x \to 1} \left(\dfrac{2}{\ln x} - \dfrac{2}{x - 1} \right)$；

（13）$\lim\limits_{x \to 0} \left(\dfrac{1}{x} - \dfrac{1}{e^x - 1} \right)$；

（14）$\lim\limits_{x \to 0^+} x^{\sin x}$；

（15）$\lim\limits_{x \to 0^+} \left(\dfrac{1}{x} \right)^{\tan x}$；

（16）$\lim\limits_{x \to a} \left(\dfrac{\sin x}{\sin a} \right)^{\frac{1}{x - a}}$；

（17）$\lim\limits_{x \to \infty} \left(1 + \dfrac{a}{x} \right)^x$；

（18）$\lim\limits_{x \to +\infty} \left(\dfrac{2}{\pi} \arctan x \right)^x$.

2. 验证 $\lim\limits_{x \to 0} \dfrac{x - \sin x}{x}$ 极限存在，但是无法利用洛比达法则计算.

3. 验证 $\lim\limits_{x \to 0} \dfrac{x^3 \sin \dfrac{1}{x}}{\sin^2 x}$ 极限存在，但是无法利用洛比达法则计算.

4. 讨论函数

$$f(x) = \begin{cases} \left[\dfrac{(1 + x)^{\frac{1}{x}}}{e} \right]^{\frac{1}{x}}, & x > 0 \\ e^{-\frac{1}{2}}, & x \leqslant 0 \end{cases}$$

在点 $x = 0$ 处的连续性.

§4.3　函数的凹凸性与拐点

在这一章的 §4.1 中,我们利用 $f'(x)$ 的符号判断函数的单调性,但这往往是不够的.例如对于单调函数 $f(x)$,我们不妨假设它是递增的,则它可以如图 4-4 按照 ANB 或者 AMB 方向递增.这显然是两种不同形态的递增方法,但它们对应的导数均大于零,即我们却无法借助 $f'(x)$ 的符号区分函数的具体性态.为此,需要引入函数凹凸性的概念.

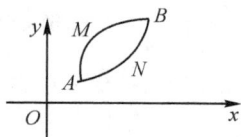

图 4 - 4

定义 4.1　设 $f(x)$ 在区间 I 上连续,如果对 I 上的任意两点 x_1,x_2 恒有

$$f\left(\frac{x_1 + x_2}{2}\right) < \frac{f(x_1) + f(x_2)}{2},$$

则称 $f(x)$ 在区间 I 上的图形是**凹**的(图 4 - 5);如果恒有

$$f(\frac{x_1 + x_2}{2}) > \frac{f(x_1) + f(x_2)}{2},$$

则称 $f(x)$ 在区间 I 上的图形是**凸**的(图 4 - 6).

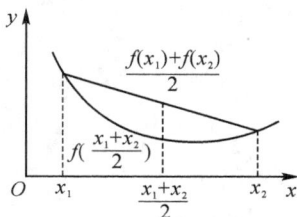

图 4 - 5

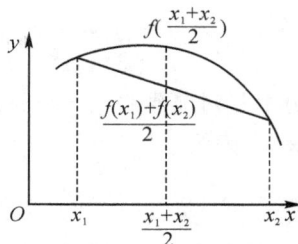

图 4 - 6

利用定义判断函数图形的凹凸性往往需要画出函数的图象,这是困难的.因此,如果函数 $f(x)$ 在区间 I 内具有二阶导数,则可以利用二阶导数的符号判断曲线的凹凸性,这就是下面的曲线凹凸性的判定定理.

定理 4.7 设 $f(x)$ 在 $[a, b]$ 上连续,在 (a, b) 内具有一阶和二阶导数,那么

(1) 若在 (a, b) 内 $f''(x) > 0$,则 $f(x)$ 在 $[a, b]$ 上是凹的;

(2) 若在 (a, b) 内 $f''(x) < 0$,则 $f(x)$ 在 $[a, b]$ 上是凸的.

证明 我们只证明(1),(2) 的类似.

设 $x_1 < x_2$,记 $h = \dfrac{x_2 - x_1}{2}$. 由拉格朗日中值定理得

$$f(x_2) - f\left(\frac{x_1 + x_2}{2}\right) = f'(\xi_1)h,$$

$$f\left(\frac{x_1 + x_2}{2}\right) - f(x_1) = f'(\xi_2)h.$$

则

$$f(x_2) + f(x_1) - 2f\left(\frac{x_1 + x_2}{2}\right) = [f'(\xi_1) - f'(\xi_2)]h.$$

注意到

$$f'(\xi_1) - f'(\xi_2) = f''(\xi_1 - \xi_2),$$

所以

$$f(x_2) + f(x_1) - 2f\left(\frac{x_1 + x_2}{2}\right) > 0,$$

即

$$f\left(\frac{x_1 + x_2}{2}\right) < \frac{f(x_1) + f(x_2)}{2}.$$

例 1 判定曲线 $y = \ln x$ 的凹凸性.

解 因为

$$y' = \frac{1}{x}, \ y'' = -\frac{1}{x^2},$$

所以在函数 $y = \ln x$ 的定义域上 $y'' < 0$,即曲线是凸的.

例 2 判定曲线 $y = x^2$ 的凹凸性.

解　因为
$$y' = 2x,\ y'' = 2 > 0,$$
所以曲线 $y = x^2$ 是凹的.

一般地,函数 $f(x)$ 整体不一定具有凹凸性,但是我们可以借助 $f(x)$ 二阶导数的零点或者不存在的点将定义域分成若干个子区间,使得在这些区间内函数具有凹凸性. 我们先引入拐点的定义.

定义 4.2　设 $f(x)$ 在区间 I 上连续,$x_0 \in I$,如果曲线 $y = f(x)$ 经过点 $(x_0, f(x_0))$,曲线的凹凸性产生变化,则称点 $(x_0, f(x_0))$ 为曲线的**拐点**.

例 3　求函数曲线 $y = \dfrac{x^3}{3} - x^2 + 2$ 的凹凸区间及其拐点.

解　因为
$$y' = x^2 - 2x,\ y'' = 2(x - 1).$$
令 $y'' = 0$,得 $x = 1$,将函数的定义域划分成为两个区间:
$$(-\infty, 1),\ (1, +\infty).$$
当 $x \in (-\infty, 1)$ 时,$y'' < 0$,曲线是凸的;
当 $x \in (1, +\infty)$ 时,$y'' > 0$,曲线是凹的.

因为在 $\left(1, \dfrac{4}{3}\right)$ 左右边函数的凹凸性是不一样的,所以 $\left(1, \dfrac{4}{3}\right)$ 是拐点. 为清楚起见,我们可以作如下列表:

x	$(-\infty, 1)$	1	$(1, +\infty)$
y''	$-$	0	$+$
y	$\cap$	$\left(1, \dfrac{4}{3}\right)$拐点	$\cup$

这里 $\cap$ 和 $\cup$ 分别表示函数图形在相应区间上是凸的和凹的.

例 4　求函数曲线 $y = 3x^4 - 4x^3 + 1$ 的凹凸区间及其拐点.

解　函数的一、二阶导数分别为
$$y' = 12x^3 - 12x^2,\ y'' = 36x^2 - 24x = 36x\left(x - \dfrac{2}{3}\right).$$

令 $y'' = 0$,得 $x_1 = 0, x_2 = \dfrac{2}{3}$.将函数的定义域分成三个区间:

$$\left(-\infty, 0\right), \quad \left[0, \dfrac{2}{3}\right], \quad \left(\dfrac{2}{3}, +\infty\right).$$

当 $x = 0$ 时, $y = 1$;当 $x = \dfrac{2}{3}$ 时, $y = \dfrac{11}{27}$.列表如下:

x	$(-\infty, 0)$	0	$\left(0, \dfrac{2}{3}\right)$	$\dfrac{2}{3}$	$\left(\dfrac{2}{3}, +\infty\right)$
y''	$-$	0	$+$	0	$-$
y	$\cup$	拐点$(0,1)$	$\cap$	拐点$\left(\dfrac{2}{3}, \dfrac{11}{27}\right)$	$\cup$

在 $(-\infty, 0)$ 和 $\left(\dfrac{2}{3}, +\infty\right)$ 内,曲线是凹的;在 $\left[0, \dfrac{2}{3}\right]$ 内,曲线是凸的. $(0,1)$ 和 $\left(\dfrac{2}{3}, \dfrac{11}{27}\right)$ 是曲线的拐点.

例 5 求函数曲线 $y = \sqrt[3]{x}$ 的凹凸区间及其拐点.

解 函数 $y = \sqrt[3]{x}$ 的定义域是 $(-\infty, +\infty)$.函数的一、二阶导数分别为

$$y' = \dfrac{1}{3\sqrt[3]{x^2}}, \quad y'' = -\dfrac{21}{9x\sqrt[3]{x^2}}.$$

当 $x = 0$ 时, y', y'' 不存在.因此,二阶导数在 $(-\infty, +\infty)$ 内不连续且没有零点.但是 $x = 0$ 将定义域分成两个区间 $(-\infty, 0)$ 和 $[0, +\infty)$.列表如下:

x	$(-\infty, 0)$	0	$(0, +\infty)$
y''	$+$	不存在	$-$
y	$\cup$	拐点$(0,0)$	$\cap$

因此,在 $(-\infty, 0)$ 内,曲线是凹的;在 $[0, +\infty)$ 内,曲线是凸的. $(0, 0)$ 是曲线的拐点.

习题 4.3

1. 求下列曲线的凹凸性及其拐点：

(1) $y = x^3 - 3x^2 - 9x + 9$；　　(2) $y = xe^{-x}$；

(3) $y = (x+1)^4 + e^x$；　　(4) $y = (x-1)\sqrt[3]{x^2}$.

2. 问 a,b 为何值时，点 $(1,3)$ 为曲线 $y = ax^3 + bx^2$ 的拐点.

3. 设 $y = f(x)$ 在 $x = x_0$ 的某邻域内具有三阶连续导数，如果 $f''(x_0) = 0$，而 $f'''(x_0) \neq 0$，试问 $(x_0, f(x_0))$ 是否为拐点？为什么？

§4.4　函数的极值和最值

一、极值

定义 4.3　如果函数 $f(x)$ 在 x_0 处有定义且存在点 x_0 的一个去心邻域，对于这去心邻域内的任何点 x，均有 $f(x) < f(x_0)$（或 $f(x) > f(x_0)$），则称 $f(x)$ 在 x_0 处有**极大值**（或**极小值**），x_0 是 $f(x)$ 的**极大值点**（或**极小值点**）.

函数的极大值与极小值统称为函数的**极值**，使函数取得极值的点统称为**极值点**. 显然，极值是一个局部的概念，$f(x_0)$ 是函数 $f(x)$ 的极值它只是与函数 $f(x)$ 在 x_0 附近的函数值比较而言的.

由费尔马引理可以得到函数极值存在的一个必要条件.

定理 4.8（函数取得极值的必要条件）　设函数 $f(x)$ 在点 x_0 处可导，且在 x_0 处取得极值，那么 $f'(x_0) = 0$.

定义 4.4　设函数 $f(x)$ 在区间 I 上是可导的，则称方程 $f'(x) = 0$ 的根为 $f(x)$ 在区间 I 上的**驻点**.

定理 4.8 表明：可导函数 $f(x)$ 的极值点一定是驻点，但是反过来结论不成立. 例如，$f(x) = x^3$，$x = 0$ 是函数的驻点，但是不是它的极值点. 因此，函数的驻点只是可能的极值点. 此外，函数的不可导点也可能是极值点. 例如，函数 $f(x) = |x|$ 在 $x = 0$ 处不可导，但是函数在该点取得极值.

我们将函数的驻点或者不可导点称为**极值可疑点**,下面的定理给出了如何判断极值的一个充分条件.

定理 4.9(第一充分条件) 设函数 $f(x)$ 在点 x_0 处连续,且在 x_0 的某去心邻域内 $\overset{o}{U}(x_0,\delta)$ 内可导.

(1) 若 $x \in (x_0-\delta,x_0)$ 时,$f'(x) > 0$;而 $x \in (x_0,x_0+\delta)$ 时,$f'(x) < 0$,则函数 $f(x)$ 在 x_0 取得极大值;

(2) 若 $x \in (x_0-\delta,x_0)$ 时,$f'(x) < 0$;而 $x \in (x_0,x_0+\delta)$ 时,$f'(x) > 0$,则函数 $f(x)$ 在 x_0 取得极小值;

(3) 若 $x \in \overset{o}{U}(x_0,\delta)$ 时,$f'(x)$ 恒为正或负(即符号保持不变),则函数 $f(x)$ 在 x_0 没有极值.

例 1 求函数 $f(x) = 2x^3 - 3x^2 - 12x + 21$ 的极值.

解 函数 $f(x) = 2x^3 - 3x^2 - 12x + 21$ 在定义域 $(-\infty,+\infty)$ 内处处可导,令

$$f'(x) = 6x^2 - 6x - 12 = 6(x+1)(x-2) = 0,$$

解得驻点 $x_1 = -1,x_2 = 2$ 是极值可疑点.

在 $x_1 = -1$ 处,从它的左邻域变到右邻域,$f'(x)$ 符号由正变到负.因此,函数在该处取得极大值 $f(-1) = 28$.而在 $x_2 = 2$ 处,从它的左邻域变到右邻域,$f'(x)$ 符号由负变到正.因此,函数在该处取得极小值 $f(2) = 1$.

一般地,我们利用列表确定函数的极值.

x	$(-\infty,-1)$	-1	$(-1,2)$	2	$(2,+\infty)$
$f'(x)$	$+$	0	$-$	0	$+$
$f(x)$	↗	28 极大	↘	1 极小	↗

例 2 求函数 $f(x) = (x-4)\sqrt[3]{(x+1)^2}$ 的极值.

解 函数的一阶导数为

$$f'(x) = \frac{5(x-1)}{3\sqrt[3]{x+1}}.$$

令 $f'(x) = 0$ 得驻点 $x = 1$，$x = -1$ 是 $f(x)$ 的不可导点.
列表如下：

x	$(-\infty, -1)$	-1	$(-1, 1)$	1	$(1, +\infty)$
$f'(x)$	$+$	不存在	$-$	0	$+$
$f(x)$	↗	0 极大值	↘	-4 极小值	↗

因此，函数在 $x = -1$ 处达到极大值 0，函数在 $x = 1$ 达到极小值 -4.

如果极值可疑点只集中在驻点上，则我们有下面更为简单的一个判定定理.

定理 4. 10（第二充分条件）　设函数 $f(x)$ 在点 x_0 处具有二阶导数且 $f'(x_0) = 0$，$f''(x_0) \neq 0$，那么

（1）当 $f''(x_0) < 0$ 时，函数 $f(x)$ 在 x_0 处取得极大值；

（2）当 $f''(x_0) > 0$ 时，函数 $f(x)$ 在 x_0 处取得极小值.

例 3　求函数 $f(x) = x^3 + 3x^2 - 24x - 20$ 的极值.

解　函数 $f(x) = x^3 + 3x^2 - 24x - 20$ 的一阶导数为

$$f'(x) = 3x^2 + 6x - 24 = 3(x+4)(x-2),$$

令 $f'(x) = 0$，得到函数的驻点 $x_1 = -4$，$x_2 = 2$.

函数的二阶导数为

$$f''(x) = 6x + 6.$$

因为 $f''(-4) = -18 < 0$，所以在该点处函数取得极大值 $f(-4) = 60$.

因为 $f''(2) = 18 > 0$，所以在该点处函数取得极小值 $f(2) = -48$.

例 4　函数 $f(x) = (x^2 - 4)^3 + 1$ 的极值.

解　函数的一阶导数

$$f'(x) = 6x(x^2 - 1)^2$$

在 $(-\infty, +\infty)$ 内是连续的，所以极值点只能在驻点上达到. 令 $f'(x) = 0$，得驻点 $x_1 = -1$，$x_2 = 0$，$x_3 = 1$. 且

$$f''(x) = 6(x^2 - 1)(5x^2 - 1).$$

因为 $f''(0) = 6 > 0$,故 $f(x)$ 在 $x = 0$ 处取得极小值 $f(0) = 0$.

由于 $f''(-1) = f''(1) = 0$,无法利用定理 4.10 判别极值类型,用一阶导数符号判别. 注意到

x	$(-\infty, -1)$	-1	$(-1, 0)$	$(0,1)$	1	$(1, +\infty)$
y'	$-$	0	$-$	$+$	0	$+$
y	↓	不是极值	↓	↑	不是极值	↑

由表可知,在 $x = \pm 1$ 时,函数没有极值.

二、最大值与最小值

在工农业生产、工程计算等应用领域,常常会遇到这样一类问题:在一定条件下,怎样使"产品最多"、"用类最省"、"成本最低"、"效率最高"等问题,这类问题在数学上我们将其归结为求某一函数的最大值或最小值问题,简称为最值问题.

假定函数 $f(x)$ 在闭区间 $[a,b]$ 上连续,在开区间 (a,b) 内除有限个点外可导,且至多有有限个驻点. 在上述条件下,我们讨论 $f(x)$ 在闭区间 $[a,b]$ 上的最大值和最小值的求法. 我们只考虑下述常用的两种情形.

(一)闭区间 $[a,b]$ 上连续函数的情况

由连续函数性质,若 $f(x)$ 在闭区间 $[a,b]$ 上连续,则 $f(x)$ 在 $[a,b]$ 内必能取得最大值和最小值. 如果最值点落在区间的内部,则最值点必然是极值点,但是最值点也可能落在区间的端点. 因此,求 $f(x)$ 在 $[a,b]$ 上的最大值和最小值,只需求出 $f(x)$ 在 (a,b) 内的驻点和不可导点(即所有可能的极值点),并求出这些点处的函数值,与端点处的函数值相比较,得出的最大值与最小值就是 $f(x)$ 在 $[a,b]$ 上的最大值和最小值. 我们将其归纳如下:

(1)求出 $f(x)$ 在 (a,b) 内的驻点 $x_1, x_2, \cdots, x_m$ 及不可导点 x'_1, $x'_2, \cdots, x'_n$;

(2)计算 $f(x_i)(i = 1, 2, \cdots, m)$,$f(x'_i)(i = 1, 2, \cdots, n)$ 及端点

值 $f(a)$，$f(b)$．

（3）比较（2）中各点值的大小，其中最大的就是 $f(x)$ 在 $[a，b]$ 上的最大值，最小的就是 $f(x)$ 在 $[a，b]$ 上的最小值．

例 5　求函数 $f(x) = \sin x + \cos x$ 在 $\left[-\dfrac{\pi}{2}，\dfrac{\pi}{2}\right]$ 上的最值．

解　令 $f'(x) = \cos x - \sin x = 0$，得 $x = \dfrac{\pi}{4}$，$x \in \left(-\dfrac{\pi}{2}，\dfrac{\pi}{2}\right)$．
比较

$$f\left(-\frac{\pi}{2}\right) = -1，\ f\left(\frac{\pi}{4}\right) = \sqrt{2}，\ f\left(\frac{\pi}{2}\right) = 1.$$

所以 $f(x) = \sin x + \cos x$ 在 $\left[-\dfrac{\pi}{2}，\dfrac{\pi}{2}\right]$ 上的最大值为 $\sqrt{2}$，最小值为 -1．

（二）极值可疑点唯一的情形

在很多实际问题中，一个定义在区间 $[a，b]$（或者 $(a，b)$，$(a，b]$，$[a，b)$）上的可导函数 $y = f(x)$，只有一个极值可疑点 x_0．由于极值可疑点唯一，因此我们无需将 x_0 与端点处的函数值比较而确定最大值或者最小值．即如果唯一的极值可疑点 x_0 是一个极大值点，则一定是最大值点，如果是一个极小值点，则一定是最小值点．特别地，如果由问题的实际意义我们能得到问题有最大值或者最小值，而函数只有一个驻点，则该点对应的函数值就是需要求的最大值或者最小值．

例 6　要制造一个圆柱形的带盖容器，规定容积为 V，问怎样设计容器的底半径 r 和高 h，才能使得所用材料最省．

解　容器所用材料最省即指容器的表面积 S 最小，因为
$$S = 2\pi r^2 + 2\pi r h，\ V_0 = \pi r^2 h，$$
则 $h = \dfrac{V_0}{\pi r^2}$，因此

$$S = 2\pi r^2 + \frac{2V_0}{r}，\quad r \in (0，+\infty).$$

下面求 $S(r)$ 的最小值点．

显然，在 $r \in (0，+\infty)$ 内，S 是 r 的可导函数，且

$$S'(r) = 4\pi r - \frac{2V_0}{r^2}.$$

令 $S'(r) = 0$，即 $4\pi r - \frac{2V_0}{r^2} = 0$，得函数的唯一驻点 $r = \sqrt[3]{V_0/2\pi}$.

因为

$$S''(r) = 4\pi + \frac{4V_0}{r^3} > 0, \quad r \in (0, +\infty),$$

所以 $r = \sqrt[3]{V_0/2\pi}$ 是 $S(r)$ 的极小值点，即是最小值点，此时

$$h = \frac{V_0}{\pi r^2} = \frac{V_0 r}{\pi r^3} = 2r,$$

即当容器的高 h 等于容器底面直径时，容器用料最省.

注 由实际经验得到，该问题中，容器材料最省一定是存在的，而对应的函数只有一个驻点，即该驻点对应的函数值就是要求的最小值.

三、经济应用举例

在经济分析中，我们往往将利润函数、收益函数、平均成本函数视为目标函数，通过确定它们的最值解决一系列最优化问题. 具体分为以下几种类别：

（1）平均成本最低和收益最大

设总成本函数为 $C(x)$ 和收益函数 $R(x)$，其中 x 为产量. 问题是，如果控制产量 x，使得平均成本最低或者收益最大. 此时平均成本函数为

$$\overline{C}(x) = \frac{C(x)}{x},$$

我们通过应用导数得到 $\overline{C}(x)$ 的最小值和收益函数的最大值，从而实现平均成本最低和收益最大.

（2）最大利润

记 $R(x)$ 为收益函数（毛收入），$C(x)$ 为总成本函数，其中 x 为产量，则利润函数 $L(x)$ 满足

$$L(x) = R(x) - C(x).$$

当 $L'(x) = R'(x) - C'(x) = 0$ 时,利润达到最大.

（3）最优批量 － 库存问题

商店（工厂）要预存货物（原材料）,称为库存.库存是保证商品正常销售的一个必需环节.库存往往涉及下面几个因素:一是存储费,它跟库存货物的数量（批量）成正比;二是订购费,包含订货手续费和差旅费,一般跟批次相关,即它往往表示成

库存总成本 C ＝ 存储费 ＋ 订购费.

一般地,在货物总数给定的条件下,如果订货批次（订购费）减少,则批量（存储费）将增加;反之,如果存储费降低（批量减少）,则批次增加.因此如果选择最优的一次订货量,使得库存总成本最低是我们需要考虑的问题.

在"均匀销售,成批到货,不许短缺"的条件下,库存总成本 C 可以进一步简化成

$$C = SP + A\frac{S}{Q} + B\frac{Q}{2},$$

其中 Q 表示批量（每次订货数量）,A 为每批的订购费用,B 为每件货物一年的费用;P 为每件货物单价;S 为一年内该货物的总需求量,$\frac{S}{Q}$ 是批次,$B\frac{Q}{2}$ 是全年库存费用（在销售均匀的前提下,库存量是批量的一半）.

例 7 设某厂家打算生产一批商品投放市场.已知该商品的需求函数为

$$p = p(x) = 10\mathrm{e}^{-\frac{x}{2}},$$

且最大需要量为 6,其中 x 表示需求量,p 表示价格.

（1）求该商品的收益函数和边际收益函数;

（2）求使收益最大时的产量、最大收益和相应的价格.

解 （1）收益函数为

$$R(x) = px = 10x\mathrm{e}^{-\frac{x}{2}}, 0 \leqslant x \leqslant 6,$$

边际收益函数为

$$MR = \frac{\mathrm{d}R}{\mathrm{d}x} = 5(2-x)\mathrm{e}^{-\frac{x}{2}}.$$

（2）令 $R'(x) = 5(2-x)\mathrm{e}^{-\frac{x}{2}} = 0$ 得唯一驻点 $x = 2$. 又由

$$R''(2) = \frac{1}{2}(x-4)\mathrm{e}^{-\frac{x}{2}}\mid_{x=2} = -5\mathrm{e}^{-1} < 0,$$

可见 $R(x)$ 在点 $x = 2$ 处达到极大值,亦即最大值,最大值为 $R(2) = 20\mathrm{e}^{-1}$,而相应价格为 $10\mathrm{e}^{-1}$.

例 8 已知某厂生产 x 件产品的成本为

$$C = 25000 + 200x + \frac{1}{40}x^2 (\text{元}).$$

问：（1）要使平均成本最小,应生产多少件产品?

（2）若产品以每件 500 元售出,要使利润最大,应生产多少件产品?

解 （1）平均成本为

$$\overline{C}(x) = \frac{C(x)}{x} = \frac{25000}{x} + 200 + \frac{x}{40},$$

令

$$\overline{C}'(x) = -\frac{25000}{x^2} + \frac{1}{40} = 0,$$

得唯一驻点 $x_1 = 1000, x_2 = -1000$（舍去）. 因为

$$\overline{C}''(1000) = 5 \times 10^{-5} > 0,$$

所以当 $x = 1000$ 时,$\overline{C}(x)$ 取极小值,亦即最小值. 因此,要使平均成本最小,应生产 1000 件产品.

（2）利润函数为

$$L(x) = 500x - \left(25000 + 200x + \frac{x^2}{40}\right) = 300x - 25000 - \frac{x^2}{40},$$

令

$$L'(x) = 300 - \frac{x}{20} = 0,$$

得唯一驻点 $x = 6000$,又 $L''(6000) = -\frac{1}{20} < 0$,所以当 $x = 6000$ 时,L 取极大值,亦即最大值. 因此,要使利润最大,应生产 6000 件产品.

例 8　某公司全年需购进某商品 1000 台,每台单价是 3500 元,分若干批进货,每批进货量相同.每次进货运输费 1400 元.商品均匀投放市场,且商品每年每台库存费为进货价格的 5%,求最优批量.

解　设批量为 x 台,则批次为 $\dfrac{1000}{x}$,此时该商品上的投资总数为

所购货物的总货价:3500×1000;

全年进货运输费:$1400 \times \dfrac{1000}{x}$;

全年库存费:$3500 \times 5\% \times \dfrac{x}{2}$.

于是总成本为

$$C(x) = 3500 \times 1000 + 1400 \times \frac{1000}{x} + 3500 \times 5\% \times \frac{x}{2},$$

得到

$$C'(x) = -\frac{1.4 \times 10^6}{x^2} + \frac{175}{2}.$$

令 $C'(x) = 0$,得唯一驻点 $x = 126.49$.
又因为

$$C''(x) = \frac{2.8 \times 10^6}{x^3} > 0,$$

所以,当 $x = 126.49$ 时总费用最小,但是 $x = 126.49 \notin X$,所以在 X 中取最靠近它的两个点 $x_1 = 125$ 和 $x_2 = 200$ 进行比较:

$$C(125) = 3522137.5; \quad C(200) = 3524500,$$

即 $C(125) < C(200)$,所以最优批量应为 125 台.

习题 4.4

1. 求下列函数的极值:

(1) $y = 2x^3 - 6x^2 - 18x + 7$;　　　　(2) $y = x - \ln(1 + x)$;

(3) $y = x + \dfrac{1}{x}$;　　　　　　　　　(4) $y = xe^{-x}$;

(5) $y = 3 - 2(x + 1)^{1/3}$.

2. 求下列函数的最大值和最小值:

(1) $y = 2x^3 - 3x^2$，$-1 \leqslant x \leqslant 4$；

(2) $y = x^4 - 8x^2 + 2$，$-1 \leqslant x \leqslant 3$；

(3) $y = x + \sqrt{1-x}$，$-5 \leqslant x \leqslant 1$；

(4) $y = \sqrt{100 - x^2}$，$-6 \leqslant x \leqslant 8$；

(5) $y = xe^{-x^2}$，$x \in (-\infty, +\infty)$.

3. 制造一种无盖的圆柱形容器，容积为 1.5π 立方米，底面造价为每平方米 18 元，侧面造价为每平方米 12 元，怎样设计才可使造价最低？

4. 设某厂每月生产某产品的总成本
$$C(x) = 1000 + 6x - 0.003x^2 + 10^{-6}x^3,$$
每单位产品的价格是 6 元，求使利润最大的最佳产量.

5. 一商店按批发价每件 3 元买进一批商品零售，若零售价定为每件 4 元，估计可卖出 120 件，若每件售价降低 0.1 元，则可多卖出 20 件. 问应向批发商买进多少件，每件售价多少时，方可获最大利润？最大利润是多少元？

6. 设某产品销售单价为 5 元，生产过程中，可变成本每单位为 3.75 元，又设产品经广告宣传后可以全部销售，且销量 x 与广告费 t 之间的关系为 $x = 200\sqrt{t}$，求使产品利润最大的最优广告投入.

7. 某厂生产某种产品，其年销售量为 10^6 件，每批生产需增加准备费 1000 元，而每件的库存费为 0.05 元. 如果年销售率是均匀的（此时商品库存数为批量的一半），问应分几批生产，才能使生产准备费及其库存费之和最小.

8. 某种物资一年需用量为 24000 件，每件价格为 40 元，年保管费率为价格的 12%，每次订购费用为 64 元，试求最优订购批量、最优订购次数、最优进货周期和最小总费用（假设产品的销售是均匀的）.

§4.5　函数的图象

一、曲线的渐近线

1. 斜渐近线

定义 4.5　如果存在直线 $L: y = kx + b$，使得当 $x \to \infty (x \to -\infty$ 或者 $x \to +\infty)$ 时，曲线 $y = f(x)$ 上的动点 $M(x, y)$ 到直线 L 的距离 $d(M, L) \to 0$，则称 L 为曲线 $y = f(x)$ 的渐近线，当 $k \neq 0$ 时，L 称为斜渐近线. 当 $k = 0$ 时，L 称为水平渐近线.

定理 4.11　直线 $y = kx + b$ 为曲线 $y = f(x)$（斜或水平）渐近线的充分必要条件是

$$k = \lim_{x \to \infty} \frac{f(x)}{x}, \quad b = \lim_{x \to \infty}(f(x) - kx).$$

证明　注意到，点 $(x, f(x))$ 到直线 $y = kx + b$ 的距离为

$$d = \frac{|f(x) - kx - b|}{\sqrt{k^2 + 1}}.$$

因此，要使 $x \to \infty$ 时 $d \to 0$，当且仅当

$$\lim_{x \to \infty}[f(x) - kx - b] = 0.$$

上式等价于

$$k = \lim_{x \to \infty} \frac{f(x)}{x}, \quad b = \lim_{x \to \infty}(f(x) - kx).$$

所以，定理成立.

如果定理中自变量改为 $x \to +\infty$，则 $y = kx + b$ 是曲线在 x 轴的正向上的渐近线，如果定理中自变量改为 $x \to -\infty$，则 $y = kx + b$ 是曲线在 x 轴的负向上的渐近线. 因此在考虑曲线的渐近线时，要区分自变量 x 的具体趋向形式.

例 1　求 $f(x) = x + \dfrac{\ln x}{x}$ 的斜渐近线（或者水平）.

解　由定理 4.11，

$$k = \lim_{x \to +\infty} \frac{f(x)}{x} = \lim_{x \to +\infty}\left(1 + \frac{\ln x}{x^2}\right)$$

$$= 1 + \lim_{x \to +\infty} \frac{\ln x}{x^2} = 1 + \lim_{x \to +\infty} \frac{\frac{1}{x}}{2x} = 1,$$

$$b = \lim_{x \to +\infty}[f(x) - kx] = \lim_{x \to +\infty} \frac{\ln x}{x} = \lim_{x \to +\infty} \frac{\frac{1}{x}}{1} = 0.$$

于是可知 $y = x$ 为曲线 $f(x)$ 的一条斜渐近线.

例 2 求 $f(x) = \dfrac{(x-1)^3}{(x+1)^2}$ 的斜渐近线（或者水平）.

解 由定理 4.11,

$$k = \lim_{x \to \infty} \frac{f(x)}{x} = \lim_{x \to \infty} x\frac{(x-1)^3}{(x+1)^2} = 1,$$

$$b = \lim_{x \to \infty}[f(x) - x] = \lim_{x \to \infty}\left[\frac{(x-1)^3}{(x+1)^2} - x\right]$$

$$= \lim_{x \to \infty} \frac{-5x^2 + 2x - 1}{x^2 + 2x + 1} = -5.$$

于是，$y = x - 5$ 为曲线 $f(x)$ 的一条斜渐近线.

2. 垂直渐近线

定义 4.6 如果函数 $y = f(x)$ 在 $x = c$ 处间断，且
$$\lim_{x \to c^-} f(x) = \infty \ \text{或} \lim_{x \to c^+} f(x) = \infty,$$
则称直线 $x = c$ 为曲线 $y = f(x)$ 的一条垂直渐近线.

例 3 求曲线 $y = \dfrac{x^2 + 2x}{x^2 - x - 6}$ 的渐近线.

解 $y = \dfrac{x^2 + 2x}{x^2 - x - 6} = \dfrac{x(x+2)}{(x-3)(x+2)},$

所以 $x_1 = -2, x_2 = 3$ 是函数的间断点.注意到

$$\lim_{x \to -2} \frac{x^2 + 2x}{x^2 - x - 6} = \lim_{x \to -2} \frac{x(x+2)}{(x-3)(x+2)} = \lim_{x \to -2} \frac{x}{x-3} = \frac{2}{5} \neq \infty,$$

因此，$x = -2$ 不是垂直渐近线.而

$$\lim_{x \to 3} \frac{x^2 + 2x}{x^2 - x - 6} = \lim_{x \to 3} \frac{x(x+2)}{(x-3)(x+2)} = \lim_{x \to 3} \frac{x}{x-3} = \infty$$

因此，$x = 3$ 是垂直渐近线. 下面求该函数的斜渐近线.

$$k = \lim_{x \to \infty} \frac{f(x)}{x} = \lim_{x \to \infty} \frac{x^2 + 2x}{x(x^2 - x - 6)} = 0,$$

$$b = \lim_{x \to \infty} (f(x) - 0x) = \lim_{x \to \infty} \frac{x^2 + 2x}{x^2 - x - 6} = 1,$$

所以 $y = 1$ 是函数的水平渐近线.

二、函数的作图

利用导数描绘函数图形的一般步骤如下：

（1）确定 $f(x)$ 的定义域及函数具有的一些特性（奇偶性和周期性等），并求出它的一阶 $f'(x)$ 和二阶导数 $f''(x)$；

（2）求出一阶 $f'(x)$ 和二阶导数 $f''(x)$ 在函数定义域内的全部零点；并求出函数 $f(x)$ 的间断点及 $f'(x)$ 与 $f''(x)$ 不存在的点，用这些点将定义域划分成若干个区间；

（3）讨论 $f'(x)$ 与 $f''(x)$ 在各个子区间内的符号，从而确定出曲线 $f(x)$ 在各个子区间内的升降、极值、凹性和拐点；

（4）确定曲线 $y = f(x)$ 的垂直、水平、斜渐近线以及其他变化趋势；

（5）算出 $f'(x)$ 与 $f''(x)$ 零点或者不存在点所对应的函数值，定出图形上相应的点，并补充曲线 $y = f(x)$ 的几个特殊点（例如与坐标轴的交点等），并作图.

例 4　画出函数 $y = \dfrac{x^3 - 2}{2(x - 2)^2}$ 的图形.

解　（1）函数的定义域为 $(-\infty, 1) \bigcup (1, +\infty)$.

（2）令

$$y' = \frac{(x-2)^2(x+1)}{2(x-2)^3} = 0,$$

得 $x = -1, x = 2$；令

$$y'' = \frac{3(x-2)}{(x-1)^4} = 0,$$

得 $x = 2$.

（3）列表讨论如下：

x	$(-\infty,-1)$	-1	$(-1,1)$	$(1,2)$	2	$(2,+\infty)$
y'	$+$	0	$-$	$+$	0	$+$
y''	$-$	$/$	$-$	$-$	0	$+$
y	↑∩	$-\dfrac{8}{3}$ 极大	↓∩	↑∩	$(2,3)$拐点	↑∪

（4）因为

$$\lim_{x\to 1}y=\lim_{x\to 1}\frac{x^3-2}{2(x-1)^2}=-\infty,$$

所以 $x=1$ 是曲线的一条垂直渐近线. 又因为

$$a=\lim_{x\to\infty}\frac{y}{x}=\lim_{x\to\infty}\frac{x^3-2}{2x(x-1)^2}=\frac{1}{2},$$

$$b=\lim_{x\to\infty}(y-ax)=\lim_{x\to\infty}\left[\frac{x^3-2}{2(x-1)^2}-\frac{1}{2}x\right]=1,$$

所以 $y=\dfrac{1}{2}x+1$ 是曲线的一条斜渐近线.

（5）当 $x=0$ 时，$y=-1$；当 $y=0$ 时，$x=\sqrt[3]{2}$. 综合上述讨论，其图形如下：

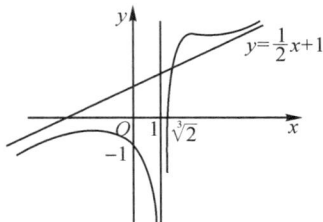

习题 4.5

1. 求下列函数的渐近线：

（1）$y=xe^{-x}$；   （2）$y=\dfrac{x^2}{1+x}$；

(3) $y = \dfrac{2x}{x^2 - 5x + 4}$;　　　　　(4) $y = \dfrac{x^3 - 2}{2(x-2)^2}$;

(5) $y = 4x + \dfrac{12}{(x-1)^2}$.

2. 描绘下列函数的图象：

(1) $y = \dfrac{2x^2}{(1-x)^2}$;　　　　　(2) $y = 1 + \dfrac{36x}{(x+3)^2}$.

复习题四

一、单项选择题

1. 下列函数在$[-1,1]$上满足罗尔定理的是(　　).

A. $y = e^x$ 　　　　　　B. $y = 1 + |x|$

C. $y = 1 - x^2$ 　　　　D. $y = 1 - \dfrac{1}{x}$

2. 设函数 $f(x) = x(x-1)(x-2)(x-3)$,则方程在$(0,3)$内有(　　)个实根.

A. 1　　　　B. 2　　　　C. 3　　　　D. 4

3. 函数 $y = x - \arctan x$ 在$(-\infty, +\infty)$内是(　　).

A. 单调增加　　　　　B. 单调减少

C. 不单调　　　　　　D. 不连续

4. 函数 $y = \ln(1 + x^2)$ 的单调增递区间是(　　).

A. $(-5,5)$　　　　　B. $(-\infty, 0)$

C. $(0, +\infty)$　　　　D. $(-\infty, +\infty)$

5. 设函数 $f(x)$ 在闭区间$[0,1]$上连续,在开区间$(0,1)$内可导,且 $f'(x) > 0$,则(　　).

A. $f(0) < 0$　　　　　B. $f(1) > 0$

C. $f(1) > f(0)$　　　　D. $f(1) < f(0)$

6. 设函数 $f(x)$ 在$[0,1]$上可导,$f'(x) > 0$,并且 $f(0) < 0$,$f(1) > 0$,则 $f(x)$ 在$(0,1)$内(　　).

A. 至少有两个零点　　　B. 有且仅有一个零点

C. 没有零点   D. 零点个数不能确定

7. 若 $f''(x_0)=0$,则 x_0 是(   ) 的驻点

A. $f(x)$ B. $f'(x)$ C. $f''(x)$ D. $f'''(x)$

8. 函数 $y=f(x)$ 在点 $x=0$ 处的二阶导数存在且 $f'(0)=0$, $f''(0)>0$,则下列结论正确的是(   ).

A. $x=0$ 不是函数 $f(x)$ 的驻点

B. $x=0$ 不是函数 $f(x)$ 的极值点

C. $x=0$ 是函数 $f(x)$ 的极小值点

D. $x=0$ 是函数 $f(x)$ 的极大值点

9. 设 $x=2$ 是函数 $y=x-\ln\left(\dfrac{1}{2}+ax\right)$ 的极值点,则 $a=$(   )

A. -1 B. $\dfrac{1}{2}$ C. $-\dfrac{1}{2}$ D. -1

10. 若 $y=2\sin x+a\sin 3x$ 在 $x=\dfrac{\pi}{3}$ 处有极值,求 $a=$(   ).

A. 3   B. $\dfrac{1}{3}$ C. $\dfrac{1}{3}\sqrt{3}$ D. $-\dfrac{1}{3}$

11. 若 $f(x)=f(-x)$,且在 $(0,+\infty)$ 内 $f'(x)>0,f''(x)>0$, 则 $f(x)$ 在 $(-\infty,0)$ 内必有(   )

A. $f'(x)<0,f''(x)<0,$ B. $f'(x)<0,f''(x)>0,$

C. $f'(x)>0,f''(x)<0,$ D. $f'(x)>0,f''(x)>0.$

12. 若 $f(x)=-f(-x)$,且在 $(0,+\infty)$ 内 $f'(x)>0,f''(x)>0$, 则 $f(x)$ 在 $(-\infty,0)$ 内必有(   )

A. $f'(x)<0,f''(x)<0,$ B. $f'(x)<0,f''(x)>0,$

C. $f'(x)>0,f''(x)<0,$ D. $f'(x)>0,f''(x)>0.$

13. 曲线 $y=6x-24x^2+x^4$ 的上凸(下凹)区间是(   ).

A. $(-2,2)$ B. $(-\infty,0)$

C. $(0,+\infty)$ D. $(-\infty,+\infty)$

14. 曲线 $y=(2-x)^{-\frac{1}{3}}$ 在 $(2,+\infty)$ 内(   ).

A. 下降下凹   B. 上升上凹

C. 下降上凹   D. 上升下凹

15. 设 $f(x) = \frac{1}{3}x^3 - x$，则 $x = 1$ 为 $f(x)$ 在 $[-2,2]$ 上的（　　）.

A. 极小值点，但不是最小值点

B. 极小值点，也是最小值点

C. 极大值点，但不是最大值点

D. 极大值点，也是最大值点

16. 当（　　）时，曲线 $y = \dfrac{1}{f(x) - 2}$ 有垂直渐近线.

A. $\lim\limits_{x \to \infty} f(x) = 2$　　　　　　B. $\lim\limits_{x \to \infty} f(x) = \infty$

C. $\lim\limits_{x \to 0} f(x) = 2$　　　　　　D. $\lim\limits_{x \to 2} f(x) = \infty$

17. 函数 $y = \dfrac{(e^{2x} - 1)(x + 1)}{x(x^2 - 1)}$ 有（　　）条垂直渐近线.

A. 1　　　　　　B. 2　　　　　　C. 3　　　　　　D. 0

18. 设在 $[0,1]$ 上 $f''(x) > 0$，则下列不等式正确的是（　　）.

A. $f'(1) > f'(0) > f(1) - f(0)$

B. $f'(1) > f(1) - f(0) > f'(0)$

C. $f(1) - f(0) > f'(1) > f'(0)$

D. $f'(1) > f(0) - f(1) > f'(0)$

二、填空题

1. 设函数 $y = 2^{x^2}$，则其单调增加区间为_____.

2. 函数 $y = \dfrac{x}{\ln x}$ 的单调递增区间是_____.

3. 设函数 $f(x)$ 在点 x_0 处的一阶导数 $f'(x_0) = 0$，二阶导数 $f''(x_0) < 0$，则 $f(x_0)$ 是 $f(x)$ 的极_____值.

4. 设 $y = 2x^2 + ax + 3$ 在点 $x = 1$ 处取得极小值，则 $a = $_____.

5. 函数 $f(x) = \dfrac{1}{3}x^3 - 3x^2 + 9x$ 在区间 $[0,4]$ 上的最大值点 $x = $_____.

6. 曲线 $y = x^3 - 3x + 1$ 的拐点是_____.

7. 曲线 $y = 2x^3 - 3x^2 + 4x + 5$ 的拐点是 ＿＿＿＿＿＿＿＿.

8. 函数 $y = \dfrac{x}{x^2+1} - 3$ 的水平渐近线是 ＿＿＿＿＿＿＿＿.

9. 曲线 $y = \dfrac{x}{2+x}$ 的垂直渐近线是 ＿＿＿＿＿＿＿＿.

10. 函数 $y = x^3 - 3x^2 + x + 9$ 的凹区间是 ＿＿＿＿＿＿＿.

三、计算题

1. $\lim\limits_{x \to 0} \dfrac{1 - \cos x}{x + \sin x}$.

2. 计算 $\lim\limits_{x \to 0} \dfrac{1 + x - \mathrm{e}^x}{x^2}$.

3. 求 $\lim\limits_{x \to 0} \dfrac{\mathrm{e}^x - \mathrm{e}^{-x} - 2x}{x - \sin x}$.

4. 求 $\lim\limits_{x \to 0} \left(\dfrac{1}{x} - \dfrac{1}{\mathrm{e}^x - 1} \right)$.

5. 求 $\lim\limits_{x \to 0^+} (\tan x)^x$.

6. 求 $\lim\limits_{x \to 0} \left(\dfrac{2^x + 3^x + 1}{3} \right)^{\frac{1}{3}}$.

7. 求函数 $y = x\mathrm{e}^{-x}$ 的单调增减区间和极值.

8. 求函数 $y = \dfrac{\ln x}{x}$ 的单调区间、极值及此函数曲线的凹凸区间和拐点.

9. 已知曲线 $y = ax^3 + bx^2 + cx$ 上点 $(1,2)$ 处有水平切线,且原点为该曲线的拐点,求 a, b, c 的值,并写出该曲线的方程.

10. 已知某厂生产 x 件产品的成本为

$$C(x) = 25000 + 200x + \frac{1}{40}x^2,$$

产品产量 x 与价格 P 之间满足 $P(x) = 440 - \dfrac{1}{20}x$,求:

（1）要使平均成本最小,应生产多少件产品?

（2）要企业生产多少件产品时,企业可获最大利润,并求最大利润.

四、证明题

1. 当 $x > 0$ 时,证明: $1 + x\ln(x + \sqrt{1 + x^2}) > \sqrt{1 + x^2}$.

2. 对任意实数 x,证明不等式: $(1 - x)\mathrm{e}^x < 1$.

3. 证明:方程 $x^3 - 3x + 1 = 0$ 在 $[-1, 1]$ 上有且仅有一个实根.

第5章　不定积分

在第 3 章中,我们讲了一元函数的微分运算,就是由给定的函数求它的导数或微分.但在许多的实际问题中,往往需要解决和微分运算正好相反的问题,这就是函数的导数已知,而要求这个函数,这种运算叫做求原函数或求不定积分.这是积分学的基本问题之一.

§5.1　不定积分的概念

一、原函数与不定积分的概念

定义 5.1　如果在区间 I 上,可导函数 $F(x)$ 的导函数为 $f(x)$,即对任一 $x \in I$,都有
$$F'(x) = f(x) \text{ 或 } dF(x) = f(x)dx,$$
那么函数 $F(x)$ 就称为 $f(x)$(或 $f(x)dx$)在区间 I 上的一个**原函数**.

显然,从上述定义中可知,一个函数的原函数不是唯一的.若函数 $F(x)$ 是函数 $f(x)$ 的一个原函数,则 $F(x) + C$ 也是 $f(x)$ 的原函数,因为 $[F(x) + C]' = F'(x) = f(x)$($C$ 为任意常数).更重要的事实是,除了 $F(x) + C$ 外,$f(x)$ 已无其他原函数.

设 $G(x)$ 是 $f(x)$ 的另一个原函数,即对任一 $x \in I$,有
$$G'(x) = f(x),$$
于是
$$[G(x) - F(x)]' = G'(x) - F'(x) = f(x) - f(x) = 0.$$
由拉格朗日定理的推论可知
$$G(x) - F(x) = C_0 \quad (C_0 \text{ 为某个常数}).$$
这表明 $G(x)$ 与 $F(x)$ 只差一个常数.因此,当 C 为任意常数时,表

达式

$$F(x) + C$$

就可表示 $f(x)$ 的任意原函数,也就是说,当我们知道了 $f(x)$
原函数 $F(x)$ 后,便可得到它的全部原函数.

由于上述说明,我们引入如下的不定积分的定义.

定义 5.2 在区间 I 上,函数 $f(x)$ 的任一原函数 $F(x) + C$ 称为
$f(x)$(或 $f(x)dx$)在区间 I 上的**不定积分**,记为

$$\int f(x)dx = F(x) + C.$$

其中 $\int$ 称为积分号;$f(x)$ 称为被积函数;$f(x)dx$ 称为被积表达式;
x 称为积分变量;C 称为积分常数.

例如,已知 $(\sin x)' = \cos x$,即 $\sin x$ 是 $\cos x$ 的一个原函数,于是
$\cos x$ 的任一原函数就是 $\sin x + C$,即

$$\int \cos x dx = \sin x + C.$$

对于一个已知函数 $f(x)$,在什么条件下它一定有原函数呢?关
于这一点,我们将在下一章中说明,现在先给出结论:如果函数 $f(x)$
在某区间上连续,则在此区间上 $f(x)$ 的原函数一定存在. 由于初等
函数在其定义区间上都是连续的,所以初等函数在其定义区间上都
有原函数. 简单地说就是:**连续函数一定有原函数**.

例 1 求 $\int x^2 dx$.

解 由于 $\left(\dfrac{x^3}{3}\right)' = x^2$,所以 $\dfrac{x^3}{3}$ 是 x^2 的一个原函数,因此

$$\int x^2 dx = \frac{x^3}{3} + C.$$

例 2 求 $\int \dfrac{1}{x} dx$.

解 当 $x > 0$ 时,由于 $(\ln x)' = \dfrac{1}{x}$,所以 $\ln x$ 是 $\dfrac{1}{x}$ 在 $(0, +\infty)$
内的一个原函数. 因此,在 $(0, +\infty)$ 内,

$$\int \frac{1}{x}\mathrm{d}x = \ln x + C.$$

当 $x < 0$ 时,由于 $[\ln(-x)]' = \dfrac{1}{-x} \cdot (-1) = \dfrac{1}{x}$,所以 $\ln(-x)$

是 $\dfrac{1}{x}$ 在 $(-\infty, 0)$ 内的一个原函数. 因此,在 $(-\infty, 0)$ 内,

$$\int \frac{1}{x}\mathrm{d}x = \ln(-x) + C.$$

把在 $x > 0$ 及 $x < 0$ 内的结果合起来,可写作

$$\int \frac{1}{x}\mathrm{d}x = \ln \mid x \mid + C.$$

从不定积分的定义,即可知下述关系:

由于 $\int f(x)\mathrm{d}x$ 是 $f(x)$ 的原函数,所以

$$\left[\int f(x)\mathrm{d}x\right]' = f(x),$$

或记作

$$\mathrm{d}\left[\int f(x)\mathrm{d}x\right] = f(x)\mathrm{d}x.$$

又由于 $F(x)$ 是 $F'(x)$ 的原函数,所以

$$\int F'(x)\mathrm{d}x = F(x) + C,$$

或记作

$$\int \mathrm{d}F(x) = F(x) + C.$$

由此可见,微分运算(以记号 d 表示)与求不定积分的运算(简称积分运算,以记号 $\int$ 表示)是互逆的. 当记号 $\int$ 与 d 连在一起时,或者抵消,或者抵消后相差一个常数.

例 3 设 $\int f(x)\mathrm{d}x = \arcsin 2x + C$,求 $f(x)$.

解 $f(x) = \left[\int f(x)\mathrm{d}x\right]' = (\arcsin 2x + C)'$

$$= \frac{1}{\sqrt{1 - (2x)^2}} \cdot 2 = \frac{2}{\sqrt{1 - 4x^2}}.$$

例 4 已知 $f(x)$ 的一个原函数是 e^{-x^2} , 求 $\int f'(x) dx$.

解 $\int f'(x) dx = f(x) + C = (e^{-x^2})' + C$

$$= e^{-x^2} \cdot (-2x) + C = -2x e^{-x^2} + C.$$

二、不定积分的基本积分公式

既然积分运算是微分运算的逆运算, 那么很自然地可以从导数公式得到相应的积分公式.

下面我们把一些基本的积分公式列成一个表, 这个表通常叫做**基本积分表**.

(1) $\int k \, dx = kx + C$ (k 为常数);

(2) $\int x^\alpha \, dx = \frac{1}{\alpha + 1} x^{\alpha + 1} + C$ ($\alpha \neq -1$);

(3) $\int \frac{1}{x} dx = \ln |x| + C$;

(4) $\int \cos x \, dx = \sin x + C$;

(5) $\int \sin x \, dx = -\cos x + C$;

(6) $\int \sec^2 x \, dx = \tan x + C$;

(7) $\int \csc^2 x \, dx = -\cot x + C$;

(8) $\int \sec x \tan x \, dx = \sec x + C$;

(9) $\int \csc x \cot x \, dx = -\csc x + C$;

(10) $\int a^x \, dx = \frac{a^x}{\ln a} + C$, 特别地, $\int e^x \, dx = e^x + C$;

(11) $\displaystyle\int \frac{1}{1+x^2}\mathrm{d}x = \arctan x + C$；

(12) $\displaystyle\int \frac{1}{\sqrt{1+x^2}}\mathrm{d}x = \arcsin x + C$.

以上十二个基本积分公式是求不定积分的基础，必须熟记.

例 5　求 $\displaystyle\int \frac{1}{x^2}\mathrm{d}x$.

解　$\displaystyle\int \frac{1}{x^2}\mathrm{d}x = \int x^{-2}\,\mathrm{d}x = \frac{1}{-2+1}x^{-2+1} + C = -\frac{1}{x} + C.$

例 6　求 $\displaystyle\int \frac{1}{\sqrt{x}}\mathrm{d}x$.

解　$\displaystyle\int \frac{1}{\sqrt{x}}\mathrm{d}x = \int x^{-\frac{1}{2}}\,\mathrm{d}x = \frac{1}{-\frac{1}{2}+1}x^{-\frac{1}{2}+1} + C$

$\displaystyle\qquad = 2x^{\frac{1}{2}} + C = 2\sqrt{x} + C.$

例 7　求 $\displaystyle\int \sqrt{x\sqrt{x}}\,\mathrm{d}x$.

解　$\displaystyle\int \sqrt{x\sqrt{x}}\,\mathrm{d}x = \int x^{\frac{1}{2}} \cdot x^{\frac{1}{4}}\,\mathrm{d}x = \int x^{\frac{3}{4}}\,\mathrm{d}x$

$\displaystyle\qquad = \frac{1}{\frac{3}{4}+1}x^{\frac{3}{4}+1} + C = \frac{4}{7}x^{\frac{7}{4}} + C.$

我们知道，求不定积分时出现任意常数 C，它表明一个函数的原函数有无穷多个. 如果对原函数加上某种限制条件，那么就可以确定这个常数，这样就得到满足限制条件的一个原函数. 从下面的例子可以看出如何确定积分常数以及它在具体问题中的意义.

例 8　已知曲线上任一点处切线斜率等于该点的横坐标，(1) 求此曲线方程；(2) 若曲线经过 $(2,4)$ 点，求此曲线方程.

解　(1) 设曲线方程为 $y = f(x)$，由题设知，在曲线上任一点 (x, y) 处的切线斜率为 $y' = x$，则有

$$y = \int y'\,\mathrm{d}x = \int x\mathrm{d}x = \frac{1}{2}x^2 + C.$$

这就是所要求的曲线方程,不同的 C 对应不同的曲线. $y = \frac{1}{2}x^2 + C$ 组成一族"平行"抛物线,这一族抛物线有一个共同点,它们在横坐标 x 相同的各点上的切线都互相平行(图 5-1 所示),其斜率都等于 x.

(2)若曲线还经过(2,4)点,由此可定出常数 C. 因为在曲线族 $y = \frac{1}{2}x^2 + C$ 中只有

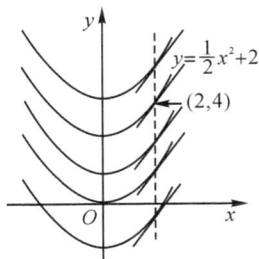

图 5-1

一条曲线经过(2,4)点,把 $x = 2$ 和 $y = 4$ 代入 $y = \frac{1}{2}x^2 + C$ 得 $C = 2$,于是 $y = \frac{1}{2}x^2 + 2$ 就是所求的曲线方程.

习题 5.1

1. 求下列不定积分:

(1) $\int x\sqrt{x}\,\mathrm{d}x$;　　　　　　　　(2) $\int \dfrac{1}{x^2\sqrt{x}}\,\mathrm{d}x$;

(3) $\int 3^x \mathrm{e}^x \,\mathrm{d}x$;　　　　　　　　(4) $\int x^2 \sqrt[3]{x}\,\mathrm{d}x$.

2. 证明函数 $(\mathrm{e}^x + \mathrm{e}^{-x})^2$ 和 $(\mathrm{e}^x - \mathrm{e}^{-x})^2$ 都是同一函数的原函数.

3. 已知 $f(x)$ 的一个原函数为 $\dfrac{1}{x}$,求 $f'(x)$.

4. 若 $\int f(x)\mathrm{d}x = \dfrac{x+1}{x-1} + C$,求 $f(x)$.

5. 一曲线通过点 $(\mathrm{e}^2, 3)$,且在任一点处的切线斜率等于该点横坐标的倒数,求该曲线方程.

6. 已知一条曲线上任一点的切线斜率与该点的横坐标成正比,又知曲线经过点 $(1,3)$,并且这一点处的切线的倾角为 $45°$,求此曲线方程.

§5.2　不定积分的运算法则

由微分的运算法则,相应地就可以得到以下的不定积分的运算法则:

(1) $\int [f(x) \pm g(x)] \mathrm{d}x = \int f(x) \mathrm{d}x \pm \int g(x) \mathrm{d}x$;

(2) $\int k f(x) \mathrm{d}x = k \int f(x) \mathrm{d}x$　(k 是非零常数).

为了说明第一个公式,只要说明等式右端的导数等于左端积分的被积函数 $f(x) \pm g(x)$ 就可以了. 对右端求导数,有

$$\left[\int f(x) \mathrm{d}x \pm \int g(x) \mathrm{d}x \right]'$$
$$= \left[\int f(x) \mathrm{d}x \right]' \pm \left[\int g(x) \mathrm{d}x \right]' = f(x) \pm g(x).$$

这个法则说明两个函数之和(差)的不定积分等于它们的不定积分之和(差). 可以把这个法则推广到有限个函数的代数和的情形,即

$$\int [f_1(x) \pm f_2(x) \pm \cdots \pm f_n(x)] \mathrm{d}x$$
$$= \int f_1(x) \mathrm{d}x \pm \int f_2(x) \mathrm{d}x \pm \cdots \pm \int f_n(x) \mathrm{d}x.$$

类似地,可以证明运算法则的第二个公式,这个公式表明,在求不定积分时常数因子可以提到积分号外面. 特别地,当 $k = -1$ 时就有

$$\int (-f(x)) \mathrm{d}x = - \int f(x) \mathrm{d}x.$$

利用不定积分的运算法则,我们就可以将一个较复杂的函数的积分分解为几个能够利用基本积分表积出的较简单的函数的积分的代数和. 这种积分方法称为**分项积分法**(又称**直接积分法**),它是积分法中最简单也是最常用的一种方法.

例 1　求 $\int (3x^2 - 2x + 1) \mathrm{d}x$.

解 $\displaystyle\int(3x^2-2x+1)\mathrm{d}x = 3\int x^2\mathrm{d}x - 2\int x\mathrm{d}x + \int\mathrm{d}x$

$$= x^3 - x^2 + x + C.$$

在分项积分时,每个不定积分的结果都含有任意常数,由于有限个任意常数之和仍为任意常数,所以当右端尚有积分号时,就不必写出积分常数,待积分号完全消失的同时,则必须而且只须写出一个积分常数即可.

检验积分结果是否正确,只要对结果求导,看它的导数是否等于被积函数,相等时结果是正确的,否则结果是错误的. 如就例 1 的结果来看,由于

$$(x^3 - x^2 + x + C)' = 3x^2 - 2x + 1,$$

所以结果是正确的.

例 2 求 $\displaystyle\int(\mathrm{e}^x - 3\sin x + 2\sqrt{x})\mathrm{d}x$.

解 $\displaystyle\int(\mathrm{e}^x - 3\sin x + 2\sqrt{x})\mathrm{d}x = \int\mathrm{e}^x\mathrm{d}x - 3\int\sin x\mathrm{d}x + 2\int\sqrt{x}\,\mathrm{d}x$

$$= \mathrm{e}^x + 3\cos x + \frac{4}{3}x^{\frac{3}{2}} + C.$$

例 3 求 $\displaystyle\int(2^x - 3^x)^2\mathrm{d}x$.

解 因为被积函数是二项式,不能直接利用基本积分公式计算积分,若将其展开,就可利用分项积分法求出积分.

注意到

$$(2^x - 3^x)^2 = (2^x)^2 - 2 \cdot 2^x \cdot 3^x + (3^x)^2 = 4^x - 2 \cdot 6^x + 9^x.$$

故有

$$\int(2^x - 3^x)^2\mathrm{d}x = \int(4^x - 2 \cdot 6^x + 9^x)\mathrm{d}x$$

$$= \int 4^x\mathrm{d}x - 2\int 6^x\mathrm{d}x + \int 9^x\mathrm{d}x$$

$$= \frac{4^x}{\ln 4} - \frac{2 \cdot 6^x}{\ln 6} + \frac{9^x}{\ln 9} + C.$$

例 4 求 $\displaystyle\int\frac{(x-1)^3}{x^2}\mathrm{d}x$.

解 $\displaystyle\int \frac{(x-1)^3}{x^2}\mathrm{d}x = \int \frac{x^3-3x^2+3x-1}{x^2}\mathrm{d}x$

$\displaystyle = \int \left(x-3+\frac{3}{x}-\frac{1}{x^2}\right)\mathrm{d}x$

$\displaystyle = \int x\mathrm{d}x - 3\int \mathrm{d}x + 3\int \frac{1}{x}\mathrm{d}x - \int \frac{1}{x^2}\mathrm{d}x$

$\displaystyle = \frac{1}{2}x^2 - 3x + 3\ln|x| + \frac{1}{x} + C.$

例 5 求 $\displaystyle\int \frac{\cos 2x}{\cos x - \sin x}\mathrm{d}x.$

解 $\displaystyle\int \frac{\cos 2x}{\cos x - \sin x}\mathrm{d}x = \int \frac{\cos^2 x - \sin^2 x}{\cos x - \sin x}\mathrm{d}x = \int (\cos x + \sin x)\mathrm{d}x$

$\displaystyle = \int \cos x\mathrm{d}x + \int \sin x\mathrm{d}x = \sin x - \cos x + C.$

例 6 求 $\displaystyle\int \tan^2 x\mathrm{d}x.$

解 $\displaystyle\int \tan^2 x\mathrm{d}x = \int (\sec^2 x - 1)\mathrm{d}x = \int \sec^2 x\mathrm{d}x - \int \mathrm{d}x$

$\displaystyle = \tan x - x + C.$

例 7 求 $\displaystyle\int \sin^2 \frac{x}{2}\mathrm{d}x.$

解 $\displaystyle\int \sin^2 \frac{x}{2}\mathrm{d}x = \int \frac{1}{2}(1-\cos x)\mathrm{d}x = \frac{1}{2}\left(\int \mathrm{d}x - \int \cos x\mathrm{d}x\right)$

$\displaystyle = \frac{1}{2}(x - \sin x) + C.$

例 8 求 $\displaystyle\int \frac{1}{\sin^2 x\cos^2 x}\mathrm{d}x.$

解 $\displaystyle\int \frac{1}{\sin^2 x\cos^2 x}\mathrm{d}x = \int \frac{\sin^2 x + \cos^2 x}{\sin^2 x\cos^2 x}\mathrm{d}x$

$\displaystyle = \int \frac{1}{\cos^2 x}\mathrm{d}x + \int \frac{1}{\sin^2 x}\mathrm{d}x$

$\displaystyle = \tan x - \cot x + C.$

例 5、例 6、例 7、例 8 中的被积函数都是三角函数的有理式,计算这类函数的积分时,常利用三角恒等式,将被积函数化为能分项积分的函数.

例 9 求 $\int \dfrac{x^4}{1+x^2} \mathrm{d}x$.

解
$$\int \frac{x^4}{1+x^2}\mathrm{d}x = \int \frac{(x^4-1)+1}{1+x^2}\mathrm{d}x$$
$$= \int \frac{(x^2+1)(x^2-1)+1}{1+x^2}\mathrm{d}x$$
$$= \int \left(x^2-1+\frac{1}{1+x^2}\right)\mathrm{d}x$$
$$= \int x^2\,\mathrm{d}x - \int \mathrm{d}x + \int \frac{1}{1+x^2}\mathrm{d}x$$
$$= \frac{1}{3}x^3 - x + \arctan x + C.$$

例 10 求 $\int \dfrac{1+x+x^2}{x(1+x^2)}\mathrm{d}x$.

解
$$\int \frac{1+x+x^2}{x(1+x^2)}\mathrm{d}x = \int \frac{x+(1+x^2)}{x(1+x^2)}\mathrm{d}x = \int \frac{1}{1+x^2}\mathrm{d}x + \int \frac{1}{x}\mathrm{d}x$$
$$= \arctan x + \ln|x| + C.$$

例 9、例 10 中的被积函数都是有理函数,在求解时将分子加一项再减去一项,或将分子按分母分解,这种恒等变形在求不定积分时是常用的技巧.使用这种技巧的目的在于应用分项积分法.

习题 5.2

1. 求下列不定积分:

(1) $\int (x-2)^2\,\mathrm{d}x$;

(2) $\int \dfrac{x-9}{\sqrt{x}+3}\mathrm{d}x$;

(3) $\int \dfrac{x^2}{1+x^2}\mathrm{d}x$;

(4) $\int \left(\dfrac{3}{1+x^2} - \dfrac{2}{\sqrt{1-x^2}}\right)\mathrm{d}x$;

(5) $\int \left(2\mathrm{e}^x + \dfrac{3}{x}\right)\mathrm{d}x$;

(6) $\int \mathrm{e}^{x+1}\,\mathrm{d}x$;

(7) $\int \left(1-\dfrac{1}{x^2}\right)\sqrt{x\sqrt{x}}\,\mathrm{d}x$;

(8) $\int \dfrac{2\cdot 3^x - 5\cdot 2^x}{3^x}\mathrm{d}x$;

(9) $\int \sec x(\sec x - \tan x)\mathrm{d}x$;　(10) $\int \cos^2 \dfrac{x}{2}\mathrm{d}x$;

(11) $\int \dfrac{1}{1+\cos 2x}\mathrm{d}x$;　　　(12) $\int \dfrac{\cos 2x}{\sin^2 x \cos^2 x}\mathrm{d}x$;

(13) $\int \dfrac{1}{x^2(1+x^2)}\mathrm{d}x$;　　(14) $\int \dfrac{1+2x^2}{x^2(1+x^2)}\mathrm{d}x$.

2. 已知函数 $y = f(x)$ 的导数为 $x+2$,且当 $x = 2$ 时 $y = 5$,求这个函数.

3. 已知 $f'(\sin^2 x) = \cos^2 x$,求 $f(x)$.

4. 已知某产品产量的变化率是时间 t 的函数 $f(t) = a - b\mathrm{e}^t(a$, b 是常数),设此产品 t 时的产量函数为 $Q(t)$,已知 $Q(0) = 0$,求 $Q(t)$.

5. 设生产某产品 Q 件的总成本函数为 $C(Q)$,已知固定成本(即 $C(0)$) 为 30 元,边际成本函数为 $C'(Q) = 3Q+5$(元 / 件),求总成本函数 $C(Q)$.

6. 设某产品的边际收入 $R'(x) = 200 - \dfrac{x}{50}$(元 / 单位),其中 x 是产品的销售量. 求销售该产品 2000 个单位时的总收入和平均单位收入.

§5.3　换元积分法

从 §5.2 看到,虽然利用积分运算法则及基本积分公式表可以求出不少函数的不定积分,但是实际上遇到的积分仅凭这一些方法还不能完全解决,例如

$$\int \cos^2 x \sin x \mathrm{d}x$$

就无法求出. 为了求得更一般的不定积分,还需要引进更多的方法和技巧. 本节把复合函数的微分法反过来用于求不定积分,利用中间变量的代换,得到复合函数的积分法,称为换元积分法.下面先讲第一换元法.

一、第一换元积分法

有一些不定积分,将积分变量进行一定的变换就能由基本积分公式求出所需的积分. 例如求 $\int e^{2x} dx$,在基本积分公式中只有 $\int e^x dx = e^x + C$,比较 $\int e^x dx$ 和 $\int e^{2x} dx$ 这两个积分,我们发现只是 e^x 的幂次相差一个常数因子,如果凑上一个常数因子 2,使之成为

$$\int e^{2x} dx = \int e^{2x} \cdot \frac{1}{2} d(2x) = \frac{1}{2} \int e^{2x} d(2x),$$

再令 $2x = u$,那么上述积分就变为

$$\frac{1}{2} \int e^{2x} d(2x) = \frac{1}{2} \int e^u du.$$

这个积分在基本积分公式表中可以查到,然后再代回原来的变量 x,就求得不定积分.

$$\int e^{2x} dx = \frac{1}{2} \int e^{2x} d(2x) = \frac{1}{2} \int e^u du = \frac{1}{2} e^u + C = \frac{1}{2} e^{2x} + C.$$

例 1　求 $\int \frac{1}{1+x} dx$.

解　基本积分公式表中有 $\int \frac{1}{x} dx = \ln|x| + C$,而 $\frac{1}{1+x}$ 与 $\frac{1}{x}$ 只是分母有差别,由于 $d(1+x) = dx$,因此可以把积分凑成

$$\int \frac{1}{1+x} dx = \int \frac{1}{1+x} d(1+x).$$

这时如果令 $1+x = u$,那么后面的积分就化为 $\int \frac{1}{u} du$,而这个积分在基本积分公式表中是可以查到的,从而求得

$$\int \frac{1}{1+x} dx = \int \frac{1}{1+x} d(1+x)$$
$$= \int \frac{1}{u} du = \ln|u| + C = \ln|1+x| + C.$$

从上面两个例子看到,在求不定积分时,首先要与已知的基本积分公式相对比,并利用简单的变量代换,把要求的积分"凑成"公式中

已有的形式,求出以后,再把原来的变量代回.这种方法实质上是一种简单的换元法,称为**第一换元法**.在本段最后,将对此方法作出严格的叙述.在比较熟练后,计算时换元这一步骤可以省略,只是在形式上"凑"成基本积分公式中的积分,因此又把这种方法形象地叫做**"凑"微分法**.

例 2　求 $\int x\mathrm{e}^{x^2}\mathrm{d}x$.

解　$\int x\mathrm{e}^{x^2}\mathrm{d}x = \dfrac{1}{2}\int \mathrm{e}^{x^2}\cdot 2x\mathrm{d}x = \dfrac{1}{2}\int \mathrm{e}^{x^2}\mathrm{d}(x^2)$

$$\xlongequal{x^2=u} \frac{1}{2}\int \mathrm{e}^u \mathrm{d}u = \frac{1}{2}\mathrm{e}^u + C$$

$$\xlongequal{u=x^2} \frac{1}{2}\mathrm{e}^{x^2} + C.$$

例 3　求 $\int \dfrac{\mathrm{d}x}{\sqrt{5x-2}}$.

解　$\int \dfrac{\mathrm{d}x}{\sqrt{5x-2}} = \dfrac{1}{5}\int \dfrac{\mathrm{d}(5x)}{\sqrt{5x-2}} = \dfrac{1}{5}\int \dfrac{\mathrm{d}(5x-2)}{\sqrt{5x-2}}$

$$\xlongequal{5x-2=u} \frac{1}{5}\int \frac{\mathrm{d}u}{\sqrt{u}} = \frac{2}{5}\sqrt{u} + C$$

$$\xlongequal{u=5x-2} \frac{2}{5}\sqrt{5x-2} + C.$$

例 4　求 $\int x\sqrt{1-x^2}\,\mathrm{d}x$.

解　$\int x\sqrt{1-x^2}\,\mathrm{d}x = -\dfrac{1}{2}\int (1-x^2)^{\frac{1}{2}}\mathrm{d}(1-x^2)$

$$= -\frac{1}{2}\cdot \frac{1}{1+\frac{1}{2}}(1-x^2)^{\frac{1}{2}+1} + C$$

$$= -\frac{1}{3}(1-x^2)^{\frac{3}{2}} + C.$$

例 5　求 $\int \dfrac{\mathrm{d}x}{\sqrt{x}(1+x)}$.

经济应用数学

JINGJI YINGYONG SHUXUE

解 $\displaystyle\int\frac{\mathrm{d}}{\sqrt{x}\,(1+x)}=2\int\frac{\mathrm{d}(\sqrt{x})}{1+(\sqrt{x})^2}=2\arctan\sqrt{x}+C.$

例 6 求 $\displaystyle\int\frac{\mathrm{d}x}{x(1+2\ln x)}.$

解 $\displaystyle\int\frac{\mathrm{d}x}{x(1+2\ln x)}=\int\frac{1}{1+2\ln x}\mathrm{d}(\ln x)=\frac{1}{2}\int\frac{1}{1+2\ln x}\mathrm{d}(2\ln x)$

$$=\frac{1}{2}\int\frac{1}{1+2\ln x}\mathrm{d}(1+2\ln x)$$

$$=\frac{1}{2}\ln\mid 1+2\ln x\mid+C.$$

例 7 求 $\displaystyle\int\frac{2x+3}{x^2+3x+5}\mathrm{d}x.$

解 注意到分母的导数恰好是分子,故可得

$$\int\frac{2x+3}{x^2+3x+5}\mathrm{d}x=\int\frac{\mathrm{d}(x^2+3x+5)}{x^2+3x+5}=\ln\mid x^2+3x+5\mid+C.$$

例 8 求 $\displaystyle\int\frac{x+(\arctan x)^2}{1+x^2}\mathrm{d}x.$

解 $\displaystyle\int\frac{x+(\arctan x)^2}{1+x^2}\mathrm{d}x=\int\frac{x}{1+x^2}\mathrm{d}x+\int\frac{(\arctan x)^2}{1+x^2}\mathrm{d}x$

$$=\frac{1}{2}\int\frac{1}{1+x^2}\mathrm{d}(1+x^2)$$

$$+\int(\arctan x)^2\mathrm{d}(\arctan x)$$

$$=\frac{1}{2}\ln(1+x^2)+\frac{1}{3}(\arctan x)^3+C.$$

例 9 求 $\displaystyle\int\tan x\mathrm{d}x.$

解 $\displaystyle\int\tan x\mathrm{d}x=\int\frac{\sin x}{\cos x}\mathrm{d}x=-\int\frac{1}{\cos x}\mathrm{d}(\cos x)$

$$=-\ln\mid\cos x\mid+C=\ln\mid\sec x\mid+C.$$

类似地可得

$$\int\cot x\mathrm{d}x=\ln\mid\sin x\mid+C=-\ln\mid\csc x\mid+C.$$

例 10　求 $\int \dfrac{1}{x^2 + a^2} \mathrm{d}x$ 　$(a \neq 0)$.

解　$\int \dfrac{1}{x^2 + a^2}\mathrm{d}x = \int \dfrac{1}{a^2} \cdot \dfrac{1}{1 + \left(\dfrac{x}{a}\right)^2}\mathrm{d}x = \dfrac{1}{a}\int \dfrac{1}{1 + \left(\dfrac{x}{a}\right)^2}\mathrm{d}\left(\dfrac{x}{a}\right)$

$$= \dfrac{1}{a}\arctan \dfrac{x}{a} + C.$$

例 11　求 $\int \dfrac{1}{\sqrt{a^2 - x^2}}\mathrm{d}x$ 　$(a > 0)$.

解　$\int \dfrac{1}{\sqrt{a^2 - x^2}}\mathrm{d}x = \int \dfrac{1}{a} \cdot \dfrac{1}{\sqrt{1 - \left(\dfrac{x}{a}\right)^2}}\mathrm{d}x = \int \dfrac{1}{\sqrt{1 - \left(\dfrac{x}{a}\right)^2}}\mathrm{d}\left(\dfrac{x}{a}\right)$

$$= \arcsin \dfrac{x}{a} + C.$$

例 12　求 $\int \dfrac{1}{x^2 - a^2}\mathrm{d}x$ 　$(a \neq 0)$.

解　$\int \dfrac{1}{x^2 - a^2}\mathrm{d}x = \dfrac{1}{2a}\int \left(\dfrac{1}{x - a} - \dfrac{1}{x + a}\right)\mathrm{d}x$

$$= \dfrac{1}{2a}\left(\int \dfrac{1}{x - a}\mathrm{d}x - \int \dfrac{1}{x + a}\mathrm{d}x\right)$$

$$= \dfrac{1}{2a}\left[\int \dfrac{1}{x - a}\mathrm{d}(x - a) - \int \dfrac{1}{x + a}\mathrm{d}(x + a)\right]$$

$$= \dfrac{1}{2a}(\ln |x - a| - \ln |x + a|) + C$$

$$= \dfrac{1}{2a}\ln \left|\dfrac{x - a}{x + a}\right| + C.$$

例 13　求 $\int \dfrac{1}{\mathrm{e}^x + \mathrm{e}^{-x}}\mathrm{d}x$.

解　$\int \dfrac{1}{\mathrm{e}^x + \mathrm{e}^{-x}}\mathrm{d}x = \int \dfrac{\mathrm{e}^x}{(\mathrm{e}^x)^2 + 1}\mathrm{d}x = \int \dfrac{1}{(\mathrm{e}^x)^2 + 1}\mathrm{d}(\mathrm{e}^x)$

$$= \arctan \mathrm{e}^x + C.$$

例 14　求 $\int \dfrac{1}{1 + \mathrm{e}^x}\mathrm{d}x$.

解法 1 $\int \dfrac{1}{1+e^x}dx = \int \dfrac{1+e^x-e^x}{1+e^x}dx = \int \left(1 - \dfrac{e^x}{1+e^x}\right)dx$

$$= \int dx - \int \dfrac{e^x}{1+e^x}dx = x - \int \dfrac{1}{1+e^x}d(1+e^x)$$

$$= x - \ln(1+e^x) + C.$$

解法 2 $\int \dfrac{1}{1+e^x}dx = \int \dfrac{e^{-x}}{e^{-x}+1}dx = -\int \dfrac{1}{e^{-x}+1}d(e^{-x}+1)$

$$= -\ln(e^{-x}+1) + C.$$

例 15 求 $\int \csc x \, dx$.

解 $\int \csc x \, dx = \int \dfrac{1}{\sin x}dx = \int \dfrac{1}{2\sin \frac{x}{2}\cos \frac{x}{2}}dx$

$$= \int \dfrac{1}{\tan \frac{x}{2}\cos^2 \frac{x}{2}}d\left(\dfrac{x}{2}\right)$$

$$= \int \dfrac{1}{\tan \frac{x}{2}}d\left(\tan \dfrac{x}{2}\right) = \ln\left|\tan \dfrac{x}{2}\right| + C.$$

因为

$$\tan \dfrac{x}{2} = \dfrac{\sin \frac{x}{2}}{\cos \frac{x}{2}} = \dfrac{2\sin^2 \frac{x}{2}}{\sin x} = \dfrac{1-\cos x}{\sin x} = \csc x - \cot x,$$

所以上述积分又可表示为

$$\int \csc x \, dx = \ln|\csc x - \cot x| + C.$$

例 16 求 $\int \sec x \, dx$.

解 $\int \sec x \, dx = \int \dfrac{1}{\cos x}dx = \int \dfrac{1}{\sin(x+\frac{\pi}{2})}d\left(x+\dfrac{\pi}{2}\right)$

$$= \ln\left|\csc\left(x+\dfrac{\pi}{2}\right) - \cot\left(x+\dfrac{\pi}{2}\right)\right| + C$$

$$= \ln|\sec x + \tan x| + C.$$

例 17　求 $\int \sin^2 x \, dx$.

解　$\int \sin^2 x = \dfrac{1}{2}\int (1-\cos 2x)\,dx = \dfrac{1}{2}\Big[\int dx - \dfrac{1}{2}\int \cos 2x \, d(2x)\Big]$

$= \dfrac{1}{2}x - \dfrac{1}{4}\sin 2x + C.$

例 18　$\int \tan^3 x \, dx$.

$\int \tan^3 x \, dx = \int \tan x \cdot \tan^2 x \, dx$

$= \int \tan x \cdot (\sec^2 x - 1)\,dx$

$= \int \tan x \cdot \sec^2 x \, dx - \int \tan x \, dx$

$= \int \tan x \, d(\tan x) - \ln|\sec x|$

$= \dfrac{1}{2}\tan^2 x - \ln|\sec x| + C.$

例 19　求 $\int \sin 3x \cos 5x \, dx$.

解　利用三角函数中的积化和差公式

$$\sin A \cos B = \dfrac{1}{2}[\sin(A-B) + \sin(A+B)]$$

得　　　　　$\sin 3x \cos 5x = \dfrac{1}{2}(-\sin 2x + \sin 8x),$

于是

$\int \sin 3x \cos 5x \, dx = \dfrac{1}{2}\int (-\sin 2x + \sin 8x)\,dx$

$= -\dfrac{1}{4}\int \sin 2x \, d(2x) + \dfrac{1}{16}\int \sin 8x \, d(8x)$

$= \dfrac{1}{4}\cos 2x - \dfrac{1}{16}\cos 8x + C.$

对于 $\int \sin\alpha x \cos\beta x \, dx$，$\int \sin\alpha x \sin\beta x \, dx$，$\int \cos\alpha x \cos\beta x \, dx$ 型积分，一般应先积化和差，然后再凑微分求解.

第一换元积分法概括起来就是下述的定理.

定理 5.1 设 $f(u),\varphi(x),\varphi'(x)$ 都是连续函数，$F(u)$ 为 $f(u)$ 的一个原函数，则有第一换元积分公式

$$\int f[\varphi(x)]\varphi'(x)\mathrm{d}x = F[\varphi(x)] + C.$$

$$(5-1)$$

证明 由于 $f(u)$ 具有原函数 $F(u)$，即有

$$F'(u) = f(u), \quad \int f(u)\mathrm{d}u = F(u) + C.$$

又因为 $\varphi(x)$ 可微，那么，根据复合函数微分法，有

$$\mathrm{d}F[\varphi(x)] = f[\varphi(x)]\varphi'(x)\mathrm{d}x,$$

从而根据不定积分的定义就得

$$\int f[\varphi(x)]\varphi'(x)\mathrm{d}x = F[\varphi(x)] + C.$$

这就证明了公式 $(5-1)$.

使用第一换元积分法的目的是把一个复杂的被积函数的积分变为一个能够利用基本积分表积出的积分. 设要求 $\int g(x)\mathrm{d}x$，如果这个积分能写成

$$\int f[\varphi(x)]\varphi'(x)\mathrm{d}x$$

的形式，就能应用这个方法，因为代换

$$u = \varphi(x), \quad \mathrm{d}u = \varphi'(x)\mathrm{d}x$$

可将上式变为 $\int f(u)\mathrm{d}u$. 这样，函数 $g(x)$ 的积分即转化成求函数 $f(u)$ 的积分. 如果能求得 $f(u)$ 的原函数，比如说 $F(u)$，然后在 $F(u)$ 中用 $\varphi(x)$ 代替 u，那么也就得到了 $g(x)$ 的原函数 $F[\varphi(x)]$.

应该指出的是，我们并没有通过符号本身对 $\mathrm{d}x$ 和 $\mathrm{d}u$ 加进什么含义，它们纯粹是作为形式上的手段来帮助我们以一种机械的方法完成数学运算. 在每次使用这种方法时，我们实际上都应用了复合函数的微分法.

这个方法的成功依赖于选择适当的变量代换 $u = \varphi(x)$，使得

$$f[\varphi(x)]\varphi'(x)\mathrm{d}x = f(u)\mathrm{d}u.$$

但困难在于原题并不会指出哪部分是 $f[\varphi(x)]$，哪部分是 $\varphi'(x)$. 因此，要掌握第一换元积分法，除了熟悉一些典型例子之外，还要做较多的练习才行. 熟记下面的一些微分倒推式，有助于更有效地掌握第一换元法.

$$x\mathrm{d}x = \frac{1}{2}\mathrm{d}(x^2); \qquad\qquad \frac{1}{x}\mathrm{d}x = \mathrm{d}(\ln x);$$

$$\frac{1}{\sqrt{x}}\mathrm{d}x = 2\mathrm{d}(\sqrt{x}); \qquad\qquad x^n\mathrm{d}x = \frac{1}{n+1}\mathrm{d}(x^{n+1})\ (n \neq -1);$$

$$\sin x\mathrm{d}x = -\mathrm{d}(\cos x); \qquad\qquad \cos x\mathrm{d}x = \mathrm{d}(\sin x);$$

$$\sec^2 x\mathrm{d}x = \mathrm{d}(\tan x); \qquad\qquad \csc^2 x\mathrm{d}x = -\mathrm{d}(\cot x);$$

$$\sec x\tan x\mathrm{d}x = \mathrm{d}(\sec x); \qquad\qquad \csc x\cot x\mathrm{d}x = -\mathrm{d}(\csc x);$$

$$\mathrm{e}^x\mathrm{d}x = \mathrm{d}(\mathrm{e}^x); \qquad\qquad \frac{1}{\sqrt{1-x^2}}\mathrm{d}x = \mathrm{d}(\arcsin x);$$

$$\frac{1}{1+x^2}\mathrm{d}x = \mathrm{d}(\arctan x); \qquad\qquad \frac{x}{\sqrt{1+x^2}}\mathrm{d}x = \mathrm{d}(\sqrt{1+x^2});$$

$$\frac{x}{\sqrt{1-x^2}}\mathrm{d}x = -\mathrm{d}(\sqrt{1-x^2}).$$

二、第二换元积分法

第一换元法是通过变量代换 $u = \varphi(x)$，从而将积分 $\int f[\varphi(x)]\varphi'(x)\mathrm{d}x$ 化为积分 $\int f(u)\mathrm{d}u$. 我们也常常会遇到相反的情形，有些积分并不能很容易地凑出微分，而是一开始就要作代换，把要求的积分化简，然后再求出积分. 这时，适当地选择变量代换 $x = \varphi(t)$，将积分 $\int f(x)\mathrm{d}x$ 化为积分 $\int f[\varphi(t)]\varphi'(t)\mathrm{d}t$. 这是另一种形式的变量代换，换元公式可表示为

$$\int f(x)\mathrm{d}x = \int f[\varphi(t)]\varphi'(t)\mathrm{d}t.$$

这个公式成立是需要条件的. 首先，等式右边的积分要存在，即 $f[\varphi(t)]\varphi'(t)$ 有原函数；其次，$\int f[\varphi(t)]\varphi'(t)\mathrm{d}t$ 求出后必须用 $x =$

$\varphi(t)$ 的反函数 $t = \varphi^{-1}(x)$ 代回去.

归纳上述,我们给出下面的定理.

定理 5.2 设 $f(x)$,$\varphi(t)$,$\varphi'(t)$ 均为连续函数,$x = \varphi(t)$ 的反函数 $\varphi^{-1}(x)$ 存在且可导,并且 $F(t)$ 为函数 $f[\varphi(t)]\varphi'(t)$ 的一个原函数,则有第二换元积分公式

$$\int f(x)\mathrm{d}x = F[\varphi^{-1}(x)] + C. \tag{5-2}$$

利用复合函数与反函数的求导公式,上式右端对 x 求导数,即可证得上述式子的正确性.

使用第二换元积分法成功的关键在于选择适当的变量代换 $x = \varphi(t)$,但有时这个换元关系往往并不很明显,通常总是由 $x = \varphi(t)$ 的反函数关系 $\varphi^{-1}(x) = t$ 来求得.

例 23 求 $\displaystyle\int \frac{1}{1 + \sqrt{2+x}}\mathrm{d}x$.

解 求这个积分的困难在于被积函数中有根式 $\sqrt{2+x}$,为了化去根式,我们令 $\sqrt{2+x} = t$,此时,$x = t^2 - 2$,$\mathrm{d}x = 2t\mathrm{d}t$,于是

$$\int \frac{1}{1 + \sqrt{2+x}}\mathrm{d}x = \int \frac{1}{1+t} \cdot 2t\mathrm{d}t = 2\int \frac{1+t-1}{1+t}\mathrm{d}t$$

$$= 2\int \left(1 - \frac{1}{1+t}\right)\mathrm{d}t = 2(t - \ln|1+t|) + C.$$

再将 $t = \sqrt{2+x}$ 代回,得

$$\int \frac{1}{1 + \sqrt{2+x}}\mathrm{d}x = 2[\sqrt{2+x} - \ln(1 + \sqrt{2+x})] + C.$$

例 24 求 $\displaystyle\int \frac{x+1}{\sqrt[3]{3x+1}}\mathrm{d}x$.

解 设 $\sqrt[3]{3x+1} = t$,则 $x = \frac{1}{3}(t^3 - 1)$,$\mathrm{d}x = t^2\mathrm{d}t$,于是

$$\int \frac{x+1}{\sqrt[3]{3x+1}}\mathrm{d}x = \int \frac{\frac{1}{3}(t^3 - 1) + 1}{t} \cdot t^2\mathrm{d}t$$

$$= \frac{1}{3}\int (t^4 + 2t)\mathrm{d}t = \frac{1}{3}\left(\frac{1}{5}t^5 + t^2\right) + C$$

$$= \frac{1}{15}(3x+1)^{\frac{5}{3}} + \frac{1}{3}(3x+1)^{\frac{2}{3}} + C.$$

一般地,如果被积函数中有一次根式 $\sqrt[m]{ax+b}$ 时,令 $\sqrt[m]{ax+b} = t$ 可以去掉根号,从而求得积分.

例 25　求 $\int \frac{1}{\sqrt{e^x-1}}dx$.

解　设 $\sqrt{e^x-1} = t$,则 $x = \ln(1+t^2)$,$dx = \frac{2t}{1+t^2}dt$. 代入所给积分,得

$$\int \frac{1}{\sqrt{e^x-1}}dx = \int \frac{1}{t} \cdot \frac{2t}{1+t^2}dt = 2\int \frac{1}{1+t^2}dt$$

$$= 2\arctan t + C = 2\arctan \sqrt{e^x+1} + C.$$

例 26　求 $\int x^2(2-x)^{10}dx$.

解　如果将 $(2-x)^{10}$ 展开会得到一个多项式,从而可使用分项积分法,但展开式是比较复杂的,因而考虑用换元法.

设 $2-x = t$,则 $x = 2-t$,$dx = -dt$,于是

$$\int x^2(2-x)^{10}dx = -\int (2-t^2)t^{10}dt = -\int (4t^{10} - 4t^{11} + t^{12})dt$$

$$= -\frac{4}{11}t^{11} + \frac{4}{12}t^{12} - \frac{1}{13}t^{13} + C$$

$$= -\frac{4}{11}(2-x)^{11} + \frac{1}{3}(2-x)^{12} - \frac{1}{13}(2-x)^{13} + C.$$

例 27　求 $\int \sqrt{a^2-x^2}dx$　$(a>0)$.

解　求这个积分的困难在于有根式 $\sqrt{a^2-x^2}$,但我们可以用三角公式

$$\sin^2 t + \cos^2 t = 1$$

来化去根式.

设 $x = a\sin t(-\frac{\pi}{2} < t < \frac{\pi}{2})$,那么 $\sqrt{a^2-x^2} = \sqrt{a^2 - a^2\sin^2 t} = a\cos t$,$dx = a\cos t dt$,代入所给积分,得

$$\int \sqrt{a^2 - x^2}\,\mathrm{d}x = \int a\cos t \cdot a\cos a\,\mathrm{d}t = \frac{a^2}{2}\int (1 + \cos 2t)\,\mathrm{d}t$$

$$= \frac{a^2}{2}\left(t + \frac{1}{2}\sin 2t\right) + C = \frac{a^2}{2}(t + \sin t\cos t) + C.$$

由于 $\sin t = \dfrac{x}{a}$，所以

$$t = \arcsin \frac{x}{a},$$

$$\cos t = \sqrt{1 - \sin^2 t} = \sqrt{1 - \left(\frac{x}{a}\right)^2} = \frac{\sqrt{a^2 - x^2}}{a},$$

于是所求积分为

$$\int \sqrt{a^2 - x^2}\,\mathrm{d}x = \frac{a^2}{2}\left(\arcsin \frac{x}{a} + \frac{x}{a} \cdot \frac{\sqrt{a^2 - x^2}}{a}\right) + C$$

$$= \frac{a^2}{2}\arcsin \frac{x}{a} + \frac{x}{2}\sqrt{a^2 - x^2} + C.$$

例 28　求 $\displaystyle\int \frac{1}{\sqrt{x^2 + a^2}}\,\mathrm{d}x$　$(a > 0)$.

解　和上例类似，我们可以利用三角公式

$$1 + \tan^2 x = \sec^2 x$$

来化去根式.

设 $x = a\tan t\left(-\dfrac{\pi}{2} < t < \dfrac{\pi}{2}\right)$，那么 $\sqrt{x^2 + a^2} = \sqrt{a^2 + a^2\tan^2 t} = a\sec t$，$\mathrm{d}x = a\sec^2 t\,\mathrm{d}t$，代入所给积分，得

$$\int \frac{1}{\sqrt{x^2 + a^2}}\,\mathrm{d}x = \int \frac{1}{a\sec t} \cdot a\sec^2 t\,\mathrm{d}t = \int \sec t\,\mathrm{d}t$$

$$= \ln|\sec t + \tan t| + C.$$

为了迅速地把 $\sec t$ 及 $\tan x$ 换成 x 的函数，我们可以根据 $\tan t = \dfrac{x}{a}$ 作辅助三角形（如图 5 - 2 所示），于是有

$$\sec t = \frac{\sqrt{x^2 + a^2}}{a},$$

且 $\sec t + \tan t > 0$，因此

$$\int \frac{1}{\sqrt{x^2+a^2}}\mathrm{d}x = \ln\left(\frac{x}{a} + \frac{\sqrt{x^2+a^2}}{a}\right) + C_1 = \ln(x+\sqrt{x^2+a^2}) + C,$$

其中 $C = C_1 - \ln a$.

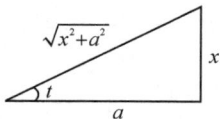

图 5 - 2

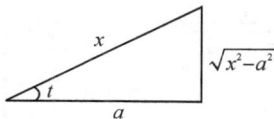

图 5 - 3

例 30　求 $\displaystyle\int \frac{1}{\sqrt{x^2-a^2}}\mathrm{d}x\,(a>0)$.

解　和上两例类似,我们可以利用公式

$$\sec^2 t - 1 = \tan^2 t$$

来化去根式. 注意到被积函数的定义域是 $x>a$ 和 $x<-a$ 两个区间,我们在两个区间内分别求不定积分.

当 $x>a$ 时,设 $x = a\sec t\left(0<t<\frac{\pi}{2}\right)$,则

$$\sqrt{x^2-a^2} = \sqrt{a^2\sec^2 t - a^2} = a\tan t,$$
$$\mathrm{d}x = a\sec t\tan t\,\mathrm{d}t,$$

代入所给积分,得

$$\int \frac{1}{\sqrt{x^2-a^2}}\mathrm{d}x = \int \frac{1}{a\tan t} \cdot a\sec t\tan t\,\mathrm{d}t = \int \sec t\,\mathrm{d}t$$
$$= \ln|\sec t + \tan t| + C_1.$$

为了把 $\sec t$ 及 $\tan t$ 换成 x 的函数,我们根据 $\sec t = \dfrac{x}{a}$ 作辅助三角形(如图 5 - 3 所示),得到

$$\tan t = \frac{\sqrt{x^2-a^2}}{a},$$

因此

$$\int \frac{1}{\sqrt{x^2-a^2}}\mathrm{d}x = \ln\left|\frac{x}{a} + \frac{\sqrt{x^2-a^2}}{a}\right| + C_1$$

$$= \ln \mid x + \sqrt{x^2 - a^2} \mid + C.$$

其中 $C_1 = C - \ln a$.

当 $x < -a$ 时，令 $x = -u$，那么 $u > a$. 由上面的结果，有

$$\int \frac{1}{\sqrt{x^2 - a^2}} dx = -\int \frac{1}{\sqrt{u^2 - a^2}} du = -\ln(u + \sqrt{u^2 - a^2}) + C$$

$$= \ln(-x + \sqrt{x^2 - a^2})^{-1} + C$$

$$= \ln \frac{-x - \sqrt{x^2 - a^2}}{a^2} + C$$

$$= \ln(-x - \sqrt{x^2 - a^2}) + C_1,$$

其中 $C_1 = C - 2\ln a$.

把 $x > a$ 及 $x < -a$ 内的结果合起来，可写作

$$\int \frac{1}{\sqrt{x^2 - a^2}} dx = \ln \mid x + \sqrt{x^2 - a^2} \mid + C.$$

从上面三个例子可以看到，如果被积函数含有 $\sqrt{a^2 - x^2}$，可以作变换 $x = a\sin t$ 化去根式；如果被积函数含有 $\sqrt{x^2 + a^2}$，可以作变换 $x = a\tan t$ 化去根式；如果被积函数含有 $\sqrt{x^2 - a^2}$，可以作变换 $x = a\sec t$ 化去根式. 但具体解题时要分析被积函数的具体情况，选取尽可能简捷的代换，不要拘泥于上述的变量代换（如例 4、例 11）.

例 31 求 $\int \frac{1}{x^2 \sqrt{4 - x^2}} dx$.

解 设 $x = 2\sin t$，则 $\sqrt{4 - x^2} = 2\cos t dt, dx = 2\cos t dt$，于是

$$\int \frac{1}{x^2 \sqrt{4 - x^2}} dx = \int \frac{1}{4\sin^2 t \cdot 2\cos t} \cdot 2\cos t dt$$

$$= \frac{1}{4} \int \csc^2 t dt$$

$$= -\frac{1}{4} \cot t + C$$

$$= -\frac{\sqrt{4 - x^2}}{4x} + C.$$

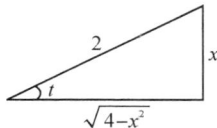

图 5 - 4

$$=-\frac{1}{2}\int\frac{\mathrm{d}(2-x-x^2)}{\sqrt{2-x-x^2}}+\frac{1}{2}\int\frac{\mathrm{d}\left(x+\frac{1}{2}\right)}{\sqrt{\left(\frac{3}{2}\right)^2-\left(x+\frac{1}{2}\right)^2}}$$

$$=-\sqrt{2-x-x^2}+\frac{1}{2}\arcsin\frac{2x+1}{3}+C.$$

习题 5.3

1. 在下面各式等号右端的空白处填入适当的系数,使等式成立（例如 $\mathrm{d}x=\frac{1}{4}\mathrm{d}(4x+7)$）:

(1) $\mathrm{d}x=$ _____ $\mathrm{d}(ax+b)$;

(2) $x\mathrm{d}x=$ _____ $\mathrm{d}(1-x^2)$;

(3) $x^3\mathrm{d}x=$ _____ $\mathrm{d}(3x^4-2)$;

(4) $\mathrm{e}^{2x}\mathrm{d}x=$ _____ $\mathrm{d}(\mathrm{e}^{2x})$;

(5) $\mathrm{e}^{-\frac{x}{2}}\mathrm{d}x=$ _____ $\mathrm{d}(1+\mathrm{e}^{-\frac{x}{2}})$;

(6) $\sin\frac{x}{2}\mathrm{d}x=$ _____ $\mathrm{d}(\cos\frac{x}{2})$;

(7) $\sin2x\mathrm{d}x=$ _____ $\mathrm{d}(\sin^2x)$;

(8) $\sin2x\mathrm{d}x=$ _____ $\mathrm{d}(\cos^2x)$;

(9) $\frac{1}{x}\mathrm{d}x=$ _____ $\mathrm{d}(3-5\ln x)$;

(10) $\frac{1}{1+9x^2}\mathrm{d}x=$ _____ $\mathrm{d}(\arctan3x)$;

(11) $\frac{1}{\sqrt{1-x^2}}\mathrm{d}x=$ _____ $\mathrm{d}(\arccos x)$;

(12) $\sec^23x\mathrm{d}x=$ _____ $\mathrm{d}(\tan3x)$.

2. 求下列不定积分:

(1) $\displaystyle\int\mathrm{e}^{5x}\mathrm{d}x$;

(2) $\displaystyle\int(3-2x)^3\mathrm{d}x$;

(3) $\displaystyle\int\frac{1}{1-2x}\mathrm{d}x$;

(4) $\displaystyle\int\frac{1}{(2x-3)^2}\mathrm{d}x$;

（5）$\displaystyle\int \frac{x}{x^2+2}\mathrm{d}x$；

（6）$\displaystyle\int \frac{x}{\sqrt{2-3x^2}}\mathrm{d}x$；

（7）$\displaystyle\int \frac{3x^3}{1-x^4}\mathrm{d}x$；

（8）$\displaystyle\int x\mathrm{e}^{-x^2}\mathrm{d}x$；

（9）$\displaystyle\int \tan^{10}x\sec^2 x\mathrm{d}x$；

（10）$\displaystyle\int \cos^2 3x\mathrm{d}x$；

（11）$\displaystyle\int \frac{\sin\sqrt{x}}{\sqrt{x}}\mathrm{d}x$；

（12）$\displaystyle\int \frac{1}{x^2}\sin\frac{1}{x}\mathrm{d}x$；

（13）$\displaystyle\int \frac{\mathrm{e}^{\frac{1}{x}}}{x^2}\mathrm{d}x$；

（14）$\displaystyle\int \frac{1}{x\ln x}\mathrm{d}x$；

（15）$\displaystyle\int \frac{\sin x}{\cos^3 x}\mathrm{d}x$；

（16）$\displaystyle\int \tan^3 x\sec x\mathrm{d}x$；

（17）$\displaystyle\int \frac{x^3+\ln^3 x}{x}\mathrm{d}x$；

（18）$\displaystyle\int \mathrm{e}^{\mathrm{e}^x+x}\mathrm{d}x$；

（19）$\displaystyle\int \frac{10^{2\arccos x}}{\sqrt{1-x^2}}\mathrm{d}x$；

（20）$\displaystyle\int \frac{4\arctan x-x}{1+x^2}\mathrm{d}x$；

（21）$\displaystyle\int \frac{\cos x}{4+\sin^2 x}\mathrm{d}x$；

（22）$\displaystyle\int \cos^3 x\mathrm{d}x$；

（23）$\displaystyle\int \frac{2x-1}{\sqrt{1-x^2}}\mathrm{d}x$；

（24）$\displaystyle\int \frac{\mathrm{d}x}{(x+1)(x-2)}$；

（25）$\displaystyle\int \frac{\mathrm{d}x}{4-x^2}$；

（26）$\displaystyle\int \sin 2x\cos 3x\mathrm{d}x$；

（27）$\displaystyle\int \frac{\mathrm{d}x}{1+\sqrt{2x}}$；

（28）$\displaystyle\int \frac{\mathrm{d}x}{1+\sqrt[3]{x+1}}$；

（29）$\displaystyle\int \frac{\mathrm{d}x}{x\sqrt{x-1}}$；

（30）$\displaystyle\int \frac{x}{\sqrt{2-3x}}\mathrm{d}x$；

（31）$\displaystyle\int x\sqrt{1+x}\mathrm{d}x$；

（32）$\displaystyle\int \sqrt{\mathrm{e}^x+1}\mathrm{d}x$；

（33）$\displaystyle\int \frac{x^2}{\sqrt{1-x^2}}\mathrm{d}x$；

（34）$\displaystyle\int \frac{\mathrm{d}x}{x\sqrt{x^2-1}}$；

（35）$\displaystyle\int \frac{\mathrm{d}x}{\sqrt{(x^2+1)^3}}$；

（36）$\displaystyle\int \frac{\mathrm{d}x}{x\sqrt{4-x^2}}$；

$(37) \displaystyle\int \dfrac{\mathrm{d}x}{4+9x^2}$;　　　　　　$(38) \displaystyle\int \dfrac{2x+1}{x^2-2x+3}\mathrm{d}x$.

§5.4　分部积分法

我们在复合函数的求导法则的基础上,得到了换元积分法.现在我们利用两个函数乘积的求导法则,来推导另一个求积分的基本方法 —— 分部积分法.

设函数 $u=u(x)$ 及 $v=v(x)$ 具有连续导数,我们知道,两个函数乘积的导数公式为

$$(uv)' = u'v + uv',$$

移项,得

$$uv' = (uv)' - u'v.$$

对这个等式两边求不定积分,得

$$\int uv'\mathrm{d}x = uv - \int u'v\mathrm{d}x. \qquad (5-3)$$

公式 $(5-3)$ 式就称为**分部积分公式**,它提供给我们一个新的积分方法.

一般地,当被积函数为两种不同类型的函数乘积时,常用分部积分法去做.

有时,我们将分部积分公式 $(5-3)$ 写成较容易记忆的简略形式,即

$$\int u\mathrm{d}v = uv - \int v\mathrm{d}u. \qquad (5-4)$$

例 1　求 $\displaystyle\int x\cos x\mathrm{d}x$.

解　我们选择 $u=x$,$\mathrm{d}v=\cos x\mathrm{d}x$,那么 $\mathrm{d}u=\mathrm{d}x$,$v=\sin x$.代入分部积分公式 $(5-4)$,得

$$\int x\cos x\mathrm{d}x = x\sin x - \int \sin x\mathrm{d}x,$$

而 $\displaystyle\int v\mathrm{d}u = \int \sin x\mathrm{d}x$ 容易积分,所以

$$\int x\cos x \mathrm{d}x = x\sin x + \cos x + C.$$

如果我们选择 $u = \cos x, \mathrm{d}v = x\mathrm{d}x$，那么 $\mathrm{d}u = -\sin x\mathrm{d}x, v = \dfrac{x^2}{2}$.

于是

$$\int x\cos x\mathrm{d}x = \frac{x^2}{2}\cos x + \int \frac{x^2}{2}\sin x\mathrm{d}x,$$

因为上式右端的积分并不比原来的积分容易计算，u 和 $\mathrm{d}v$ 的这种选择不像第一次那样有效.

由此可见，选取 u 和 $\mathrm{d}v$ 应遵循以下两个原则：

（1）由 $\mathrm{d}v$ 容易求出 v；

（2）$\int v\mathrm{d}u$ 应比 $\int u\mathrm{d}v$ 容易积出，至少不增加难度.

例 2　求 $\int x\mathrm{e}^x \mathrm{d}x$.

解　设 $u = x, \mathrm{d}v = \mathrm{e}^x\mathrm{d}x$，那么 $\mathrm{d}u = \mathrm{d}x, v = \mathrm{e}^x$. 于是

$$\int x\mathrm{e}^x\mathrm{d}x = \int u\mathrm{d}v = uv - \int v\mathrm{d}u = x\mathrm{e}^x - \int \mathrm{e}^x\mathrm{d}x = x\mathrm{e}^x - \mathrm{e}^x + C.$$

总结上面两个例子可以知道，如果被积函数是幂函数和正（余）弦函数或幂函数和指数函数的乘积，就可以考虑用分部积分法，并设正（余）弦函数或指数函数为 v'（与 $\mathrm{d}x$ 凑微分后成 $\mathrm{d}v$）. 这样，用一次分部积分法就可以使幂函数的幂次降低一次. 这里假定幂指数是正整数.

读者在初作分部积分时，应该像上面两个例题那样，把 u, v 分别写出来，然后代入分部积分公式，这样可以避免出错. 在比较熟练后就可以把这些步骤省去.

例 3　求 $\int x\ln x\mathrm{d}x$.

解　$\displaystyle\int x\ln x\mathrm{d}x = \int \ln x\mathrm{d}\left(\frac{x^2}{2}\right) = \frac{x^2}{2}\ln x - \int \frac{x^2}{2}\mathrm{d}(\ln x)$

$$= \frac{x^2}{2}\ln x - \int \frac{x^2}{2} \cdot \frac{1}{x}\mathrm{d}x$$

$$= \frac{x^2}{2}\ln x - \frac{1}{4}x^2 + C.$$

例 4　求 $\int \arcsin x \mathrm{d}x$.

解
$$\int \arcsin x \mathrm{d}x = x\arcsin x - \int x\mathrm{d}(\arcsin x)$$
$$= x\arcsin x - \int \frac{x}{\sqrt{1-x^2}}\mathrm{d}x$$
$$= x\arcsin x + \frac{1}{2}\int \frac{1}{\sqrt{1-x^2}}\mathrm{d}(1-x^2)$$
$$= x\arcsin x + \sqrt{1-x^2} + C.$$

例 5　求 $\int x\arctan x \mathrm{d}x$.

解
$$\int x\arctan x\mathrm{d}x = \frac{1}{2}\int \arctan x\mathrm{d}(x^2)$$
$$= \frac{1}{2}x^2\arctan x - \frac{1}{2}\int x^2\mathrm{d}(\arctan x)$$
$$= \frac{1}{2}x^2\arctan x - \frac{1}{2}\int \frac{x^2}{1+x^2}\mathrm{d}x$$
$$= \frac{1}{2}x^2\arctan x - \frac{1}{2}\int \left(1 - \frac{1}{1+x^2}\right)\mathrm{d}x$$
$$= \frac{1}{2}x^2\arctan x - \frac{1}{2}(x - \arctan x) + C$$
$$= \frac{1}{2}(x^2 + 1)\arctan x - \frac{1}{2}x + C.$$

　　总结上面三个例子可以知道,如果被积函数是幂函数和对数函数或幂函数和反三角函数的乘积,就可以考虑用分部积分法,并设幂函数为 v'(与 $\mathrm{d}x$ 凑微分后成 $\mathrm{d}v$).

　　一般地,使用分部积分法的经验可归结为:"**指三幂对反**",这里的"指"、"三"、"幂"、"对"、"反"依次分别指指数函数、三角函数、幂函数、对数函数、反三角函数. 这条经验告诉我们,如果你面临的积分的被积函数中出现上述五类函数中的两个,则排列次序在前的优先选作 v'(与 $\mathrm{d}x$ 凑微分后成 $\mathrm{d}v$). 通常情况下,使用这个经验次序可望方便地得出结果,但要注意的是,这只是大多数解题经验的总结,实际应用时要灵活掌握.

例 6 求 $\int \dfrac{x\cos x}{\sin^3 x}\mathrm{d}x$.

解 $\displaystyle\int \dfrac{x\cos x}{\sin^3 x}\mathrm{d}x = \int \dfrac{x}{\sin^3 x}\mathrm{d}(\sin x) = -\dfrac{1}{2}\int x\mathrm{d}\left(\dfrac{1}{\sin^2 x}\right)$

$$= -\dfrac{1}{2}\cdot\dfrac{x}{\sin x} + \dfrac{1}{2}\int\dfrac{1}{\sin^2 x}\mathrm{d}x$$

$$= -\dfrac{x}{2\sin x} - \dfrac{1}{2}\cot x + C.$$

在这里,$\dfrac{\cos x}{\sin^3 x}\mathrm{d}x$ 是 $-\dfrac{1}{2\sin^2 x}$ 的微分,一下子是较难看出来的,而是通过一步一步凑微分凑成的,这种方法在分部积分法中也是常常要用到的.

例 7 求 $\int \dfrac{x^2\arctan x}{1+x^2}\mathrm{d}x$.

解 $\displaystyle\int \dfrac{x^2\arctan x}{1+x^2}\mathrm{d}x = \int \dfrac{(1+x^2)\arctan x - \arctan x}{1+x^2}\mathrm{d}x$

$$= \int\arctan x\mathrm{d}x - \int\dfrac{\arctan x}{1+x^2}\mathrm{d}x$$

$$= x\arctan x - \int x\cdot\dfrac{1}{1+x^2}\mathrm{d}x - \int\arctan x\mathrm{d}(\arctan x)$$

$$= x\arctan x - \dfrac{1}{2}\int\dfrac{1}{1+x^2}\mathrm{d}(1+x^2) - \dfrac{1}{2}(\arctan x)^2$$

$$= x\arctan x - \dfrac{1}{2}\ln(1+x^2) - \dfrac{1}{2}(\arctan x)^2 + C.$$

此例中,我们是在积分之前将被积函数进行恒等变形,以便得到容易积出的形式,这也是常用的方法.

例 8 求 $\int x^2\cos x\mathrm{d}x$.

解 $\displaystyle\int x^2\cos x\mathrm{d}x = \int x^2\mathrm{d}(\sin x) = x^2\sin x - \int\sin x\cdot 2x\mathrm{d}x$

$$= x^2\sin x + 2\int x\mathrm{d}(\cos x)$$

(11) $\int \dfrac{\arctan x}{x^2}\mathrm{d}x$；

(12) $\int \dfrac{\ln x}{(1-x)^2}\mathrm{d}x$；

(13) $\int \dfrac{\arctan \mathrm{e}^x}{\mathrm{e}^x}\mathrm{d}x$；

(14) $\int \mathrm{e}^{2x}\sin^2 x\,\mathrm{d}x$；

(15) $\int \ln(x+\sqrt{1+x^2})\mathrm{d}x$；

(16) $\int (\arcsin x)^2\,\mathrm{d}x$.

2. 已知 $f(x)$ 的一个原函数为 $\ln^2 x$，求 $\int xf'(x)\mathrm{d}x$.

复习题五

一、单项选择题

1. 在下列等式中，正确的是（　　）.

A. $\int f'(x)\mathrm{d}x = f(x)$　　　　B. $\int \mathrm{d}f(x) = f(x)$

C. $\dfrac{\mathrm{d}}{\mathrm{d}x}\int f(x)\mathrm{d}x = f(x)$　　　　D. $\mathrm{d}\int f(x)\mathrm{d}x = f(x)$

2. 若 $f(x)$ 是 $g(x)$ 的一个原函数，则正确的是（　　）.

A. $\int f(x)\mathrm{d}x = g(x)+C$　　　B. $\int g(x)\mathrm{d}x = f(x)+C$

C. $\int g'(x)\mathrm{d}x = f(x)+C$　　　D. $\int f'(x)\mathrm{d}x = g(x)+C$

3. 设 $f(x)$ 的一个原函数为 $\ln x$，则 $f'(x) = $（　　）.

A. $\dfrac{1}{x}$　　　　B. $x\ln x$　　　　C. $-\dfrac{1}{x^2}$　　　　D. e^x

4. $\int \sin \dfrac{2}{3}x\,\mathrm{d}x = $（　　）.

A. $\dfrac{2}{3}\cos \dfrac{2}{3}x + C$　　　　B. $\dfrac{3}{2}\cos \dfrac{2}{3}x + C$

C. $-\dfrac{2}{3}\cos \dfrac{2}{3}x + C$　　　　D. $-\dfrac{3}{2}\cos \dfrac{2}{3}x + C$

5. $\int \dfrac{\mathrm{d}x}{3-4x} = $（　　）.

A. $-\dfrac{1}{4}\ln|3-4x|$

B. $\ln|3-4x|+C$

C. $\dfrac{1}{4}\ln|3-4x|+C$

D. $-\dfrac{1}{4}\ln|3-4x|+C$

6. $\displaystyle\int \dfrac{\mathrm{d}x}{\sqrt{1-2x}}=$ (   ).

A. $\sqrt{1-2x}+C$

B. $-\sqrt{1-2x}+C$

C. $-\dfrac{1}{2}\sqrt{1-2x}+C$

D. $-2\sqrt{1-2x}+C$

7. $\displaystyle\int \dfrac{x}{4+x^2}\mathrm{d}x=$ (   ).

A. $\dfrac{1}{2}\ln(4+x^2)+C$

B. $\ln(4+x^2)+C$

C. $\dfrac{1}{2}\operatorname{arccot}\dfrac{x}{2}+C$

D. $\dfrac{x}{2}\arctan\dfrac{x}{2}+C$

8. $\displaystyle\int\left(\dfrac{1}{\sin^2 x}+1\right)\mathrm{d}(\sin x)=$ (   ).

A. $-\cot x+x+C$

B. $-\cot x+\sin x+C$

C. $-\dfrac{1}{\sin x}+\sin x+C$

D. $\dfrac{1}{\sin x}+\sin x+C$

9. $\displaystyle\int 2^{3x}\mathrm{d}x=$ (   ).

A. $\dfrac{2^{3x}}{3\ln 2}+C$

B. $\dfrac{\ln 2}{3}2^{3x}+C$

C. $\dfrac{2^{3x}}{3}+C$

D. $\dfrac{2^{3x}}{\ln 2}+C$

10. 设 $\dfrac{4}{1-x^2}f(x)=\dfrac{\mathrm{d}}{\mathrm{d}x}[f^2(x)]$，且 $f(0)=0,f(x)\neq 0,f(x)$
= (   ).

A. $\dfrac{1+x}{1-x}$

B. $\dfrac{1-x}{1+x}$

C. $\ln\left|\dfrac{1+x}{1-x}\right|$

D. $\ln\left|\dfrac{1-x}{1+x}\right|$

11. $\int \dfrac{\mathrm{d}x}{\sqrt{1-25x^2}} = ($ 　 $).$

A. $\dfrac{1}{5}\arcsin 5x + C$ 　　　　　 B. $\arcsin 5x + C$

C. $\ln|5x + \sqrt{1-25x^2}| + C$ 　 D. $\dfrac{1}{5}\ln|5x + \sqrt{1-25x^2}| + C$

12. $\int \dfrac{\mathrm{d}x}{\sqrt{1+x^2}} = ($ 　 $).$

A. $\arctan x + C$ 　　　　　 B. $\ln(x + \sqrt{1+x^2}) + C$

C. $2\sqrt{1+x^2} + C$ 　　　　　 D. $\dfrac{1}{2}\ln(1+x^2) + C$

13. 若 $\int f(x)\mathrm{d}x = F(x) + C$，则 $\int \mathrm{e}^{-2x} f(\mathrm{e}^{-2x})\mathrm{d}x = ($ 　 $).$

A. $F(\mathrm{e}^{-2x}) + C$ 　　　　　 B. $-F(\mathrm{e}^{-2x}) + C$

C. $-2F(\mathrm{e}^{-2x}) + C$ 　　　　　 D. $-\dfrac{1}{2}F(\mathrm{e}^{-2x}) + C$

14. $\int \ln\dfrac{x}{2}\mathrm{d}x = ($ 　 $).$

A. $x\ln\dfrac{x}{2} - 2x + C$ 　　　　　 B. $x\ln\dfrac{x}{2} - 4x + C$

C. $x\ln\dfrac{x}{2} - x + C$ 　　　　　 D. $x\ln\dfrac{x}{2} + x + C$

15. 设 $f(x)$ 的一个原函数是 $\sin x$，则 $\int xf'(x)\mathrm{d}x = ($ 　 $).$

A. $x\cos x - \sin x + C$ 　　　　　 B. $x\sin x + \cos x + C$

C. $x\cos x + \sin x + C$ 　　　　　 D. $x\sin x - \cos x + C$

二、填空题

1. 已知 $\int f(x)\mathrm{d}x = 2\sin\dfrac{x}{2} + C$，则 $f(x) = $ _____.

2. 设 $\int f(x)\mathrm{d}x = \mathrm{e}^{-x^2} + C$，则 $f'(x) = $ _____.

3. 设 $\int f'(x^3)\mathrm{d}x = x^4 - x + C$，则 $f(x) = $ _____.

4. 已知 $f(x)$ 的一个原函数是 $\sin 2x$, 则 $\int f'(x)\mathrm{d}x =$ _____.

5. 设 $f'(x) \equiv 1$, 且 $f(0) = 0$, 则 $\int f(x)\mathrm{d}x =$ _____.

6. 设 $f'(\ln x) = 1 + x$, 则 $f(x) =$ _____.

7. 设 $\int xf(x)\mathrm{d}x = \arcsin x + C$, 则 $\int \dfrac{1}{f(x)}\mathrm{d}x =$ _____.

8. 已知曲线 $y = f(x)$ 过点 $\left(0, -\dfrac{1}{2}\right)$, 且其上任一点 (x, y) 处的切线斜率为 $x\ln(1 + x^2)$, 则 $f(x) =$ _____.

9. $\int x^2(x^3 + 1)^{\frac{1}{5}}\mathrm{d}x =$ _____.

10. 若 $f(x) = \mathrm{e}^{-x}$, 则 $\int f'(\ln x)\mathrm{d}x =$ _____.

11. $\int (\mathrm{e}^2 + 1)\mathrm{d}x =$ _____.

12. $\int \dfrac{\tan x}{\sqrt{\cos x}}\mathrm{d}x =$ _____.

13. 若 $\int f(x)\mathrm{d}x = x^2 + C$, 则 $\int \dfrac{1}{x^2}f(\dfrac{1}{x})\mathrm{d}x =$ _____.

14. 已知 $f(x) = \dfrac{1}{\sqrt{x}}$, 则 $\int xf'(x^2)\mathrm{d}x =$ _____.

15. $\int \mathrm{e}^{\sin\sqrt{x}}\dfrac{\cos\sqrt{x}}{\sqrt{x}}\mathrm{d}x =$ _____.

三、求下列不定积分

1. $\int x\sqrt{x^2 - 3}\,\mathrm{d}x$.

2. $\int \dfrac{\sin 2x}{\cos^2 x}\mathrm{d}x$.

3. $\int \dfrac{\tan x}{3\sin^2 x + \cos^2 x}\mathrm{d}x$.

4. $\int \dfrac{1}{1 + \sin x}\mathrm{d}x$.

5. $\int \dfrac{x^2 - 2x}{(x - 1)^{10}}\mathrm{d}x$.

6. $\int \dfrac{\ln(1 + \ln x)}{x(1 + \ln x)}\mathrm{d}x$.

7. $\int \dfrac{\mathrm{e}^x}{\mathrm{e}^x + \mathrm{e}^{-x}}\mathrm{d}x$.

8. $\int \dfrac{\mathrm{e}^x - 1}{\mathrm{e}^x + 1}\mathrm{d}x$.

9. $\int \dfrac{3^x \cdot 5^x}{25^x - 9^x} \mathrm{d}x.$

10. $\int \dfrac{x}{x^4 + 2x^2 + 5} \mathrm{d}x.$

11. $\int \dfrac{x}{x^2 + 2x + 5} \mathrm{d}x.$

12. $\int \dfrac{\mathrm{d}x}{1 + \sqrt{2x + 1}}.$

13. $\int \dfrac{1}{\sqrt{x - x^2}} \mathrm{d}x.$

14. $\int \dfrac{\sqrt{x^2 - 1}}{x} \mathrm{d}x.$

15. $\int \dfrac{1}{x^2 \sqrt{x^2 - 9}} \mathrm{d}x.$

16. $\int \dfrac{\mathrm{e}^{2x}}{\sqrt{\mathrm{e}^x - 1}} \mathrm{d}x.$

17. $\int \dfrac{\ln x - 1}{x^2} \mathrm{d}x.$

18. $\int \mathrm{e}^{2x} \cos \mathrm{e}^x \, \mathrm{d}x.$

19. $\int x \ln(1 + x^2) \mathrm{d}x.$

20. $\int \sec^3 x \, \mathrm{d}x.$

第6章 定 积 分

积分学有两类基本问题.我们已经讲了它的第一类基本问题,即求函数的不定积分,它是作为微分的逆运算提出来的.这一章,我们将讨论积分学的第二类基本问题.这类问题有着丰富的实际应用背景,例如,计算一个由曲线围成的图形面积;计算一个几何体的体积;以及计算以产品总产量的变化率为变量时的产品总产量等.但是这些问题并不明显地表示为求原函数或求不定积分,也就是说,与积分学的第一类基本问题表面上看来似乎没有什么联系.在数学史上,定积分的发展起初是完全独立的,直到17世纪,牛顿(Newton)和莱布尼兹(Leibniz)才在前人大量的研究工作的基础上建立了微积分基本定理,揭示了不定积分与定积分之间的联系,使得定积分的计算问题通过微积分基本定理化为不定积分的计算问题,而不定积分的存在性问题又通过微积分基本定理得到解决,从而大大推动了积分学的发展,使之成为解决实际问题的有力工具.

§6.1　定积分的概念

在初等数学中,我们会计算三角形的面积,由此,我们就可以将多边形的面积作为若干个三角形的面积和(图6-1)来计算它.但我们不会计算一个由曲线围成的平面图形(图6-2)的面积.

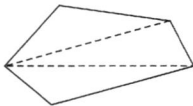

图 6-1　　　　　　　图 6-2

一般地,求曲边形的面积可以化成求曲边梯形的面积.所谓曲边梯形是指这样的图形,它有三条边是直线段,其中两条互相平行,第三条与前两条垂直叫做底边,第四条是一条曲线段叫做曲边,任意一条垂直于底边的直线与这条曲线至多只交于一点. 特别地,两条互相平行的直线中的一条或两条也可以退化成点.

　　从几何直观上看,一个曲边形的面积往往可以化成两个曲边梯形的面积的差. 例如图 6-3 中的曲边形的面积,可以化为两个曲边梯形的面积 S_1 和 S_2 的差,即 $S = S_1 - S_2$.

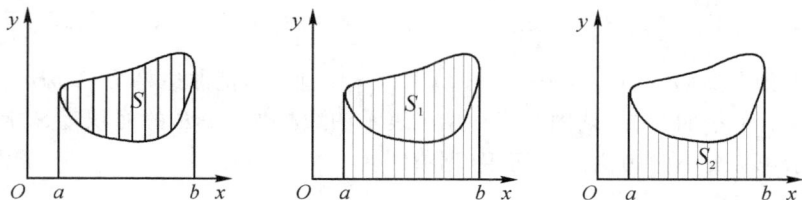

图 6-3

　　因此可见,如果我们会计算曲边梯形的面积,那么所有的曲边形的面积就都会了. 那么,如何计算曲边梯形的面积呢?退一步,先求近似值. 例如,将曲边梯形分成一个个小的曲边梯形,而每一个小曲边梯形都可以近似看作一个小矩形(图 6-4),而曲边梯形的面积也就

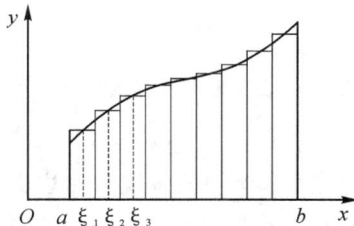

图 6-4

近似地看作若干个小矩形的面积之和. 换句话说,这些小矩形面积之和就是所要求的曲边梯形面积的近似值. 可以想象,如果分割得越多,近似程度就越高. 我们知道,为了得出精确值,必须利用极限这一工具. 大量的问题,尽管它们在表面上、形式上来看各不相关、各不相同,但是却都提出了一个同样的要求:计算一个和式的极限,这就是

定积分的概念.

下面我们来讨论由连续曲线 $y = f(x)(f(x) \geqslant 0)$,直线 $x = a$, $x = b(a < b)$ 和 x 轴所围成的曲边梯形的面积.

（1）用分点

$$a = x_0 < x_1 < x_2 < \cdots < x_{n-1} < x_n = b,$$

将区间 $[a , b]$ 等分成 n 个小区间

$$[x_0 , x_1] , [x_1 , x_2] , \cdots , [x_{n-1} , x_n].$$

这些小区间的长度为 $\Delta x_i = x_i - x_{i-1} = \dfrac{b-a}{n}(i = 1, 2, \cdots, n)$,过每个分点 $x_i(i = 1, 2, \cdots, n-1)$ 作 x 轴的垂线,把曲边梯形 $AabB$ 分成 n 个小曲边梯形(图 6-5).用 S 表示曲边梯形 $AabB$ 的面积,ΔS_i 表示第 i 个小曲边梯形的面积,则有

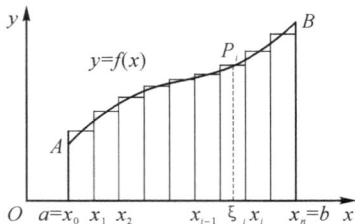

图 6-5

$$S = \Delta S_1 + \Delta S_2 + \cdots + \Delta S_n = \sum_{i=1}^{n} \Delta S_i.$$

（2）在每个小区间 $[x_{i-1} , x_i](i = 1, 2, \cdots, n)$ 内任取一点 $\xi_i(x_{i-1} \leqslant \xi_i \leqslant x_i)$,过点 ξ_i 作 x 轴的垂线与曲边交点 $P_i(\xi_i, f(\xi_i))$,以 Δx_i 为底 $f(\xi_i)$ 为高作矩形,取这个矩形的面积 $f(\xi_i)\Delta x_i = f(\xi_i)\dfrac{b-a}{n}$ 作为 ΔS_i 的近似值,即

$$\Delta S_i \approx f(\xi_i)\Delta x_i \quad (i = 1, 2, \cdots, n),$$

作总和

$$S_n = f(\xi_1)\Delta x_1 + f(\xi_2)\Delta x_2 + \cdots + f(\xi_n)\Delta x_n = \sum_{i=1}^{n} f(\xi_i)\dfrac{b-a}{n},$$

则 S_n 是 S 的一个近似值.

（3）当等分数 n 无限增大而小区间长度 $\dfrac{b-a}{n} \to 0$ 时，总和 S_n 的极限（如果存在的话）就定义为曲边梯形 $AabB$ 的面积 S，即

$$S = \lim_{n \to \infty} \sum_{i=1}^{n} f(\xi_i) \frac{b-a}{n}.$$

许多实际问题，都归结到计算一种和式的极限. 因此，有必要对这些问题在抽象的形式下进行研究，这样就引出了数学上的定积分概念.

定义 6.1　设 $f(x)$ 是定义在闭区间 $[a,b]$ 上的函数，用分点

$$a = x_0 < x_1 < x_2 < \cdots < x_{n-1} < x_n = b$$

来等分区间 $[a,b]$，在每一小区间 $[x_{i-1},x_i]$ 中任取一点 ξ_i，作和式

$$\sigma = \sum_{i=1}^{n} f(\xi_i) \Delta x_i,$$

其中 $\Delta x_i = x_i - x_{i-1} = \dfrac{b-a}{n}$. 若当 $n \to \infty$ 时，和式极限存在，且此极限不依赖于 ξ_i 的选择，则称此极限值为 $f(x)$ 在 $[a,b]$ 上的**定积分**（简称**积分**），记为 $\displaystyle\int_a^b f(x)\mathrm{d}x$，即

$$\int_a^b f(x)\mathrm{d}x = \lim_{n \to \infty} \sum_{i=1}^{n} f(\xi_i) \frac{b-a}{n}.$$

数 a 和 b 分别称为积分的**下限**和**上限**；$f(x)$ 称为**被积函数**；x 称为**积分变量**；$f(x)\mathrm{d}x$ 称为**积分表达式**；$[a,b]$ 称为**积分区间**.

和 $\sigma = \displaystyle\sum_{i=1}^{n} f(\xi_i) \Delta x_i$ 通常称为 $f(x)$ 的**积分和**. 如果 $f(x)$ 在 $[a,b]$ 上的定积分存在，我们就说 $f(x)$ 在 $[a,b]$ 上**可积**.

注意　（1）如果积分和式 $\displaystyle\sum_{i=1}^{n} f(\xi_i) \Delta x_i$ 的极限存在，则此极限值是个常数，它只与被积函数 $f(x)$ 以及积分区间 $[a,b]$ 有关. 积分变量在定积分的定义中不起本质的作用，如果把积分变量 x 改写成其他字母，例如 t 或 u，那么，这时和式极限不变，也就是定积分的值不变，即

$$\int_a^b f(x)\mathrm{d}x = \int_a^b f(t)\mathrm{d}t = \int_a^b f(u)\mathrm{d}u.$$

所以我们也说,定积分的值只与被积函数及积分区间有关,而与积分变量用什么符号表示无关.

(2)从定义我们可以推得以下的推断:若 $f(x)$ 在 $[a,b]$ 上可积,则 $f(x)$ 在 $[a,b]$ 上必定有界.这是因为,若 $f(x)$ 在 $[a,b]$ 上无界,则这个函数至少会在其中某个小区间 $[x_{i-1},x_i]$ 上无界.因此.可在其上选取一点 ξ_i,而使 $f(\xi_i)\Delta x_i$ 大于预先给定的数,随之可使和数 σ 也如此,从而和式 $\sum_{i=1}^n f(\xi_i)\Delta x_i$ 就不可能有有限的极限.由此可见,在上述定义的意义下,可积函数一定是有界的,也就是说,无界函数一定不可积.

对于定积分,有这样一个重要问题:函数 $f(x)$ 在 $[a,b]$ 上满足什么条件,$f(x)$ 在 $[a,b]$ 上一定可积?这个问题我们不作深入讨论,而只给出两个充分条件.

定理 6.1 如果 $f(x)$ 在 $[a,b]$ 上连续,则 $f(x)$ 在 $[a,b]$ 上可积.

定理 6.2 如果 $f(x)$ 在 $[a,b]$ 上有界,且只有有限个间断点,则 $f(x)$ 在 $[a,b]$ 上可积.

根据定积分的定义,由连续曲线 $y=f(x)(f(x)\geqslant 0)$,直线 $x=a$,$x=b(a<b)$ 和 x 轴所围成的曲边梯形的面积 S 就是函数 $f(x)$ 在 $[a,b]$ 上的定积分,即

$$S = \int_a^b f(x)\mathrm{d}x.$$

现在,我们再来考虑下面一个经济学上关于总产量的计算问题:设某产品的总产量对时间的变化率为 $f(t)$,它是时间 t 的函数,求在时间间隔 $[T_1,T_2]$ 上的总产量 Q.

首先,还是求近似值.在时间间隔 $[T_1,T_2]$ 上用点等分成 n 个小区间,在每一小段 $[t_{i-1},t_i]$ 上任取一点 ξ_i,只要等分得相当细(即 $n\to\infty$),就可以设想,在小区间 $[t_{i-1},t_i]$ 上,每一时刻的变化率可近似看作是均匀的,且变化率是 $f(\xi_i)(t_{i-1}\leqslant\xi_i\leqslant t_i)$,从而在每一小段上产

品的产量近似地等于 $f(\xi_i)\Delta t_i = f(\xi_i)\dfrac{T_2 - T_1}{n}$,因此,在时间区间 $[T_1,T_2]$ 上的总产量 Q 可近似地看作这些产量之和,即

$$Q \approx \sum_{i=1}^{n} f(\xi_i)\Delta t_i = \sum_{i=1}^{n} f(\xi_i)\frac{T_2 - T_1}{n}.$$

当分得越细时,近似程度就越高. 所以自然地就把总产量的精确值看作是当等分数 $n \to \infty$ 时上述和式的极限.

根据定积分的定义,产品在时间间隔 $[T_1,T_2]$ 上的总产量等于总产量对时间 t 的变化率 $f(t)$ 在 $[T_1,T_2]$ 上的定积分,即

$$Q = \int_{T_1}^{T_2} f(t)\mathrm{d}t.$$

下面,我们再来看一下定积分的几何意义.

设 $y = f(x)$ 是一连续曲线段,若在 $[a,b]$ 上 $f(x) \geqslant 0$,我们已经知道,定积分 $\int_a^b f(x)\mathrm{d}x$ 在几何上表示为由曲线 $y = f(x)$,直线 $x = a$,$x = b$ 及 x 轴所围成的曲边梯形的面积;若在 $[a,b]$ 上 $f(x) \leqslant 0$,由曲线 $y = f(x)$,直线 $x = a$,$x = b$ 及 x 轴所围成的曲边梯形位于 x 轴下方,定积分 $\int_a^b f(x)\mathrm{d}x$ 在几何上表示上述曲边梯形面积的负值;若在 $[a,b]$ 上 $f(x)$ 既取得正值又取得负值时,函数 $f(x)$ 图形的某些部分在 x 轴的上方,而其他部分在 x 轴的下方(图 6-6).如果我们对面积赋以正负号,在 x 轴的上方的图形面积赋以正号,在 x 轴的下方的图形面积赋以负号,则在一般情形下,定积分 $\int_a^b f(x)\mathrm{d}x$ 的几何意义为:它是介于 x 轴、函数 $f(x)$ 的图形及直线 $x = a$,$x = b$ 之间各部分面积的代数和.

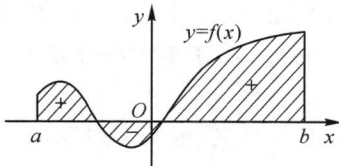

图 6-6

例 利用定义计算定积分 $\int_0^1 x^2 \, \mathrm{d}x$.

解 因为被积函数 $f(x) = x^2$ 在积分区间 $[0, 1]$ 上连续,而连续函数是可积的,所以积分与 ξ_i 的取法无关,因此,可取 $\xi_i = \dfrac{i-1}{n}$, $i = 1, 2, \cdots, n$. 于是,得和式

$$\sigma = \sum_{i=1}^n f(\xi_i) \frac{b-a}{n} = \sum_{i=1}^n \left(\frac{i-1}{n}\right)^2 \cdot \frac{1-0}{n}$$

$$= \frac{1}{n} \times 0 + \frac{1}{n} \times \left(\frac{1}{n}\right)^2 + \frac{1}{n} \times \left(\frac{2}{n}\right)^2 + \cdots + \frac{1}{n} \times \left(\frac{n-1}{n}\right)^2$$

$$= \frac{1}{n^3}[1^2 + 2^2 + \cdots + (n-1)^2],$$

利用数学归纳法可以证明

$$1^2 + 2^2 + \cdots + (n-1)^2 = \frac{1}{6}(n-1)n(2n-1),$$

于是

$$\sigma = \frac{1}{6n^3}(n-1)n(2n-1),$$

按定积分的定义,即得所要计算的积分为

$$\int_0^1 x^2 \, \mathrm{d}x = \lim_{n \to \infty} \sigma = \lim_{n \to \infty} \frac{1}{6}(n-1)\left(2 - \frac{1}{n}\right) = \frac{1}{3}.$$

用定义直接求定积分,一般来说计算十分复杂. 在 §6.3 中,我们将讨论定积分与不定积分(或原函数)之间的内在联系,从而给出计算定积分的简便方法.

习题 6.1

1. 设某物体作直线运动,已知速度 $v(t)$ 是时间间隔 $[T_1, T_2]$ 上 t 的一个连续函数,且 $v(t) \geqslant 0$,试用定积分表示在这段时间内物体所经过的路程 s.

2. 利用定积分的几何意义,说明下列等式:

(1) $\int_0^1 2x \, \mathrm{d}x = 1$;　　　　　　　(2) $\int_0^1 \sqrt{1-x^2} \, \mathrm{d}x = \frac{\pi}{4}$;

(3) $\int_{-\pi}^{\pi} \sin x \mathrm{d}x = 0$；
　　　　　　　　(4) $\int_{-\frac{\pi}{2}}^{\frac{\pi}{2}} \cos x \mathrm{d}x = 2\int_{0}^{\frac{\pi}{2}} \cos x \mathrm{d}x$.

§6.2　定积分的性质

为了今后计算及应用方便起见,我们先对定积分作以下两点补充规定:

(1) $\int_{a}^{a} f(x)\mathrm{d}x = 0$.

它的几何意义相当于:线段无面积.

(2) 当 $a > b$ 时,$\int_{a}^{b} f(x)\mathrm{d}x = -\int_{b}^{a} f(x)\mathrm{d}x$.

这表明定积分具有"方向"的意义:同一个函数 $f(x)$,从 a 积到 b 和从 b 积到 a,其积分值相差一个符号.

下面我们讨论定积分的性质.下列定积分中积分上下限的大小,如不特别指出,均不加限制,并假定各性质中所列出的定积分都是存在的.

性质 1　$\int_{a}^{b} kf(x)\mathrm{d}x = k\int_{a}^{b} f(x)\mathrm{d}x$（$k$ 是常数）.

证明　$\displaystyle \int_{a}^{b} kf(x)\mathrm{d}x = \lim_{n \to \infty} \sum_{i=1}^{n} kf(\xi_i) \frac{b-a}{n}$

$\displaystyle \qquad\qquad = \lim_{n \to \infty} \Big[k \sum_{i=1}^{n} f(\xi_i) \frac{b-a}{n}\Big]$

$\displaystyle \qquad\qquad = k \lim_{n \to \infty} \sum_{i=1}^{n} f(\xi_i) \frac{b-a}{n}$

$\displaystyle \qquad\qquad = k \int_{a}^{b} f(x)\mathrm{d}x.$

这个性质表明:被积函数中的常数因子可以提到积分号外面.

性质 2　$\int_{a}^{b} [f(x) \pm g(x)]\mathrm{d}x = \int_{a}^{b} f(x)\mathrm{d}x \pm \int_{a}^{b} g(x)\mathrm{d}x$.

类似于性质 1,可由定积分的定义证得.

性质 1 和性质 2 可以合并成下面一个公式:

$$\int_a^b [k_1 f(x) \pm k_2 g(x)] \mathrm{d}x = k_1 \int_a^b f(x)\mathrm{d}x \pm k_2 \int_a^b g(x)\mathrm{d}x,$$

其中 k_1 和 k_2 是常数. 上式表明, 定积分关于被积函数具有线性性, 也就是说, 函数的线性组合的定积分等于定积分的线性组合. 这个法则马上可以推广到有限多个函数的代数和的情形.

性质 3　设 $a < c < b$, 则

$$\int_a^b f(x)\mathrm{d}x = \int_a^c f(x)\mathrm{d}x + \int_c^b f(x)\mathrm{d}x.$$

从定积分的几何解释看, 性质 3 是很明显的.

事实上, 按定积分的补充规定, 我们有: 不论 a,b,c 的位置如何, 总有

$$\int_a^b f(x)\mathrm{d}x = \int_a^c f(x)\mathrm{d}x + \int_c^b f(x)\mathrm{d}x$$

成立. 例如, 当 $a < b < c$ 时, 由于

$$\int_a^c f(x)\mathrm{d}x = \int_a^b f(x)\mathrm{d}x + \int_b^c f(x)\mathrm{d}x,$$

于是得

$$\int_a^b f(x)\mathrm{d}x = \int_a^c f(x)\mathrm{d}x - \int_b^c f(x)\mathrm{d}x = \int_a^c f(x)\mathrm{d}x + \int_c^b f(x)\mathrm{d}x.$$

这个性质表明定积分对于积分区间具有可加性.

性质 4　如果在区间 $[a, b]$ 上 $f(x) \equiv 1$, 则

$$\int_a^b 1\mathrm{d}x = \int_a^b \mathrm{d}x = b - a.$$

这个性质的证明由读者自己完成.

性质 5　如果在区间 $[a, b]$ 上 $f(x) \geqslant 0$, 则

$$\int_a^b f(x)\mathrm{d}x \geqslant 0 \quad (a < b).$$

证明　因为 $f(x) \geqslant 0$, 所以 $f(\xi_i) \geqslant 0 (i = 1, 2, \cdots, n)$. 又由于 $\frac{b-a}{n} > 0$, 因此

$$\sum_{i=1}^n f(\xi_i) \frac{b-a}{n} \geqslant 0,$$

令 $n \to \infty$, 便得要证的不等式.

推论 1　如果在区间 $[a, b]$ 上 $f(x) \leqslant g(x)$，则

$$\int_a^b f(x)\mathrm{d}x \leqslant \int_a^b g(x)\mathrm{d}x \quad (a < b).$$

证明　因为 $g(x) - f(x) \geqslant 0$，由性质 5，得

$$\int_a^b [g(x) - f(x)]\mathrm{d}x \geqslant 0.$$

再利用性质 2，便得要证的不等式.

推论 2　$\left| \int_a^b f(x)\mathrm{d}x \right| \leqslant \int_a^b |f(x)|\mathrm{d}x \quad (a < b).$

证明　因为

$$-|f(x)| \leqslant f(x) \leqslant |f(x)|,$$

所以由推论 1 及性质 1 可得

$$-\int_a^b |f(x)|\mathrm{d}x \leqslant \int_a^b f(x)\mathrm{d}x \leqslant \int_a^b |f(x)|\mathrm{d}x,$$

即

$$\left| \int_a^b f(x)\mathrm{d}x \right| \leqslant \int_a^b |f(x)|\mathrm{d}x.$$

性质 6(估值定理)　设 M 和 m 分别是 $f(x)$ 在区间 $[a, b]$ 上的最大值和最小值，则

$$m(b - a) \leqslant \int_a^b f(x)\mathrm{d}x \leqslant M(b - a).$$

证明　因为 $m \leqslant f(x) \leqslant M$，所以由性质 5 推论 1，得

$$\int_a^b m\,\mathrm{d}x \leqslant \int_a^b f(x)\mathrm{d}x \leqslant \int_a^b M\,\mathrm{d}x.$$

再由性质 1 及性质 4，即得所要证的不等式.

这个性质说明，由被积函数在积分区间上的最大值与最小值可以估计出积分值的大致范围. 例如，定积分 $\int_0^{\frac{1}{2}} \dfrac{1}{\sqrt{1 - x^2}}\mathrm{d}x$，它的被积函数 $f(x) = \dfrac{1}{\sqrt{1 - x^2}}$ 在积分区间 $\left[0, \dfrac{1}{2}\right]$ 上是单调增加的，于是最小值 $m = f(0) = 1$，最大值 $M = f\left(\dfrac{1}{2}\right) = \dfrac{2\sqrt{3}}{3}$. 由性质 6，得

$$1 \cdot \left(\frac{1}{2} - 1 \right) \leqslant \int_0^{\frac{1}{2}} \frac{1}{\sqrt{1 - x^2}} \mathrm{d}x \leqslant \frac{2\sqrt{3}}{3} \left(\frac{1}{2} - 0 \right),$$

即

$$\frac{1}{2} \leqslant \int_0^{\frac{1}{2}} \frac{1}{\sqrt{1 - x^2}} \mathrm{d}x \leqslant \frac{\sqrt{3}}{3}.$$

性质 7(定积分中值定理)   若函数 $f(x)$ 在闭区间 $[a, b]$ 上连续,则在积分区间 $[a, b]$ 上至少存在一点 ξ,使下式成立

$$\int_a^b f(x) \mathrm{d}x = f(\xi)(b - a) \quad (a \leqslant \xi \leqslant b).$$

证明   因为 $f(x)$ 在闭区间 $[a, b]$ 上连续,则由闭区间上连续函数的最大值和最小值定理,有

$$m \leqslant f(x) \leqslant M,$$

其中 M, m 分别是 $f(x)$ 在 $[a, b]$ 上的最大值和最小值. 又由性质 6 知

$$m(b - a) \leqslant \int_a^b f(x) \mathrm{d}x \leqslant M(b - a),$$

再用 $b - a$ 去除不等式两边,得

$$m \leqslant \frac{\int_a^b f(x) \mathrm{d}x}{b - a} \leqslant M,$$

即数 $\frac{1}{b - a} \int_a^b f(x) \mathrm{d}x$ 介于 $f(x)$ 在 $[a, b]$ 上的最大值 M 和最小值 m 之间. 由连续函数的介值定理知道,至少存在一点 $\xi \in [a, b]$,使得

$$\frac{1}{b - a} \int_a^b f(x) \mathrm{d}x = f(\xi).$$

因此

$$\int_a^b f(x) \mathrm{d}x = f(\xi)(b - a).$$

这个定理的几何意义为:在区间 $[a, b]$ 上至少存在一点 ξ,使得以区间 $[a, b]$ 为底,以曲线 $y = f(x)$ 为曲边的曲边梯形的面积等于同一底边而高为 $f(\xi)$ 的一个矩形的面积(如图 6 - 7 所示).

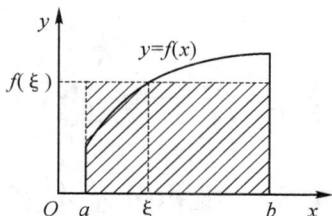

图 6 - 7

通常称 $\dfrac{1}{b-a}\displaystyle\int_a^b f(x)\mathrm{d}x$ 为函数 $f(x)$ 在 $[a,b]$ 上的**平均值**，它是有限个数的平均值概念的拓广.

习题 6.2

1. 证明定积分的性质：

(1) $\displaystyle\int_a^b [f(x)\pm g(x)]\mathrm{d}x = \int_a^b f(x)\mathrm{d}x \pm \int_a^b g(x)\mathrm{d}x$；

(2) $\displaystyle\int_a^b 1\cdot\mathrm{d}x = \int_a^b \mathrm{d}x = b-a$.

2. 设 $f(x)$ 在 $[a,b]$ 上连续，证明：若在 $[a,b]$ 上，$f(x)\geqslant 0$ 且 $f(x)\neq 0$，则 $\displaystyle\int_a^b f(x)\mathrm{d}x > 0$.

3. 根据定积分的性质及第 2 题的结论，说明下列定积分哪一个的值较大：

(1) $\displaystyle\int_0^1 x^2\mathrm{d}x$ 还是 $\displaystyle\int_0^1 x^3\mathrm{d}x$；

(2) $\displaystyle\int_1^2 x^2\mathrm{d}x$ 还是 $\displaystyle\int_1^2 x^3\mathrm{d}x$；

(3) $\displaystyle\int_1^2 \ln x\mathrm{d}x$ 还是 $\displaystyle\int_1^2 (\ln x)^2\mathrm{d}x$；

(4) $\displaystyle\int_0^1 x\mathrm{d}x$ 还是 $\displaystyle\int_0^1 \ln(1+x)\mathrm{d}x$；

(5) $\displaystyle\int_0^1 \mathrm{e}^x\mathrm{d}x$ 还是 $\displaystyle\int_0^1 (1+x)\mathrm{d}x$.

4. 估计下列各积分的值：

(1) $\int_0^2 e^{x^2-x} dx$; 　　　　(2) $\int_{\frac{1}{\sqrt{3}}}^{\sqrt{3}} x \arctan x dx$.

5. 证明不等式: $\dfrac{2}{5} \leqslant \int_1^2 \dfrac{x}{x^2+1} dx \leqslant \dfrac{1}{2}$.

§6.3　微积分基本定理

前面我们讲了定积分的概念及性质,还没有讲定积分怎样计算.由于积分和很难用简单形式表示出来,因此从定义出发用求和式的极限来计算出定积分,可以说实际上是行不通的.本节将从另一个途径导出计算定积分的一般方法.

我们从总产量的计算问题为例来寻求解决问题的线索.设 $Q(t)$ 和 $f(t)$ 分别表示某产品在时刻 t 的总产量和在时刻 t 的产量的变化率.在第一节中我们知道,从时刻 T_1 到时刻 T_2 的总产量为

$$\int_{T_1}^{T_2} f(t) dt.$$

现在我们从另一个角度来思考这个问题.如果该产品的总产量函数 $Q = Q(t)$ 是已知的,那么该产品在时刻 T_1 到时刻 T_2 的总产量可表示为 $Q(T_2) - Q(T_1)$. 于是我们有

$$\int_{T_1}^{T_2} f(t) dt = Q(T_2) - Q(T_1).$$

我们知道,总产量函数是其变化率函数的导数,即 $Q'(t) = f(t)$,而 $Q(t)$ 是 $f(t)$ 的一个原函数,于是在这个具体问题中,我们把积分 $\int_{T_1}^{T_2} f(t) dt$ 用 $f(t)$ 的原函数 $Q(t)$ 在区间 $[T_1, T_2]$ 上的改变量 $Q(T_2) - Q(T_1)$ 表示了出来.

上述从总产量的计算这个特殊问题中得出来的关系,在一定条件下具有普遍性.事实上,我们将证明,如果函数 $f(x)$ 在区间 $[a, b]$ 上连续,那么,$f(x)$ 在区间 $[a, b]$ 上定积分就等于 $f(x)$ 的原函数(设为 $F(x)$)在区间 $[a, b]$ 上的改变量 $F(b) - F(a)$.

设函数 $f(x)$ 在闭区间 $[a, b]$ 上连续,并且设 x 为 $[a, b]$ 上的任

点,现在我们考察函数 $y = f(x)$ 从固定下限 a 到变动上限 x 的定积分,为了避免积分上限 x 和出现在符号 $f(x)$ 中的变量 x 相混淆,考虑到定积分与积分变量的记法无关,我们把这个定积分写成

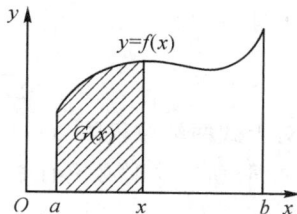

图 6-8

$$\int_a^x f(t)\,\mathrm{d}t.$$

当积分上限 x 在 $[a,b]$ 上任取一值时,定积分 $\int_a^x f(t)\,\mathrm{d}t$ 就有一个唯一的值与它对应,所以 $\int_a^x f(t)\,\mathrm{d}t$ 是上限 x 的一个函数,记作 $G(x)$,即

$$G(x) = \int_a^x f(t)\,\mathrm{d}t \quad (a \leqslant x \leqslant b).$$

这个定积分通常称为变上限积分函数. 当 $f(x) \geqslant 0$ 时,它的几何意义就是图 6-8 中所示的阴影部分的面积. 这个函数 $G(x)$ 具有下面定理所指出的重要性质.

定理 6.3(微积分基本定理)   若函数 $f(x)$ 在 $[a,b]$ 上连续,则变上限积分函数

$$G(x) = \int_a^x f(t)\,\mathrm{d}t$$

在 $[a,b]$ 上可导,并且它的导数是

$$G'(x) = \frac{\mathrm{d}}{\mathrm{d}x}\int_a^x f(t)\,\mathrm{d}t = f(x).$$

证明   显然,$G(x + \Delta x) = \int_a^{x+\Delta x} f(t)\,\mathrm{d}t$,于是

$$\frac{G(x + \Delta x) - G(x)}{\Delta x} = \frac{1}{\Delta x}\left(\int_a^{x+\Delta x} f(t)\,\mathrm{d}t - \int_a^x f(t)\,\mathrm{d}t\right)$$

$$= \frac{1}{\Delta x}\int_x^{x+\Delta x} f(t)\,\mathrm{d}t.$$

由积分中值定理知道,在 x 与 $x + \Delta x$ 之间必存在一点 ξ,使得

$$\int_x^{x+\Delta x} f(t)\,\mathrm{d}t = f(\xi)\Delta x,$$

于是

$$\frac{1}{\Delta x}\int_x^{x+\Delta x} f(t)\,\mathrm{d}t = f(\xi).$$

对上式两端取极限 $\Delta x \to 0$，于是 $x+\Delta x \to x$，由于 ξ 介于 x 与 $x+\Delta x$ 之间，所以这时必定有 $\xi \to x$，于是

$$\lim_{\Delta x \to 0}\frac{G(x+\Delta x)-G(x)}{\Delta x} = \lim_{\xi \to x}f(\xi) = f(x).$$

这就证明了 $G(x)$ 可导，且

$$G'(x) = f(x).$$

定理得证.

这个定理建立了导数与原函数之间的联系，若 $f(x)$ 在 $[a,b]$ 上连续，那么 $\int_a^x f(t)\,\mathrm{d}t$ 就是 $f(x)$ 的一个原函数，因而也同时证明了任何连续函数都有原函数.

例 1　设 $f(x) = \int_x^{10}\sqrt{1+t^4}\,\mathrm{d}t$，求 $f'(x)$.

解　因为

$$f(x) = \int_x^{10}\sqrt{1+t^4}\,\mathrm{d}t = -\int_{10}^x\sqrt{1+t^4}\,\mathrm{d}t,$$

所以

$$f'(x) = -\left(\int_{10}^x\sqrt{1+t^4}\,\mathrm{d}t\right)' = -\sqrt{1+x^4}.$$

例 2　设 $f(x) = \int_1^{\cos x}\mathrm{e}^{-t^2}\,\mathrm{d}t$，求 $f'(x)$.

解　$f(x) = \int_1^{\cos x}\mathrm{e}^{-t^2}\,\mathrm{d}t$ 是以 $\cos x$ 为上限的定积分，作为 x 的函数可看成是以 $u = \cos x$ 为中间变量的复合函数，故有

$$f'(x) = \frac{\mathrm{d}}{\mathrm{d}x}\int_1^{\cos x}\mathrm{e}^{-t^2}\,\mathrm{d}t = \frac{\mathrm{d}}{\mathrm{d}u}\int_1^u\mathrm{e}^{-t^2}\,\mathrm{d}t \Big|_{u=\cos x}\cdot(\cos x)'$$

$$= \mathrm{e}^{-u^2}\Big|_{u=\cos x}\cdot(-\sin x) = -\sin x\,\mathrm{e}^{-\cos^2 x}.$$

例 3　求极限 $\displaystyle\lim_{x\to 0}\frac{\int_0^x\cos t^2\,\mathrm{d}t}{x}$.

解　因为 $\lim\limits_{x\to 0}\int_0^x \cos t^2\,\mathrm{d}t = \int_0^0 \cos t^2\,\mathrm{d}t = 0$，故极限是"$\dfrac{0}{0}$"未定式，于是，应用洛必达法则有

$$\lim_{x\to 0}\frac{\int_0^x \cos t^2\,\mathrm{d}t}{x} = \lim_{x\to 0}\frac{\cos x^2}{1} = 1.$$

现在我们根据微积分基本定理来推得如下重要的公式.

定理 6.4(微积分基本公式)　设 $f(x)$ 在 $[a,b]$ 上连续，$F(x)$ 是 $f(x)$ 的任意一个原函数，即 $F'(x) = f(x)$，那么

$$\int_a^b f(x)\,\mathrm{d}x = F(b) - F(a).$$

证明　已知 $F(x)$ 是连续函数 $f(x)$ 的一个原函数. 又根据定理 6.3，$G(x) = \int_a^x f(x)\,\mathrm{d}x$ 也是 $f(x)$ 的一个原函数，于是这两个函数之间相差某一个常数 C，即

$$F(x) = G(x) + C \quad (a \leqslant x \leqslant b).$$

为了确定常数 C，上式中令 $x = a$，得 $F(a) = G(a) + C$，由于 $G(a) = \int_a^a f(x)\,\mathrm{d}x = 0$，因此，$C = F(a)$. 所以，上式可变成

$$\int_a^x f(x)\,\mathrm{d}x = F(x) - F(a).$$

再令 $x = b$，就得到所要证明的公式.

常常用记号 $F(x)\big|_a^b$ 表示 $F(b) - F(a)$，于是，微积分基本公式又可写成

$$\int_a^b f(x)\,\mathrm{d}x = F(x)\big|_a^b.$$

这个公式也叫**牛顿 — 莱布尼兹(Newton — Leibniz)公式**.

这个公式的意义是，计算定积分 $\int_a^b f(x)\,\mathrm{d}x$(它是一个形式比较复杂的和式极限)的数值，只需先求出 $f(x)$ 的任何一个原函数 $F(x)$，而 $F(x)$ 在区间 $[a,b]$ 上的增量 $F(b) - F(a)$ 就是定积分 $\int_a^b f(x)\,\mathrm{d}x$ 的值，从而把求定积分 $\int_a^b f(x)\,\mathrm{d}x$ 的问题化为求 $f(x)$ 的原函数的问

题,这就给定积分提供了一个有效而简便的计算方法.

例 4 计算 $\int_0^1 x^2 \, dx$.

解 由于 $\frac{1}{3}x^3$ 是 x^2 的一个原函数,所以按牛顿 — 莱布尼兹公式,有

$$\int_0^1 x^2 \, dx = \frac{1}{3}x^3 \Big|_0^1 = \frac{1}{3}(1^3 - 0^3) = \frac{1}{3}.$$

例 5 计算 $\int_{-1}^{\sqrt{3}} \frac{1}{1+x^2} \, dx$.

解 由于 $\arctan x$ 是 $\frac{1}{1+x^2}$ 的一个原函数,所以

$$\int_{-1}^{\sqrt{3}} \frac{1}{1+x^2} \, dx = \arctan x \Big|_{-1}^{\sqrt{3}} = \arctan\sqrt{3} - \arctan(-1)$$

$$= \frac{\pi}{3} - \left(-\frac{\pi}{4}\right) = \frac{7}{12}\pi.$$

例 6 计算 $\int_0^2 \frac{x}{\sqrt{1+x^2}} \, dx$.

解 $\displaystyle\int_0^2 \frac{x}{\sqrt{1+x^2}} \, dx = \frac{1}{2}\int_0^2 \frac{1}{\sqrt{1+x^2}} \, d(1+x^2)$

$$= \sqrt{1+x^2} \Big|_0^2 = \sqrt{5} - 1.$$

例 7 计算 $\int_0^{\frac{\pi}{2}} \sin^2 x \cos x \, dx$.

解 $\displaystyle\int_0^{\frac{\pi}{2}} \sin^2 x \cos x \, dx = \int_0^{\frac{\pi}{2}} \sin^2 x \, d(\sin x) = \frac{1}{3}\sin^3 x \Big|_0^{\frac{\pi}{2}} = \frac{1}{3}.$

例 8 设 $f(x) = \begin{cases} x, & 0 \leqslant x \leqslant 1 \\ e^{-x}, & 1 < x \leqslant 3 \end{cases}$,计算 $\int_0^3 f(x) \, dx$.

解 因为 $f(x)$ 在 $[0,3]$ 上是分段函数,所以定积分 $\int_0^3 f(x) \, dx$ 也要分段来求. 利用定积分关于积分区间的可加性,有

$$\int_0^3 f(x) \, dx = \int_0^1 f(x) \, dx + \int_1^3 f(x) \, dx = \int_0^1 x \, dx + \int_1^3 e^{-x} \, dx$$

$$= \frac{1}{2}x^2 \Big|_0^1 - \mathrm{e}^{-x} \Big|_1^3 = \frac{1}{2} - \mathrm{e}^{-3} + \mathrm{e}^{-1}.$$

值得注意的是,如果函数在所讨论的区间上不满足可积条件,则牛顿－莱布尼兹公式不能用. 例如: $\int_{-1}^1 \frac{1}{x^2}\mathrm{d}x$,如果按牛顿－莱布尼兹公式计算,则有

$$\int_{-1}^1 \frac{1}{x^2}\mathrm{d}x = -\frac{1}{x}\Big|_{-1}^1 = -1 - 1 = -2,$$

但这个做法是错误的. 因为在区间 $[-1,1]$ 上,函数 $f(x) = \frac{1}{x^2}$ 在点 $x = 0$ 处为无穷间断,故 $f(x)$ 在 $[-1,1]$ 上无界,因而 $f(x)$ 在 $[-1,1]$ 上不可积.

习题 6.3

1. 试求下列函数的导数:

(1) $\int_x^{-1} t\mathrm{e}^{-t}\mathrm{d}t$;

(2) $\int_0^{x^2} \frac{\sin t}{t}\mathrm{d}t$.

2. 设 $f(x)$ 是连续函数,且 $\int_0^{x^3-1} f(t)\mathrm{d}t = x$,求 $f(7)$.

3. 求由 $\int_0^y \mathrm{e}^t\mathrm{d}t + \int_0^x \cos t\,\mathrm{d}t = 0$ 所决定的隐函数 y 对 x 的导数 $\frac{\mathrm{d}y}{\mathrm{d}x}$.

4. 求下列各极限:

(1) $\lim\limits_{x\to 0} \dfrac{\int_0^x (1+\sin 2t)^{\frac{1}{t}}\mathrm{d}t}{x}$;

(2) $\lim\limits_{x\to 0} \dfrac{\int_0^x \arctan t\,\mathrm{d}t}{x^2}$;

(3) $\lim\limits_{x\to \frac{\pi}{2}} \dfrac{\int_{\frac{\pi}{2}}^x \sin^2 t\,\mathrm{d}t}{x - \frac{\pi}{2}}$;

(4) $\lim\limits_{x\to 0} \dfrac{\int_0^{2x} \frac{t}{1+\mathrm{e}^t}\mathrm{d}t}{x^2}$.

5. 计算下列各定积分:

(1) $\int_0^1 (3x^2 - x + 1)\mathrm{d}x$;

(2) $\int_4^9 \sqrt{x}(1+\sqrt{x})\mathrm{d}x$;

(3) $\int_{\frac{1}{\sqrt{3}}}^{\sqrt{3}} \frac{\mathrm{d}x}{1+x^2}$;

(4) $\int_1^3 \frac{\mathrm{d}x}{x(1+x)}$;

$(5) \int_0^1 \dfrac{\mathrm{d}x}{\sqrt{4-x^2}}$;

$(6) \int_{-1}^0 \dfrac{3x^4+3x^2+1}{x^2+1}\mathrm{d}x$;

$(7) \int_0^{\frac{\pi}{4}} \tan^2\theta\mathrm{d}\theta$;

$(8) \int_{-2}^0 \dfrac{\mathrm{d}x}{x^2+2x+2}$;

$(9) \int_0^\pi (1-\sin^3\theta)\mathrm{d}\theta$;

$(10) \int_{\frac{\pi}{6}}^{\frac{\pi}{2}} \cos^2 u\mathrm{d}u$;

$(11) \int_0^{2\pi} |\sin x|\,\mathrm{d}x$;

$(12) \int_{\frac{1}{e}}^e \dfrac{|\ln x|}{x}\mathrm{d}x$;

$(13) \int_0^2 f(x)\mathrm{d}x$,其中 $f(x)=\begin{cases} x+1, & x\leqslant 1 \\ \dfrac{1}{2}x^2, & x>1 \end{cases}$.

6. 设 $f(x)$ 是 $(-\infty,+\infty)$ 上的连续函数,且满足

$$f(x)=3x^2-x\int_0^1 f(x)\mathrm{d}x,$$

求 $f(x)$.

§6.4 定积分换元积分法

求定积分的值,一般来说,都是先求原函数,然后应用牛顿－莱布尼兹公式来计算的. 但是,遇到求原函数而须用换元积分法时,为避免代回原来变量的麻烦,我们引进定积分的换元积分法.

定理 6.5 设 $f(x)$ 在 $[a,b]$ 上连续,作代换 $x=\varphi(t)$ 满足:

(1) $\varphi(t)$ 在某一闭区间 $[\alpha,\beta]$ 上有连续导数 $\varphi'(t)$;

(2) 当 t 在区间 $[\alpha,\beta]$ 上变化时,$\varphi(t)$ 的值在 $[a,b]$ 上变化,且 $\varphi(\alpha)=a$,$\varphi(\beta)=b$,则

$$\int_a^b f(x)\mathrm{d}x=\int_\alpha^\beta f[\varphi(t)]\varphi'(t)\mathrm{d}t.$$

证明 由假设可以知道,上式两边的被积函数都是连续的,因此,不仅上式两边的定积分都存在,而且由定理 6.3 知道,被积函数的原函数也都存在,所以只要证明它们相等就可以了. 设 $G(x)$ 是 $f(x)$ 的一个原函数,由复合函数求导法则可知,$G[\varphi(t)]$ 也是 $f[\varphi(t)]\varphi'(t)$ 的一个原函数,于是按牛顿－莱布尼兹公式有

$$\int_a^b f(x)\,\mathrm{d}x = G(b) - G(a),$$

$$\int_a^b f[\varphi(t)]\varphi'(t)\,\mathrm{d}t = G[\varphi(\beta)] - G[\varphi(\alpha)] = G(b) - G(a).$$

这就证明了换元公式.

显然,换元公式对于 $\alpha > \beta$ 也是适用的.

应用换元公式时有两点值得注意:(1) 用 $x = \varphi(t)$ 把原来变量 x 代换成新变量 t 时,积分限也要换成相应于新变量 t 的积分限;(2) 求出 $f[\varphi(t)]\varphi'(t)$ 的一个原函数 $G[\varphi(t)]$ 后不要变换成原来变量 x 的函数,而只要把新变量 t 的上、下限分别代入 $G[\varphi(t)]$ 中然后相减就行了.

有时我们常常将上面的换元公式反过来使用. 为了方便起见,把换元公式中左右两边对调地位,同时把 t 记为 x,而 x 改记为 t,得

$$\int_a^b f[\varphi(x)]\varphi'(x)\,\mathrm{d}x = \int_\alpha^\beta f(t)\,\mathrm{d}t.$$

这样,我们可用 $t = \varphi(x)$ 来引入新变量 t,而 $\alpha = \varphi(a), \beta = \varphi(b)$.

例 1　计算 $\displaystyle\int_0^4 \frac{\mathrm{d}x}{1+\sqrt{x}}$.

解　设 $\sqrt{x} = t$,则 $x = t^2, \mathrm{d}x = 2t\,\mathrm{d}t$,且当 $x = 0$ 时,$t = 0$;当 $x = 4$ 时,$t = 2$,所以

$$\int_0^4 \frac{\mathrm{d}x}{1+\sqrt{x}} = \int_0^2 \frac{2t}{1+t}\,\mathrm{d}t = 2\int_0^2 \frac{(1+t)-1}{1+t}\,\mathrm{d}t = 2\int_0^2 \left(1 - \frac{1}{1+t}\right)\mathrm{d}t$$

$$= 2[t - \ln(1+t)]\,|_0^2 = 2(2 - \ln 3).$$

例 2　计算 $\displaystyle\int_0^{\ln 2} \sqrt{\mathrm{e}^x - 1}\,\mathrm{d}x$.

解　设 $\sqrt{\mathrm{e}^x - 1} = t$,则 $x = \ln(t^2 + 1), \mathrm{d}x = \dfrac{2t}{1+t^2}\,\mathrm{d}t$,且当 $x = 0$ 时,$t = 0$;$x = \ln 2$ 时,$t = 1$,于是

$$\int_0^{\ln 2} \sqrt{\mathrm{e}^x - 1}\,\mathrm{d}x = \int_0^1 \frac{2t^2}{1+t^2}\,\mathrm{d}t = 2\int_0^1 \left(1 - \frac{1}{1+t^2}\right)\mathrm{d}t$$

$$= 2(t - \arctan t)\,|_0^1 = 2\left(1 - \frac{\pi}{4}\right).$$

例 3   计算 $\int_0^1 x^2 \sqrt{1-x^2}\,\mathrm{d}x$.

解   设 $x=\sin t$，则 $\mathrm{d}x=\cos t\,\mathrm{d}t$，且当 $x=0$ 时，$t=0$；当 $x=1$ 时，$t=\dfrac{\pi}{2}$，于是

$$\int_0^1 x^2 \sqrt{1-x^2}\,\mathrm{d}x = \int_0^{\frac{\pi}{2}} \sin^2 t \mid \cos t \mid \cos t\,\mathrm{d}t = \int_0^{\frac{\pi}{2}} \sin^2 t\cos^2 t\,\mathrm{d}t$$

$$= \frac{1}{4}\int_0^{\frac{\pi}{2}} \sin^2 2t\,\mathrm{d}t = \frac{1}{4}\int_0^{\frac{\pi}{2}} \frac{1-\cos 4t}{2}\,\mathrm{d}t$$

$$= \frac{1}{8}\left[\int_0^{\frac{\pi}{2}}\mathrm{d}t - \frac{1}{4}\int_0^{\frac{\pi}{2}}\cos 4t\,\mathrm{d}(4t)\right]$$

$$= \frac{1}{8}\left[\frac{\pi}{2} - \frac{1}{4}\sin 4t\,\Big|_0^{\frac{\pi}{2}}\right] = \frac{\pi}{16}.$$

例 4   设 $f(x)=\begin{cases} \mathrm{e}^{-x}, & x\geqslant 0 \\ 1+x^2, & x<0 \end{cases}$，求 $\int_1^3 f(x-2)\,\mathrm{d}x$.

解   设 $x-2=t$，则 $\mathrm{d}x=\mathrm{d}t$，且当 $x=1$ 时，$t=-1$；当 $x=3$ 时，$t=1$，于是

$$\int_1^3 f(x-2)\,\mathrm{d}x = \int_{-1}^1 f(t)\,\mathrm{d}t = \int_{-1}^0 f(t)\,\mathrm{d}t + \int_0^1 f(t)\,\mathrm{d}t$$

$$= \int_{-1}^0 (1+t^2)\,\mathrm{d}t + \int_0^1 \mathrm{e}^{-t}\,\mathrm{d}t = \left(t+\frac{1}{3}t^3\right)\Big|_{-1}^0 - \mathrm{e}^{-t}\,\Big|_0^1$$

$$= 0 - \left(-1-\frac{1}{3}\right) - (\mathrm{e}^{-1}-1) = \frac{7}{3} - \frac{1}{\mathrm{e}}.$$

例 5   设 $f(x)$ 在 $[-a,a]$ 上连续，那么

(1) 当 $f(x)$ 是偶函数时，$\int_{-a}^a f(x)\,\mathrm{d}x = 2\int_0^a f(x)\,\mathrm{d}x$；

(2) 当 $f(x)$ 是奇函数时，$\int_{-a}^a f(x)\,\mathrm{d}x = 0$.

证明   因为

$$\int_{-a}^a f(x)\,\mathrm{d}x = \int_{-a}^0 f(x)\,\mathrm{d}x + \int_0^a f(x)\,\mathrm{d}x.$$

对积分 $\int_{-a}^0 f(x)\,\mathrm{d}x$ 作变换 $x=-t$，则得

$$\int_{-a}^{0} f(x)\mathrm{d}x = -\int_{a}^{0} f(-t)\mathrm{d}t = \int_{0}^{a} f(-t)\mathrm{d}t = \int_{0}^{a} f(-x)\mathrm{d}x.$$

于是

$$\int_{-a}^{a} f(x)\mathrm{d}x = \int_{0}^{a} f(-x)\mathrm{d}x + \int_{0}^{a} f(x)\mathrm{d}x = \int_{0}^{a}\left[f(x) + f(-x)\right]\mathrm{d}x.$$

(1) 若 $f(x)$ 是偶函数，即 $f(x) + f(-x) = 2f(x)$，从而

$$\int_{-a}^{a} f(x)\mathrm{d}x = 2\int_{0}^{a} f(x)\mathrm{d}x.$$

(2) 若 $f(x)$ 是奇函数，即 $f(x) + f(-x) = 0$，从而

$$\int_{-a}^{a} f(x)\mathrm{d}x = 0.$$

利用例 5 的结论常可简化计算偶函数、奇函数在对称于原点区间上的定积分.

例 6　计算 $\int_{-2}^{2} \dfrac{\mid x \mid + x}{2 + x^2}\mathrm{d}x.$

解　$\int_{-2}^{2} \dfrac{\mid x \mid + x}{2 + x^2}\mathrm{d}x = \int_{-2}^{2} \dfrac{\mid x \mid}{2 + x^2}\mathrm{d}x + \int_{-2}^{2} \dfrac{x}{2 + x^2}\mathrm{d}x.$

因为 $\dfrac{x}{2 + x^2}$ 是奇函数，所以，$\int_{-2}^{2} \dfrac{x}{2 + x^2}\mathrm{d}x = 0$，而 $\dfrac{\mid x \mid}{2 + x^2}$ 是偶函数，于是

$$\int_{-2}^{2} \dfrac{\mid x \mid + x}{2 + x^2}\mathrm{d}x = 2\int_{0}^{2} \dfrac{\mid x \mid}{2 + x^2}\mathrm{d}x + 0 = 2\int_{0}^{2} \dfrac{x}{2 + x^2}\mathrm{d}x$$

$$= \ln(2 + x^2)\ \big|_0^2 = \ln 3.$$

例 7　若 $f(x)$ 在 $[0, 1]$ 上连续，证明

$$\int_{0}^{\frac{\pi}{2}} f(\sin x)\mathrm{d}x = \int_{0}^{\frac{\pi}{2}} f(\cos x)\mathrm{d}x.$$

解　设 $x = \dfrac{\pi}{2} - t$，则 $\mathrm{d}x = -\mathrm{d}t$，且当 $x = 0$ 时，$t = \dfrac{\pi}{2}$；当 $x = \dfrac{\pi}{2}$ 时，$t = 0$. 于是

$$\int_{0}^{\frac{\pi}{2}} f(\sin x)\mathrm{d}x = -\int_{\frac{\pi}{2}}^{0} f\left[\sin\left(\dfrac{\pi}{2} - t\right)\right]\mathrm{d}t = \int_{0}^{\frac{\pi}{2}} f(\cos t)\mathrm{d}t$$

$$= \int_{0}^{\frac{\pi}{2}} f(\cos x)\mathrm{d}x.$$

习题 6.4

1. 计算下列定积分：

(1) $\int_4^9 \dfrac{\sqrt{x}}{\sqrt{x}-1}\mathrm{d}x$；

(2) $\int_{\frac{3}{4}}^1 \dfrac{\mathrm{d}x}{\sqrt{1-x}-1}$；

(3) $\int_{-1}^1 \dfrac{x}{\sqrt{5-4x}}\mathrm{d}x$；

(4) $\int_1^{e^2} \dfrac{1}{x\sqrt{1+\ln x}}\mathrm{d}x$；

(5) $\int_{\frac{1}{\sqrt{2}}}^1 \dfrac{\sqrt{1-x^2}}{x^2}\mathrm{d}x$；

(6) $\int_0^{\sqrt{2}} \sqrt{2-x^2}\,\mathrm{d}x$；

(7) $\int_1^{\sqrt{3}} \dfrac{\mathrm{d}x}{x^2\sqrt{1+x^2}}$；

(8) $\int_0^1 \dfrac{x^2}{(1+x^2)^2}\mathrm{d}x$；

(9) $\int_{\sqrt{2}}^2 \dfrac{1}{x\sqrt{x^2-1}}\mathrm{d}x$；

(10) $\int_0^{\ln 5} \dfrac{\mathrm{e}^x}{\mathrm{e}^x+3}\sqrt{\mathrm{e}^x-1}\,\mathrm{d}x$.

2. 利用函数的奇偶性计算下列定积分：

(1) $\int_{-\pi}^\pi x^4\sin x\,\mathrm{d}x$；

(2) $\int_{-\frac{1}{2}}^{\frac{1}{2}} \dfrac{(\arcsin x)^2}{\sqrt{1-x^2}}\mathrm{d}x$；

(3) $\int_{-\frac{\pi}{2}}^{\frac{\pi}{2}} (\sin x+\cos x)\mathrm{d}x$；

(4) $\int_{-1}^1 \dfrac{2x^3+5x+2}{\sqrt{1-x^2}}\mathrm{d}x$.

3. 设 $f(x)=\begin{cases}\dfrac{1}{1+\mathrm{e}^x}, & x<0 \\[2mm] \dfrac{1}{1+x}, & x\geqslant 0\end{cases}$，求 $\int_0^2 f(x-1)\mathrm{d}x$.

4. 证明：$\int_0^1 x^m(1-x)^n\mathrm{d}x = \int_0^1 x^n(1-x)^m\mathrm{d}x$.

5. 设 $f(u)$ 在 $[-1,1]$ 上连续，利用变换 $x=\pi-t$，证明
$$\int_0^\pi xf(\sin x)\mathrm{d}x = \frac{\pi}{2}\int_0^\pi f(\sin x)\mathrm{d}x.$$

6. 设 $f(x)$ 是以 l 为周期的连续函数，证明 $\int_a^{a+l} f(x)\mathrm{d}x$ 的值与 a 的选择无关.

§6.5　定积分分部积分法

计算不定积分有分部积分法,相应地,计算定积分也有分部积分法.

设函数 $u(x),v(x)$ 在区间 $[a,b]$ 上具有连续导数 $u'(x),v'(x)$,则有

$$(uv)' = u'v + vu'.$$

分别求这个等式两端在 $[a,b]$ 上的定积分,并注意到

$$\int_a^b (uv)' \mathrm{d}x = (uv) \mid_a^b,$$

便得

$$(uv) \mid_a^b = \int_a^b u'v\mathrm{d}x + \int_a^b uv'\mathrm{d}x.$$

移项,就有

$$\int_a^b uv'\mathrm{d}x = (uv) \mid_a^b - \int_a^b u'v\mathrm{d}x,$$

或写为

$$\int_a^b u\,\mathrm{d}v = (uv) \mid_a^b - \int_a^b v\,\mathrm{d}u.$$

这就是定积分的**分部积分公式**.

例 1　计算 $\int_0^{\ln2} x\mathrm{e}^{-x}\mathrm{d}x$.

解　$\displaystyle \int_0^{\ln2} x\mathrm{e}^{-x}\mathrm{d}x = -\int_0^{\ln2} x\mathrm{d}(\mathrm{e}^{-x}) = -x\mathrm{e}^{-x} \mid_0^{\ln2} + \int_0^{\ln2} \mathrm{e}^{-x}\mathrm{d}x$

$$= -\frac{\ln2}{2} - \mathrm{e}^{-x} \mid_0^{\ln2} = -\frac{\ln2}{2} - \left(\frac{1}{2} - 1\right)$$

$$= \frac{1}{2}(\ln2 - 1).$$

例 2　计算 $\int_0^{\frac{\pi}{2}} x^2\sin x\mathrm{d}x$.

解　$\displaystyle \int_0^{\frac{\pi}{2}} x^2\sin x\mathrm{d}x = -\int_0^{\frac{\pi}{2}} x^2\mathrm{d}(\cos x)$

$$= - x^2 \cos x \Big|_0^{\frac{\pi}{2}} + \int_0^{\frac{\pi}{2}} \cos x \cdot 2x \, dx$$

$$= 0 + 2 \int_0^{\frac{\pi}{2}} x \, d(\sin x)$$

$$= 2x \sin x \Big|_0^{\frac{\pi}{2}} - 2 \int_0^{\frac{\pi}{2}} \sin x \, dx$$

$$= \pi + 2 \cos x \Big|_0^{\frac{\pi}{2}} = \pi - 2.$$

例 3 计算 $\int_0^{\frac{1}{2}} \arctan 2x \, dx$.

解
$$\int_0^{\frac{1}{2}} \arctan 2x \, dx = (x \arctan 2x) \Big|_0^{\frac{1}{2}} - \int_0^{\frac{1}{2}} x \cdot \frac{2}{1 + (2x)^2} \, dx$$

$$= \frac{\pi}{8} - \frac{1}{4} \int_0^{\frac{1}{2}} \frac{1}{1 + 4x^2} \, d(1 + 4x^2)$$

$$= \frac{\pi}{8} - \frac{1}{4} \ln(1 + 4x^2) \Big|_0^{\frac{1}{2}}$$

$$= \frac{\pi}{8} - \frac{1}{4} \ln 2.$$

上例中,在应用分部积分法以后,还应用了定积分的换元法.

例 4 计算 $\int_1^e \frac{\ln x}{x^2} \, dx$.

解
$$\int_1^e \frac{\ln x}{x^2} \, dx = - \int_1^e \ln x \, d\left(\frac{1}{x}\right) = - \frac{\ln x}{x} \Big|_1^e + \int_1^e \frac{1}{x} \cdot \frac{1}{x} \, dx$$

$$= - \left(\frac{\ln e}{e} - 0\right) - \frac{1}{x} \Big|_1^e = 1 - \frac{2}{e}.$$

例 5 计算 $\int_{\frac{1}{e}}^e |\ln x| \, dx$.

解
$$\int_{\frac{1}{e}}^e |\ln x| \, dx = \int_{\frac{1}{e}}^1 (-\ln x) \, dx + \int_1^e \ln x \, dx$$

$$= - x \ln x \Big|_{1/e}^1 + \int_{\frac{1}{e}}^1 x \cdot \frac{1}{x} \, dx + x \ln x \Big|_1^e - \int_1^e x \cdot \frac{1}{x} \, dx$$

$$= - \left(0 - \frac{1}{e}\right) + \left(1 - \frac{1}{e}\right) + (e - 0) - (e - 1)$$

$$= 2\left(1 - \frac{1}{e}\right).$$

习题 6.5

计算下列定积分：

1. $\displaystyle\int_0^{\frac{1}{2}} \arcsin x \, dx$；

2. $\displaystyle\int_1^e x \ln x \, dx$；

3. $\displaystyle\int_0^1 x \arctan x \, dx$；

4. $\displaystyle\int_1^4 \frac{\ln x}{\sqrt{x}} \, dx$；

5. $\displaystyle\int_0^{\frac{\pi}{4}} \frac{x}{1 + \cos 2x} \, dx$；

6. $\displaystyle\int_0^{\sqrt{\ln 2}} x^3 e^{x^2} \, dx$；

7. $\displaystyle\int_{\frac{1}{2}}^1 e^{\sqrt{2x-1}} \, dx$；

8. $\displaystyle\int_0^{\frac{\pi}{2}} e^x \sin x \, dx$；

9. $\displaystyle\int_0^1 \frac{f(x)}{\sqrt{x}} \, dx$，其中 $f(x) = \displaystyle\int_1^{\sqrt{x}} e^{-t^2} \, dt$.

§6.6　定积分的应用

一、平面图形的面积

前面我们已经知道，由连续函数 $y = f(x)(f(x) \geqslant 0)$ 及直线 $x = a, x = b(a < b)$ 与 x 轴所围成的曲边梯形的面积 A（图 6-9）是定积分

$$A = \int_a^b f(x) \, dx.$$

应注意此公式中要求 $f(x)$ 是非负的.

如果在 $[a, b]$ 上 $f(x) \leqslant 0$，则这块面积 A（图 6-10）的计算公式应为

$$A = -\int_a^b f(x) \, dx.$$

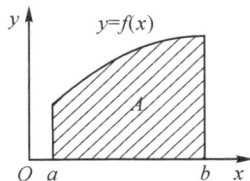

图 6 - 9

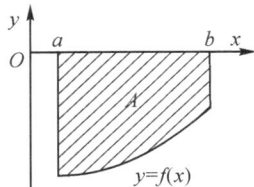

图 6 - 10

如果在$[a,b]$上 $f(x)$ 既取得正值又取得负值,则由曲线 $f(x)$,直线 $x=a,x=b(a<b)$ 与 x 轴所围成的曲边梯形(图 $6-11$)的面积 A 为

$$A = A_1 + A_2 + A_3$$

$$= \int_a^{c_1} f(x)\mathrm{d}x - \int_{c_1}^{c_2} f(x)\mathrm{d}x + \int_{c_2}^{b} f(x)\mathrm{d}x = \int_a^b |f(x)|\,\mathrm{d}x.$$

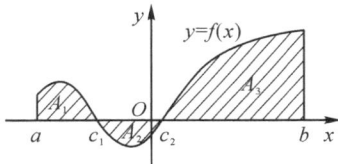

图 6 - 11

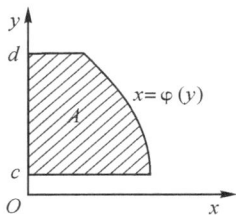

图 6 - 12

类似地,由连续曲线 $x=\varphi(y)(\varphi(y) \geqslant 0)$,直线 $y=c,y=d$ 与 y 轴所围成的曲边梯形(图 $6-12$)的面积 $A = \int_c^d \varphi(y)\mathrm{d}y$.

一般地,如果一块图形由连续曲线 $y=f(x),y=g(x)$ 及 $x=a,x=b(a<b)$ 所围成,并且在$[a,b]$上 $f(x) \geqslant g(x)$(图 $6-13$),那么这块图形的面积 A 的计算公式为

$$A = \int_a^b f(x)\mathrm{d}x - \int_a^b g(x)\mathrm{d}x = \int_a^b [f(x) - g(x)]\mathrm{d}x.$$

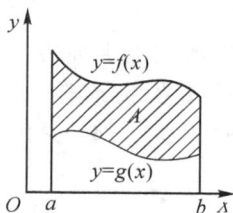

图 6 - 13

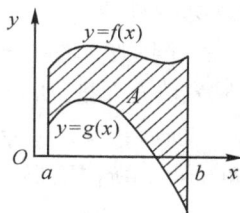

图 6 - 14

上述公式对于图 6 - 14 所示的情形也是成立的. 事实上, 如果在 $[a, b]$ 内函数值不全为正, 可将 x 轴往下平移一段, 使整个曲线都位于 x 轴的上方, 这时两个函数同增加一个常数 C, 它们之差

$$[f(x) + C] - [g(x) + C] = f(x) - g(x)$$

不变.

例 1　求由抛物线 $y = x^2$ 与 $x = y^2$ 所围图形的面积.

解　这两条抛物线所围成的图形如图 6 - 15 所示, 解方程组

$$\begin{cases} y = x^2 \\ y^2 = x \end{cases},$$

得到这两条抛物线的交点为 $(0, 0)$ 及 $(1, 1)$, 从而知道这图形在直线 $x = 0$ 及 $x = 1$ 之间.

选横坐标 x 为积分变量, 它的变化范围为 $[0, 1]$, 在 $[0, 1]$ 上, $\sqrt{x} \geqslant x^2$, 于是所求面积为

$$S = \int_0^1 (\sqrt{x} - x^2) \mathrm{d}x = \left(\frac{2}{3} x^{\frac{3}{2}} - \frac{1}{3} x^3 \right) \Big|_0^1 = \frac{1}{3}.$$

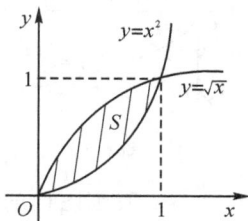

图 6 - 15

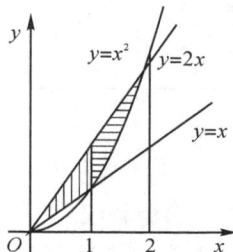

图 6 - 16

例 2 求由曲线 $y = x^2, y = x$ 及 $y = 2x$ 所围的平面图形的面积.

解 这个图形如图 6 - 16 所示.相应的交点坐标为 $(1,1),(2,4)$.选取 x 为积分变量.所求图形面积分解成两部分来求,一部分是由直线 $y = 2x, y = x$ 及 $x = 1$ 所围图形面积,另一部分是由 $y = 2x, y = x^2$ 和 $x = 2$ 所围图形面积.于是,

$$S = \int_0^1 (2x - x)\mathrm{d}x + \int_1^2 (2x - x^2)\mathrm{d}x$$

$$= \frac{1}{2}x^2 \mid_0^1 + \left(x^2 - \frac{1}{3}x^3\right)\Big|_1^2 = \frac{7}{6}.$$

例 3 求由 $y = \sin x, y = \cos x, x = 0, x = \frac{\pi}{2}$ 所围平面图形的面积.

解 所围图形如图 6 - 17 所示,相应交点坐标为 $\left(\frac{\pi}{4}, \frac{\sqrt{2}}{2}\right)$.选取 x 为积分变量,从而所求图形面积为

$$S = \int_0^{\frac{\pi}{2}} \mid \sin x - \cos x \mid \mathrm{d}x$$

$$= \int_0^{\frac{\pi}{4}} (\cos x - \sin x)\mathrm{d}x + \int_{\frac{\pi}{4}}^{\frac{\pi}{2}} (\sin x - \cos x)\mathrm{d}x$$

$$= (\sin x + \cos x)\Big|_0^{\frac{\pi}{4}} - (\cos x + \sin x)\Big|_{\frac{\pi}{4}}^{\frac{\pi}{2}} = 2\sqrt{2} - 2.$$

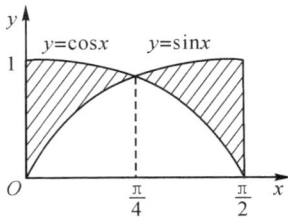

图 6 - 17

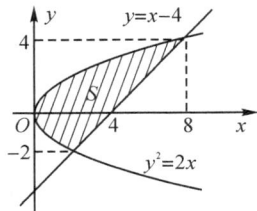

图 6 - 18

例 4 求抛物线 $y^2 = 2x$ 与直线 $y = x - 4$ 所围图形的面积.

解 抛物线与直线所围图形如图 6 -18 所示.交点为 $(2, -2)$ 和 $(8, 4)$.在这个例题中,若将 y 轴看作曲边梯形的底(即选 y 为积分变

量),所求面积为

$$S = \int_{-2}^{4} \left[(y+4) - \frac{1}{2} y^2 \right] \mathrm{d}y = \left(\frac{1}{2} y^2 + 4y - \frac{1}{6} y^3 \right) \Big|_{-2}^{4} = 18.$$

本题也可以选择 x 为积分变量,

$$S = \int_{0}^{2} \left[\sqrt{2x} - (-\sqrt{2x}) \right] \mathrm{d}x + \int_{2}^{8} \left[\sqrt{2x} - (x-4) \right] \mathrm{d}x$$

$$= \frac{4}{3} x \cdot \sqrt{2x} \Big|_{0}^{2} + \left(\frac{2}{3} x \cdot \sqrt{2x} - \frac{x^2}{2} + 4x \right) \Big|_{2}^{8} = 18.$$

从前面的例子可以看出,在用定积分求平面图形的面积时,首先应画出平面图形的草图,求出交点;然后根据图形的特点,选取适当的求面积公式,即确定是选 x 还是 y 作积分变量.我们看到,由于选取的积分变量不同,计算的简易程度各不相同.那么如何恰当地选择积分公式使计算尽量简化呢?主要依据是以积分的计算简单,所给图形不分块或尽量少分块而定.

例 5　求椭圆 $\dfrac{x^2}{a^2} + \dfrac{y^2}{b^2} = 1$ 所围成图形的面积.

解　由椭圆图形的对称性(图 6 - 19)可知,整个椭圆所围成图形的面积为该椭圆在第一象限部分与两坐标轴所围图形面积的 4 倍,即有

$$S = 4 \int_{0}^{a} y \mathrm{d}x,$$

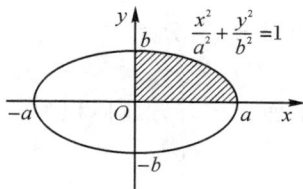

图 6 - 19

其中 $y = \dfrac{b}{a} \sqrt{a^2 - x^2}$,于是

$$S = 4 \int_{0}^{a} \frac{b}{a} \sqrt{a^2 - x^2} \, \mathrm{d}x = \frac{4b}{a} \int_{0}^{a} \sqrt{a^2 - x^2} \, \mathrm{d}x.$$

应用定积分的换元法,令 $x = a\sin t$,则 $\sqrt{a^2 - x^2} = a\cos t$,$\mathrm{d}x = a\cos t\,\mathrm{d}t$. 当 x 由 0 变到 a 时,t 由 0 变到 $\frac{\pi}{2}$,所以

$$S = \frac{4b}{a}\int_0^{\frac{\pi}{2}} a\cos t \cdot a\cos t\,\mathrm{d}t = 4ab\int_0^{\frac{\pi}{2}} \cos^2 t\,\mathrm{d}t$$

$$= 2ab\int_0^{\frac{\pi}{2}} (1+\cos 2t)\,\mathrm{d}t = 2ab\left(t + \frac{1}{2}\sin 2t\right)\Big|_0^{\frac{\pi}{2}}$$

$$= 2ab \cdot \frac{\pi}{2} = \pi ab.$$

当 $a = b$ 时,就得到大家所熟悉的圆面积公式 $S = \pi a^2$.

二、平行截面面积为已知的立体的体积

现在我们考虑求一个夹在平面 $x = a$ 和 $x = b(a < b)$ 之间的几何体的体积. 假定这个几何体被垂直于 x 轴的平面所截的面积 $S(x)$ 是一个已知连续函数(图 6-20).

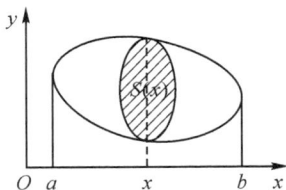

图 6-20

现在分 $[a, b]$ 为 n 等分,其分点为

$$a = x_0 < x_1 < x_2 < \cdots < x_n = b.$$

以垂直于 x 轴的平行平面 $x = x_i$ 截此体积为 n 个小部分,取任一点 $\xi_i \in [x_{i-1}, x_i]$ 作和式,再取极限,有

$$\lim_{n\to\infty}\sum_{i=1}^n S(\xi_i) \cdot \frac{b-a}{n}.$$

这个和式极限的几何意义是很明显的,即用 n 个厚度为 $\frac{b-a}{n}$,底面积为 $S(\xi_i)$ 的小薄片的体积之和逼近所求体积. 由于 $S(x)$ 是连续函数,所以这个和式的极限存在,它就定义为所要求的体积

$$V = \lim_{n \to \infty} \sum_{i=1}^{n} S(\xi_i) \cdot \frac{b-a}{n} = \int_a^b S(x) \, \mathrm{d}x.$$

这样就获得了在已知几何体的平行截面积 $S(x)$（连续函数）的情况下，该几何体的体积公式为

$$V = \int_a^b S(x) \, \mathrm{d}x.$$

三、旋转体的体积

所谓旋转体就是由一个平面图形绕平面内一条直线旋转一周而成的立体. 这条直线叫做旋转轴. 圆柱、圆锥、圆台、球体可以分别看成是由矩形绕它的一条边、直角三角形绕它的直角边、直角梯形绕它的直角腰、半圆绕它的直径旋转一周而成的立体，所以它们都是旋转体.

旋转体作为一种特殊情况，由上面导出的公式，就可以求出旋转体的体积.

设有一块以连续曲线 $y = f(x)$，以及两条直线 $x = a, x = b(a < b)$ 和 x 轴所围的面积. 将这块面积绕 x 轴旋转一周而生成一个旋转体（图 6 - 21），易知这个旋转体的垂直于 x 轴的截面积为

$$S(x) = \pi y^2 = \pi f^2(x).$$

代入体积公式，即得旋转体体积为

$$V_x = \pi \int_a^b y^2 \, \mathrm{d}x = \pi \int_a^b f^2(x) \, \mathrm{d}x.$$

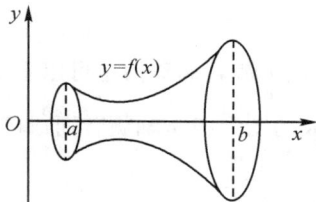

图 6 - 21

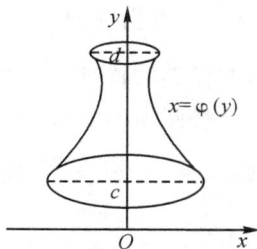

图 6 - 22

类似地，可以推出：由曲线 $x = \varphi(y), y = c, y = d(c < d)$ 与 y 轴

所围成的平面图形绕 y 轴旋转一周而成的旋转体(图 6-22)的体积为

$$V_y = \pi \int_c^d x^2 \mathrm{d}y = \pi \int_c^d \varphi^2(y) \mathrm{d}y.$$

另外,对由平面图形 $0 \leqslant a \leqslant x \leqslant b, 0 \leqslant y \leqslant f(x)$ 绕 y 轴旋转所成的旋转体,如果用平行于 y 轴的圆柱面去截此旋转体,易知截面积为

$$S(x) = 2\pi x \cdot f(x).$$

代入体积公式,即得旋转体体积为

$$V_y = \int_a^b 2\pi x f(x) \mathrm{d}x = 2\pi \int_a^b x f(x) \mathrm{d}x.$$

例 6 求由抛物线 $y = 2x^2$,直线 $x = 1$ 及 x 轴所围的平面图形(图 6-23)分别绕 x 轴和 y 轴旋转所生成的旋转体体积 V_x 和 V_y.

解 $V_x = \pi \int_0^1 y^2 \mathrm{d}x = \pi \int_0^1 (2x^2)^2 \mathrm{d}x$

$$= \pi \cdot \frac{4}{5} x^5 \Big|_0^1 = \frac{4}{5} \pi;$$

$$V_y = \pi \cdot 1^2 \cdot 2 - \pi \int_0^2 x^2 \mathrm{d}y$$

$$= 2\pi - \pi \int_0^2 \frac{y}{2} \mathrm{d}y = 2\pi - \frac{\pi}{4} y^2 \Big|_0^2 = \pi.$$

或 $V_y = 2\pi \int_0^1 x \cdot 2x^2 \mathrm{d}x = 4\pi \cdot \frac{1}{4} x^4 \Big|_0^1 = \pi.$

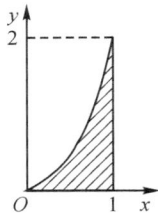

图 6-23

例 7 计算由椭圆 $\dfrac{x^2}{a^2} + \dfrac{y^2}{b^2} = 1$ 所围成的图形绕 x 轴旋转而成的旋转体(叫做旋转椭球体)的体积.

解 椭圆图形如图 6-24 所示,这个旋转椭球体也可以看作是由半个椭圆 $y = \dfrac{b}{a} \sqrt{a^2 - x^2}$ 及 x 轴围成的图形绕 x 轴旋转而成的立体.

$$V_x = \pi \int_{-a}^a y^2 \mathrm{d}x = \pi \int_{-a}^a \frac{b^2}{a^2} (a^2 - x^2) \mathrm{d}x$$

$$= \pi \cdot \frac{b^2}{a^2} \left(a^2 x - \frac{1}{3} x^3 \right) \Big|_{-a}^a = \frac{4}{3} \pi a b^2.$$

当 $a = b$ 时,旋转椭球体就成为半径为 a 的球体,它的体积为 $\frac{4}{3}\pi a^3$.

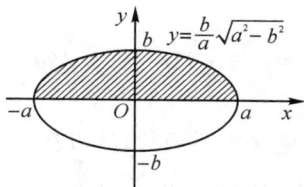

图 6 - 24

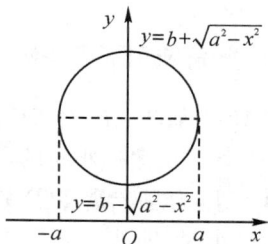

图 6 - 25

例 8　求 $x^2 + (y - b)^2 = a^2 (0 < a \leqslant b)$ 绕 x 轴旋转的体积(图 6 - 25).

解　$V_x = \pi \displaystyle\int_{-a}^{a} (b + \sqrt{a^2 - x^2})^2 \mathrm{d}x - \pi \displaystyle\int_{-a}^{a} (b - \sqrt{a^2 - x^2})^2 \mathrm{d}x$

$\qquad = \pi \displaystyle\int_{-a}^{a} 4b\ \sqrt{a^2 - x^2}\ \mathrm{d}x = 8\pi b \displaystyle\int_{0}^{a} \sqrt{a^2 - x^2}\ \mathrm{d}x$

$\qquad = 2\pi^2 a^2 b.$

例 9　在曲线 $y = x^2 (x \geqslant 0)$ 上某一点处作切线,使该曲线、切线与 x 轴所围图形的面积为 $\frac{1}{12}$. 求切点的坐标、切线方程,并求此图形绕 x 轴旋转一周的立体体积.

解　设切点坐标为 (a, a^2),则切线方程为

$$y - a^2 = 2a(x - a) \quad (a > 0).$$

图形如图 6 - 26 所示. 由题设知

$$S = \int_{0}^{a} x^2 \mathrm{d}x - \frac{1}{2}\left(a - \frac{a}{2}\right) \cdot a^2 = \frac{1}{12}.$$

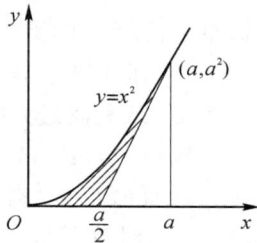

图 6 - 26

化简上式可得 $\frac{1}{12}a^3 = \frac{1}{12}$,于是 $a = 1$,

因此所求切点为 $(1, 1)$,切线方程为 $y = 2x - 1$,且

225

$$V_x = \pi \int_0^1 (x^2)^2 \, dx - \pi \int_{\frac{1}{2}}^1 (2x-1)^2 \, dx$$

$$= \frac{\pi}{5} x^5 \Big|_0^1 - \frac{\pi}{6} (2x-1)^3 \Big|_{\frac{1}{2}}^1 = \frac{\pi}{30}.$$

四、经济应用问题举例

例 10　某产品的生产率为 $Q'(t) = 100 + 12t - 0.6t^2$（箱 / 小时），求生产开始后的第三小时的产量.

解　因为总产量 $Q(t)$ 是它的变化率的原函数，所以在生产开始后的第三小时，即从 $t = 2$ 到 $t = 3$ 这一小时内的产量为

$$Q(3) - Q(2) = \int_2^3 Q'(t) \, dt = \int_2^3 (100 + 12t - 0.6t^2) \, dt$$

$$= (100t + 6t^2 - 0.3t^3) \Big|_2^3 = 126.2（箱）.$$

例 11　如果某产品的边际收益为产量 Q 的函数 $R'(Q) = 15 - 2Q$. 试求总收益函数与需求函数.

解　显然，当产量 $Q = 0$ 时，总收益也为零，即 $R(0) = 0$. 所以，总收益函数为

$$R(Q) = \int_0^Q R'(t) \, dt + R(0) = \int_0^Q (15 - 2t) \, dt = 15Q - Q^2.$$

由 $R(Q) = Qp$（其中 p 为单价），得到需求函数为 $Q = 15 - p$.

例 12　设某产品的总成本 C（单位：万元）的变化率（边际成本）$C' = 1$，总收入 R（单位：万元）的变化率（边际收益）为生产量 x（单位：百台）的函数：$R' = R'(x) = 5 - x$.

（1）求生产量等于多少时，总利润 $L = R - C$ 为最大？

（2）从利润最大的生产量又生产了 100 台，总利润减少了多少？

解　（1）$L'(x) = R'(x) - C'(x) = 5 - x - 1 = 4 - x$,

令 $L'(x) = 0$ 得 $x = 4$，又 $L''(x) = -1 < 0, L''(4) < 0$，所以生产 400 台时总利润有最大值.

（2）$L(5) - L(4) = \int_4^5 L'(x) \, dx = \int_4^5 (4 - x) \, dx = -0.5$，即从 400 台再生产 100 台，总利润减少 0.5 万元.

习题 6.6

1. 求由下列各曲线所围成图形的面积：

(1) $y = \sqrt{x}$ 与直线 $y = x$；

(2) $y = e^x$ 与直线 $y = e$ 及 y 轴；

(3) $y = 3 - x^2$ 与直线 $y = 2x$；

(4) $y = x^2$ 与直线 $y = 2x + 3$；

(5) $y = \dfrac{1}{x}$ 与直线 $y = x$ 及 $x = 2$；

(6) $y = e^x, y = e^{-x}$ 与直线 $x = 1$；

(7) $y = \ln x$ 与直线 $y = 0, x = e$；

(8) $(y - 1)^2 = x + 1$ 与直线 $y = x$.

2. 在曲线 $y = \sqrt{2x}$ 上点 $(2, 2)$ 作切线，求此切线与该曲线及直线 $y = 0$ 所围平面图形的面积.

3. 求抛物线 $y = -x^2 + 4x - 3$ 及其在点 $(0, -3)$ 和 $(0, 3)$ 处的切线所围成的图形面积.

4. 求曲线 $y = x^3 - 3x + 2$ 和它的右极值点处的切线所围区域的面积.

5. 求下列平面图形分别绕 x 轴、y 轴旋转所生成的旋转体体积：

(1) 由 $y = x^3, x = 2, y = 0$ 所围成的图形；

(2) 在区间 $\left[0, \dfrac{\pi}{2}\right]$ 上，由 $y = \sin x$ 与 $x = \dfrac{\pi}{2}, y = 0$ 所围成的图形；

(3) 由 $x^2 + y^2 = 1$ 与 $y^2 = \dfrac{3}{2}x$ 所围成的两个图形中较小的一块.

6. 已知某产品总产量的变化率是时间（单位：年）的函数 $f(t) = 2t + 5, t \geqslant 0$. 求第一个和第二个五年的总产量各为多少？

7. 某商品的需求量 Q 为价格 p 的函数，该商品的最大需求量为 1000，已知需求量的变化率为 $Q'(p) = -1000\ln 3 \cdot \left(\dfrac{1}{3}\right)^p$，试求该商品的需求函数.

8. 若边际消费倾向是收入 Y 的函数 $\frac{3}{2}Y^{-\frac{1}{2}}$ 且当收入为零时总消费支出为 $C_0 = 70$,(1) 求消费函数 $C(Y)$;(2) 求收入由 100 增加到 196 时消费支出的增量.

9. 设某种商品每天生产 x 单位时固定成本为 20 元,边际成本为 $C'(x) = 0.4x + 2$(元 / 单位),如果这种商品规定的销售单价为 18 元,且商品可以全部售出,试求:

(1) 总成本函数 $C(x)$,总利润函数 $L(x)$;

(2) 每天生产多少单位时,总利润最大?

§6.7 广 义 积 分

在定积分中,我们总是假定积分区间是有限的,在可积条件下,被积函数一定是有界的,但在解决某些问题时都需要去掉这两个限制,把定积分的概念拓广为:

(1) 无限区间上的积分;

(2) 无界函数的积分.

一、无穷限广义积分的概念

我们先考察位于曲线 $y = \frac{1}{x^2}$ 之下,x 轴之上而夹在直线 $x = 1$,$x = b$ 之间的区域面积(图 6 - 27).

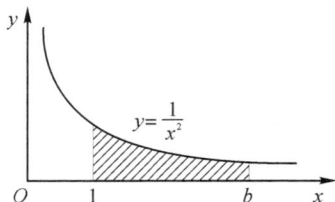

图 6 - 27

$$S(b) = \int_1^b \frac{1}{x^2} dx = -\frac{1}{x} \Big|_1^b = 1 - \frac{1}{b}.$$

当 $b \to +\infty$ 时,有

$$\lim_{b \to +\infty} S(b) = 1.$$

自然,可以把这一极限理解为位于曲线 $y = \dfrac{1}{x^2}$ 之下,x 轴之上,直线 $x = 1$ 之右无限延展的区域的面积.

如果对曲线 $y = \dfrac{1}{x}, x > 1$,考察同样的问题,有

$$\int_1^b \frac{1}{x}\mathrm{d}x = \ln b \to +\infty \quad (b \to +\infty).$$

在这情形下,无限延展的区域就没有有限的面积.

一般地,我们有下列定义:

定义 6.2 设函数 $f(x)$ 在区间 $[a, +\infty)$ 上连续,取 $b > a$. 如果极限

$$\lim_{b \to +\infty} \int_a^b f(x)\mathrm{d}x$$

存在,则称此极限为函数 $f(x)$ 在无穷区间 $[a, +\infty)$ 上的广义积分,记作 $\displaystyle\int_a^{+\infty} f(x)\mathrm{d}x$,即

$$\int_a^{+\infty} f(x)\mathrm{d}x = \lim_{b \to +\infty} \int_a^b f(x)\mathrm{d}x.$$

这时也称广义积分 $\displaystyle\int_a^{+\infty} f(x)\mathrm{d}x$ 收敛;如果上述极限不存在,就称广义积分 $\displaystyle\int_a^{+\infty} f(x)\mathrm{d}x$ 发散,这时虽仍用同样的记号,但已不表示数值了.

类似地可定义 $f(x)$ 在 $(-\infty, b]$ 上的广义积分:

$$\int_{-\infty}^b f(x)\mathrm{d}x = \lim_{a \to -\infty} \int_a^b f(x)\mathrm{d}x.$$

如果对任意实数 c,$\displaystyle\int_{-\infty}^c f(x)\mathrm{d}x$ 和 $\displaystyle\int_c^{+\infty} f(x)\mathrm{d}x$ 都收敛,我们说 $\displaystyle\int_{-\infty}^{+\infty} f(x)\mathrm{d}x$ 收敛,并且有

$$\int_{-\infty}^{+\infty} f(x)\mathrm{d}x = \int_{-\infty}^c f(x)\mathrm{d}x + \int_c^{+\infty} f(x)\mathrm{d}x.$$

上述广义积分统称为无穷限的广义积分.

例 1 计算广义积分 $\int_{-\infty}^{+\infty} \dfrac{1}{1+x^2}\mathrm{d}x$.

解   由定义得

$$\int_{-\infty}^{+\infty} \frac{1}{1+x^2}\mathrm{d}x = \int_{-\infty}^{0} \frac{1}{1+x^2}\mathrm{d}x + \int_{0}^{+\infty} \frac{1}{1+x^2}\mathrm{d}x$$

$$= \lim_{a \to -\infty}\int_{a}^{0} \frac{1}{1+x^2}\mathrm{d}x + \lim_{b \to +\infty}\int_{0}^{b} \frac{1}{1+x^2}\mathrm{d}x$$

$$= \lim_{a \to -\infty}\arctan x \Big|_{a}^{0} + \lim_{b \to +\infty}\arctan x \Big|_{0}^{b}$$

$$= -\lim_{a \to -\infty}\arctan a + \lim_{b \to +\infty}\arctan b$$

$$= -\left(-\frac{\pi}{2}\right) + \frac{\pi}{2} = \pi.$$

有时为了方便起见,我们把 $\lim\limits_{b \to +\infty} F(x)\Big|_{a}^{b}$ 记作 $F(x)\Big|_{a}^{+\infty}$.

例 2 讨论广义积分 $\int_{1}^{+\infty} \dfrac{1}{x^p}\mathrm{d}x$ 的收敛情形,这里 p 是实常数.

解   当 $p=1$ 时,

$$\int_{1}^{+\infty} \frac{1}{x^p}\mathrm{d}x = \int_{1}^{+\infty} \frac{1}{x}\mathrm{d}x = \ln x\Big|_{1}^{+\infty} = +\infty.$$

当 $p \neq 1$ 时,

$$\int_{1}^{+\infty} \frac{1}{x^p}\mathrm{d}x = \frac{x^{1-p}}{1-p}\Big|_{1}^{+\infty} = \begin{cases} +\infty, & p < 1 \\ \dfrac{1}{p-1}, & p > 1 \end{cases}.$$

因此,当 $p > 1$ 时,广义积分收敛,其值为 $\dfrac{1}{p-1}$;当 $p \leqslant 1$ 时,广义积分发散.

从无穷限广义积分的定义容易看出它有以下性质:如果所写出的广义积分是收敛的,就成立

(1) $\int_{a}^{+\infty} kf(x)\mathrm{d}x = k\int_{a}^{+\infty} f(x)\mathrm{d}x$,$k$ 是常数;

(2) $\int_{a}^{+\infty} [f(x) \pm g(x)]\mathrm{d}x = \int_{a}^{+\infty} f(x)\mathrm{d}x \pm \int_{a}^{+\infty} g(x)\mathrm{d}x$;

(3) 分部积分法对无穷限广义积分成立,即

$$\int_a^{+\infty} u \, \mathrm{d}v = (uv)\Big|_a^{+\infty} - \int_a^{+\infty} v \, \mathrm{d}u ;$$

（4）对无穷限广义积分，也有换元法.

例 3 计算广义积分 $\displaystyle\int_0^{+\infty} x\mathrm{e}^{-x}\mathrm{d}x.$

解
$$\int_0^{+\infty} x\mathrm{e}^{-x}\mathrm{d}x = -\int_0^{+\infty} x\mathrm{d}(\mathrm{e}^{-x}) = -x\mathrm{e}^{-x}\Big|_0^{+\infty} + \int_0^{+\infty} \mathrm{e}^{-x}\mathrm{d}x$$
$$= -\lim_{x\to+\infty} x\mathrm{e}^{-x} + 0 - \mathrm{e}^{-x}\Big|_0^{+\infty}$$
$$= -\lim_{x\to+\infty} \frac{x}{\mathrm{e}^x} - (0-1)$$
$$= -\lim_{x\to+\infty} \frac{1}{\mathrm{e}^x} + 1 = 1.$$

例 4 计算广义积分 $\displaystyle\int_0^{+\infty} \frac{\mathrm{d}x}{(1+x^2)^2}.$

解 设 $x = \tan t$，则 $\mathrm{d}x = \sec^2 t\mathrm{d}t$，且当 $x=0$ 时，$t=0$；$x\to+\infty$ 时，$t\to\dfrac{\pi}{2}$，于是

$$\int_0^{+\infty} \frac{\mathrm{d}x}{(1+x^2)^2} = \int_0^{\frac{\pi}{2}} \frac{\sec^2 t}{\sec^4 t}\mathrm{d}t = \int_0^{\frac{\pi}{2}} \cos^2 t\mathrm{d}t = \frac{1}{2}\left(t+\frac{1}{2}\sin 2t\right)\Big|_0^{\frac{\pi}{2}} = \frac{\pi}{4}.$$

例 5 求位于曲线 $y=\mathrm{e}^x$ 的下方，x 轴的上方及该曲线过原点的切线的左方之间的图形面积.

解 设切点坐标为 (x_0,e^{x_0})，则切线斜率为
$$k_切 = y'(x_0) = \mathrm{e}^x\big|_{x=x_0} = \mathrm{e}^{x_0},$$
切线方程为
$$y - \mathrm{e}^{x_0} = \mathrm{e}^{x_0}(x-x_0).$$
因切线过原点，所以有
$$0 - \mathrm{e}^{x_0} = \mathrm{e}^{x_0}(0-x_0),$$

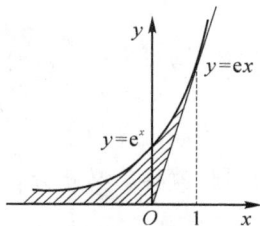
图 6-28

解得 $x_0=1$，故切点为 $(1,\mathrm{e})$，曲线过原点的切线方程为 $y=\mathrm{e}x.$

如图 6-28 所示，所求面积为
$$S = \int_{-\infty}^0 \mathrm{e}^x\mathrm{d}x + \int_0^1 (\mathrm{e}^x - \mathrm{e}x)\mathrm{d}x = \mathrm{e}^x\big|_{-\infty}^0 + \left(\mathrm{e}^x - \frac{\mathrm{e}}{2}x^2\right)\Big|_0^1 = \frac{\mathrm{e}}{2}.$$

二、无界函数广义积分的概念

现在我们讨论定积分概念在另一方面的拓广,即假定积分区间 $[a,b]$ 仍为有限,但被积函数在 $[a,b]$ 上是无界的,从而引进下面的无界函数广义积分的定义.

定义 6.3 设函数 $f(x)$ 在 $[a,b)$ 上连续, $x=b$ 是 $f(x)$ 的无界间断点(也称为 $f(x)$ 的**瑕点**). 取 $\eta > 0$,如果极限

$$\lim_{\eta \to 0^+} \int_a^{b-\eta} f(x)\mathrm{d}x$$

存在,则称此极限为函数 $f(x)$ 在 $[a,b]$ 上的广义积分,仍然记作 $\int_a^b f(x)\mathrm{d}x$,即

$$\int_a^b f(x)\mathrm{d}x = \lim_{\eta \to 0^+} \int_a^{b-\eta} f(x)\mathrm{d}x.$$

这时也称广义积分 $\int_a^b f(x)\mathrm{d}x$ 收敛. 如果上述极限不存在,就称广义积分 $\int_a^b f(x)\mathrm{d}x$ 发散.

类似地,设函数 $f(x)$ 在 $(a,b]$ 上连续, $x=a$ 是 $f(x)$ 的瑕点,取 $\eta > 0$,如果极限

$$\lim_{\eta \to 0^+} \int_{a+\eta}^b f(x)\mathrm{d}x$$

存在,则定义

$$\int_a^b f(x)\mathrm{d}x = \lim_{\eta \to 0^+} \int_{a+\eta}^b f(x)\mathrm{d}x;$$

否则,就称广义积分 $\int_a^b f(x)\mathrm{d}x$ 发散.

另外,设函数 $f(x)$ 在 $[a,b]$ 上除点 $c(a < c < b)$ 外连续,点 c 为 $f(x)$ 的瑕点.如果两个广义积分

$$\int_a^c f(x)\mathrm{d}x \ 与 \int_c^b f(x)\mathrm{d}x$$

都收敛,则定义

$$\int_a^b f(x)\mathrm{d}x = \int_a^c f(x)\mathrm{d}x + \int_c^b f(x)\mathrm{d}x$$

$$= \lim_{\eta \to 0^+}\int_a^{c-\eta} f(x)\mathrm{d}x + \lim_{\eta' \to 0^+}\int_{c+\eta'}^b f(x)\mathrm{d}x;$$

否则,就称广义积分 $\int_a^b f(x)\mathrm{d}x$ 发散.

例 6　计算广义积分 $\int_0^1 \dfrac{1}{\sqrt{1-x^2}}\mathrm{d}x$.

解　因为

$$\lim_{x \to 1^-}\frac{1}{\sqrt{1-x^2}} = +\infty,$$

所以,$x=1$ 是被积函数的瑕点,于是

$$\int_0^1 \frac{1}{\sqrt{1-x^2}}\mathrm{d}x = \lim_{\eta \to 0^+}\int_0^{1-\eta}\frac{\mathrm{d}x}{\sqrt{1-x^2}} = \lim_{\eta \to 0^+}\arcsin x\,\big|_0^{1-\eta}$$

$$= \lim_{\eta \to 0^+}[\arcsin(1-\eta)-0] = \arcsin 1 = \frac{\pi}{2}.$$

例 7　讨论广义积分 $\int_{-1}^1 \dfrac{1}{x^2}\mathrm{d}x$ 的收敛性.

解　因被积函数 $\dfrac{1}{x^2}$ 在积分区间 $[-1,1]$ 上除 $x=0$ 外连续,且

$$\lim_{x \to 0}\frac{1}{x^2} = \infty,$$

所以,$x=0$ 是被积函数的瑕点.

由于

$$\int_{-1}^1 \frac{1}{x^2}\mathrm{d}x = \int_{-1}^0 \frac{1}{x^2}\mathrm{d}x + \int_0^1 \frac{1}{x^2}\mathrm{d}x,$$

而

$$\int_{-1}^0 \frac{1}{x^2}\mathrm{d}x = \lim_{\eta \to 0^+}\int_{-1}^{0-\eta}\frac{\mathrm{d}x}{x^2} = \lim_{\eta \to 0^+}\left(-\frac{1}{x}\right)\Big|_{-1}^{-\eta} = \lim_{\eta \to 0^+}\left(\frac{1}{\eta}-1\right) = +\infty.$$

即广义积分 $\int_{-1}^0 \dfrac{1}{x^2}\mathrm{d}x$ 发散,所以广义积分 $\int_{-1}^1 \dfrac{1}{x^2}\mathrm{d}x$ 发散.

现在我们来说明牛顿－莱布尼兹公式在这里的用法.如果函数 $f(x)$ 在 $[a,b)$ 上连续,而 $x=b$ 是 $f(x)$ 的瑕点,那么

$$\int_a^{b-\eta} f(x)\,dx = F(b-\eta) - F(a),$$

其中 $F(x)$ 是 $f(x)$ 的原函数，因而无界函数的广义积分的存在性就等价于 $\lim_{\eta\to 0^+} F(b-\eta)$ 的存在性，即等价于 $F(x)$ 在 $x=b$ 处存在左极限 $F(b-0)$，因此

$$\int_a^b f(x)\,dx = F(b-0) - F(a).$$

我们仍用记号 $F(x)\big|_a^b$ 来表示 $F(b-0)-F(a)$，从而形式上仍有

$$\int_a^b f(x)\,dx = F(x)\big|_a^b.$$

如果 $F(x)$ 在 $x=b$ 处连续，那么

$$\int_a^b f(x)\,dx = F(b) - F(a).$$

如果 $f(x)$ 的瑕点在 $[a,b]$ 内部，或者在 $[a,b]$ 上同时有几个瑕点，只要 $F(x)$ 在这些瑕点上连续，那么上述积分公式仍然成立.

例 8 讨论广义积分 $\int_0^1 \frac{1}{x^p}dx$ 的敛散性.

解 当 $p=1$ 时，

$$\int_0^1 \frac{1}{x^p}dx = \int_0^1 \frac{1}{x}dx = \ln x\big|_0^1 = 0 - \lim_{x\to 0^+}\ln x = +\infty.$$

当 $p\neq 1$ 时，

$$\int_0^1 \frac{1}{x^p}dx = \frac{x^{1-p}}{1-p}\Big|_0^1 = \begin{cases} \dfrac{1}{1-p}, & p<1, \\ +\infty, & p>1 \end{cases}$$

因此，当 $p<1$ 时，广义积分收敛，其值为 $\dfrac{1}{1-p}$；当 $p\geqslant 1$ 时，这广义积分发散.

例 9 计算 $\int_{-1}^1 \frac{dx}{\sqrt[3]{x^2}}$.

解 $x=0$ 是被积函数的瑕点，但原函数 $3\sqrt[3]{x}$ 在 $x=0$ 处连续，所以

234

$$\int_{-1}^{1} \frac{dx}{\sqrt[3]{x^2}} = 3\sqrt[3]{x}\,\Big|_{-1}^{1} = 6.$$

和无穷限广义积分相仿,定积分的一些性质,包括换元法和分部积分法,对无界函数的广义积分也成立.

例 10 计算 $\int_{1}^{2} \frac{x}{\sqrt{x-1}}dx$.

解 因为 $\lim\limits_{x \to 1^+} \frac{x}{\sqrt{x-1}} = +\infty$,所以,$x=1$ 是被积函数的瑕点.

设 $\sqrt{x-1} = t$,则 $x = t^2 + 1$,$dx = 2tdt$,且当 $x \to 1^+$ 时,$t \to 0^+$;当 $x = 2$ 时,$t = 1$. 于是

$$\int_{1}^{2} \frac{x}{\sqrt{x-1}}dx = \int_{0}^{1} \frac{t^2+1}{t} \cdot 2tdt = 2\int_{0}^{1}(t^2+1)dt$$

$$= \frac{2}{3}t^3\,\Big|_{0}^{1} + 2t\,\Big|_{0}^{1} = \frac{8}{3}.$$

例 11 计算 $\int_{0}^{1} \ln x dx$.

解 因为 $\lim\limits_{x \to 0^+} \ln x = -\infty$,所以 $x = 0$ 是被积函数的瑕点,于是

$$\int_{0}^{1} \ln x dx = (x\ln x)\,\Big|_{0}^{1} - \int_{0}^{1} x \cdot \frac{1}{x}dx = 0 - \lim\limits_{x \to 0^+} x\ln x - 1 = -1.$$

习题 6.7

1. 判别下列各广义积分的收敛性,如果收敛,则计算广义积分的值.

(1) $\int_{1}^{+\infty} \frac{1}{x^4}dx$;

(2) $\int_{1}^{+\infty} \frac{1}{\sqrt{x}}dx$;

(3) $\int_{1}^{+\infty} e^{-x}dx$;

(4) $\int_{2}^{+\infty} \frac{1}{x\ln^2 x}dx$;

(5) $\int_{-\infty}^{+\infty} \frac{1}{x^2+2x+2}dx$;

(6) $\int_{0}^{+\infty} e^{-\sqrt{x}}dx$;

(7) $\int_{1}^{+\infty} \frac{1}{x(x^2+1)}dx$;

(8) $\int_{0}^{2} \frac{1}{(1-x)^2}dx$;

(9) $\displaystyle\int_1^3 \frac{1}{x^2-4}dx$; (10) $\displaystyle\int_1^2 \frac{1}{x\sqrt{x^2-1}}dx$;

(11) $\displaystyle\int_0^1 \frac{x}{\sqrt{1-x^2}}dx$; (12) $\displaystyle\int_0^2 \frac{1}{x^2-4x+3}dx$.

2. 当 k 为何值时,广义积分 $\displaystyle\int_2^{+\infty} \frac{dx}{x(\ln x)^k}$ 收敛?当 k 为何值时,这广义积分发散?

3. 设 $\displaystyle\lim_{x\to\infty}\left(\frac{1+x}{x}\right)^{ax} = \int_{-\infty}^a te^t dt$,求常数 a.

复习题六

一、单项选择题

1. 变上限积分 $\displaystyle\int_a^x f(t)dt$ 是(   ).

A. $f'(x)$ 的一个原函数 B. $f'(x)$ 的全体原函数

C. $f(x)$ 的一个原函数 D. $f(x)$ 的全体原函数

2. 设函数 $f(x)$ 在闭区间 $[a,b]$ 上连续,则 $\displaystyle\int_a^b f(x)dx - \int_a^b f(t)dt$

(   ).

A. 小于零 B. 等于零 C. 大于零 D. 不确定

3. $\displaystyle\int_0^1 e^x dx$ 与 $\displaystyle\int_0^1 e^{x^2} dx$ 相比,有关系式(   ).

A. $\displaystyle\int_0^1 e^x dx < \int_0^1 e^{x^2} dx$ B. $\displaystyle\int_0^1 e^x dx > \int_0^1 e^{x^2} dx$

C. $\displaystyle\int_0^1 e^x dx = \int_0^1 e^{x^2} dx$ D. $\displaystyle\left[\int_0^1 e^x dx\right]^2 = \int_0^1 e^{x^2} dx$

4. 如果 $f(x)$ 在 $[-1,1]$ 上连续,且平均值为 2,则 $\displaystyle\int_{-1}^1 f(x)dx =$

(   ).

A. 1 B. -1 C. 4 D. -4

5. $\dfrac{d}{dx}\displaystyle\int_a^x \sin t^2 dt = ($ $)$.

A. $\sin x^2 - \sin a^2$ B. $2x\cos x^2$

C. $\sin x^2$ D. $2x\sin x^2$

6. $\dfrac{\mathrm{d}}{\mathrm{d}x}\displaystyle\int_a^b \arcsin x \, \mathrm{d}x = ($ $)$.

A. 0 B. $\dfrac{1}{\sqrt{1-x^2}}$

C. $\arcsin x$ D. $\arcsin b - \arcsin a$

7. $\lim\limits_{x\to 0} \dfrac{\displaystyle\int_0^x \sin t \, \mathrm{d}t}{\displaystyle\int_0^x t \, \mathrm{d}t} = ($ $)$.

A. -1 B. 0 C. 1 D. 2

8. 设 $\displaystyle\int_0^x f(t)\,\mathrm{d}t = x\sin x$，则 $f(x) = ($ $)$.

A. $\sin x + x\cos x$ B. $\sin x - x\cos x$

C. $x\cos x - \sin x$ D. $-(\sin x + x\cos x)$

9. 若 $\displaystyle\int_0^k \mathrm{e}^{2x}\,\mathrm{d}x = \dfrac{3}{2}$，则 $k = ($ $)$.

A. 1 B. 2 C. $\ln 2$ D. $\dfrac{\ln 2}{2}$

10. 设 $f(x) = \displaystyle\int_0^x \sin t \, \mathrm{d}t$，则 $f\left[f\left(\dfrac{\pi}{2}\right)\right] = ($ $)$.

A. -1 B. 1 C. $-\cos 1$ D. $1 - \cos 1$

11. $\displaystyle\int_{\frac{\pi}{2}}^x \left(\dfrac{\sin x}{x}\right)' \mathrm{d}x = ($ $)$.

A. $\dfrac{\sin x}{x}$ B. $\dfrac{\sin x}{x} + C$

C. $\dfrac{\sin x}{x} - \dfrac{2}{\pi}$ D. $\dfrac{\sin x}{x} - \dfrac{2}{\pi} + C$

12. 设函数 $f(x)$ 在 $[0，1]$ 上连续，令 $t = 2x$，则 $\displaystyle\int_0^1 f(2x)\,\mathrm{d}x = ($ $)$.

A. $\displaystyle\int_0^2 f(t)\,\mathrm{d}t$ B. $\dfrac{1}{2}\displaystyle\int_0^1 f(t)\,\mathrm{d}t$

C. $2\int_0^2 f(t)\,\mathrm{d}t$ \qquad D. $\dfrac{1}{2}\int_0^2 f(t)\,\mathrm{d}t$

13. 设 $f(x)$ 为 $[-a, a]$ 上的连续函数，则 $\int_{-a}^a f(-x)\,\mathrm{d}x$ $=$ （　　）.

A. 0 \qquad B. $2\int_0^a f(x)\,\mathrm{d}x$

C. $-\int_{-a}^a f(x)\,\mathrm{d}x$ \qquad D. $\int_{-a}^a f(x)\,\mathrm{d}x$

14. 已知 $F(x)$ 是 $f(x)$ 的一个原函数，则 $\int_a^x f(t+a)\,\mathrm{d}t$ $=$ （　　）.

A. $F(x)-F(a)$ \qquad B. $F(t+a)-F(2a)$

C. $F(x+a)-F(2a)$ \qquad D. $F(t)-F(a)$

15. 设 $f(x)$ 为连续函数，则 $\int_{\frac{1}{n}}^n \left(1-\dfrac{1}{t^2}\right)f\left(t+\dfrac{1}{t}\right)\mathrm{d}t=$ （　　）.

A. 0 \qquad B. 1 \qquad C. $a+b$ \qquad D. $\int_a^b f(x)\,\mathrm{d}x$

16. 设 $\int_0^x f(t)\,\mathrm{d}t=\dfrac{x^4}{2}$，则 $\int_0^4 \dfrac{1}{\sqrt{x}}f(\sqrt{x})\,\mathrm{d}x=$ （　　）.

A. 16 \qquad B. 8 \qquad C. 4 \qquad D. 2

17. 下列广义积分收敛的是（　　）.

A. $\int_e^{+\infty}\dfrac{\ln x}{x}\mathrm{d}x$ \qquad B. $\int_e^{+\infty}\dfrac{\mathrm{d}x}{x\ln x}$

C. $\int_e^{+\infty}\dfrac{\mathrm{d}x}{x(\ln x)^2}$ \qquad D. $\int_e^{+\infty}\dfrac{\mathrm{d}x}{x\sqrt{\ln x}}$

18. 广义积分 $\int_0^1 \dfrac{1}{x^p}\mathrm{d}x$ 收敛，则有（　　）.

A. $p\geqslant 1$ \qquad B. $p>1$ \qquad C. $p\leqslant 1$ \qquad D. $p<1$

19. 设函数 $f(x)$ 在 $[a,b]$ 上连续，由曲线 $y=f(x)$ 与 x 轴围得三块面积 S_1,S_2,S_3，如图 6-32 中阴影部分所示，已知 $S_2+S_3=p$，$S_1=2S_2-q$，且 $p\neq q$，则 $\int_a^b f(x)\,\mathrm{d}x=$ （　　）.

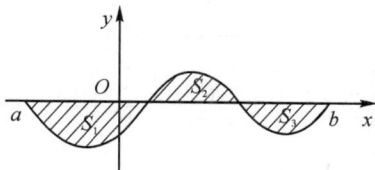

图 6 – 29

A. $p + q$ B. $p - q$ C. $q - p$ D. $- p - q$

20. 设函数 $f(x)$ 在 $[a, b]$ 上连续,则曲线 $y = f(x)$ 与直线 $x = a, x = b, y = 0$ 所围的平面图形的面积等于(　　).

A. $\displaystyle\int_a^b f(x) \, \mathrm{d}x$ 　　　　　　　　B. $\left| \displaystyle\int_a^b f(x) \, \mathrm{d}x \right|$

C. $\displaystyle\int_a^b |f(x)| \, \mathrm{d}x$ 　　　　　　　D. $f'(\xi)(b - a) \, (a < \xi < b)$

二、填空题

1. $\displaystyle\lim_{n \to \infty} \int_0^1 x^n \, \mathrm{d}x = $ _____.

2. 设 $f(x) = \displaystyle\int_1^x \arctan t \, \mathrm{d}t$,则 $f'(x) = $ _____.

3. 若 $f(x) = \displaystyle\int_0^{x^2} t \cdot \sqrt[3]{1 + t^2} \, \mathrm{d}t$,则 $f'(x) = $ _____.

4. 设 $F(x) = \displaystyle\int_0^x t \cos^2 t \, \mathrm{d}t$,则 $F'(\frac{\pi}{4}) = $ _____.

5. 设 $f(x)$ 是连续函数,且 $f(x) = x + 2\displaystyle\int_0^1 f(t) \, \mathrm{d}t$,则 $\displaystyle\int_0^1 f(t) \, \mathrm{d}t$

= _____.

6. 设 $f(x)$ 在积分区间上连续,则 $\displaystyle\int_{-a}^a x^2 [f(x) - f(-x)] \, \mathrm{d}x$

= _____.

7. $\displaystyle\int_0^{\frac{\pi}{2}} \frac{\sin x}{1 + \cos^2 x} \, \mathrm{d}x = $ _____.

8. $\displaystyle\int_1^3 |x - 2| \, \mathrm{d}x = $ _____.

9. $\int_{-1}^{1} x^5 e^{-x^2} dx = $ _____ .

10. 设 $\int_{-\infty}^{+\infty} \dfrac{A}{1+x^2} dx = 1$，则 $A = $ _____ .

11. 广义积分 $\int_{0}^{+\infty} e^{-2x} dx = $ _____ .

12. 由曲线 $y = x^3, y = 0, x = -1, x = 1$ 所围图形的面积

为 _____ .

三、计算题

1. 计算 $\lim\limits_{x \to 0} \dfrac{\int_0^x \dfrac{\sin t}{t} dt}{x^2}$.

2. 设 $f(x) = \begin{cases} \dfrac{2}{x^2}(1-\cos x), & x < 0 \\ 1, & x = 0 \\ \dfrac{1}{x}\int_0^x \cos t^2 dt, & x > 0 \end{cases}$，讨论 $f(x)$ 在 $x = 0$ 处的

连续性.

3. 设函数 $y = f(x)$ 在 $(0, +\infty)$ 内可导，且 $f(x) = 1 + \dfrac{1}{x}\int_1^x f(t) dt$，求 $f(x)$.

4. 计算 $\int_0^{\frac{\pi}{2}} \sqrt{1-\cos x} \, dx$.

5. 计算 $\int_0^1 x \sqrt{1-x} \, dx$.

6. 计算 $\int_1^e \dfrac{1}{x(2x+1)} dx$.

7. 已知 xe^x 为 $f(x)$ 的一个原函数，求 $\int_0^1 x f'(x) dx$.

8. 设 $y = \int_0^x t e^{-t} dt$，求该函数极值及曲线 $y = \int_0^x t e^{-t} dt$ 的拐点.

9. 设 $f(2x+1) = xe^x$，求 $\int_3^5 f(t) dt$.

10. 计算广义积分 $\displaystyle\int_0^{+\infty} \dfrac{1}{e^x + e^{-x}}\mathrm{d}x$.

11. 计算广义积分 $\displaystyle\int_0^{+\infty} \dfrac{1}{x^2 + 4x + 8}\mathrm{d}x$.

12. 计算广义积分 $\displaystyle\int_1^{+\infty} \dfrac{\ln x}{x^2}\mathrm{d}x$.

四、应用题

1. 求由 $\sqrt{y} = x, y = 2 - x$ 及 x 轴所围成的平面图形的面积.

2. 求由 $y^2 = 2x + 6$ 与 $y^2 = 3 - x$ 所围成的平面图形的面积.

3. 计算由曲线 $y = x^2$ 和 $y = x^3$ 所围平面图形的面积,并求此平面图形绕 y 轴旋转所形成的立体体积.

4. 求由抛物线 $y = 1 - x^2$ 及其在点 $(1, 0)$ 处的切线和 y 轴所围成的平面图形的面积.

5. 求由直线 $y = 2x, y = x, x = 2, x = 4$ 所围成的平面图形 D 绕 x 轴旋转一周所得旋转体体积.

6. 求由曲线 $y = 2 - x^2, y = x(x \geqslant 0)$ 与直线 $x = 0$ 所围平面图形绕 x 轴旋转一周所生成的旋转体体积.

7. 求由曲线 $y = \dfrac{1}{x}$ 和直线 $y = 4x, x = 2, y = 0$ 所围成的平面图形面积以及该平面图形绕 x 轴旋转所生成旋转体体积.

8. 某商品的需求量 Q 是价格 p 的函数,该商品的最大需求量为 2000,已知边际需求为 $Q'(p) = -1000e^{-0.5p}$,试求需求量 Q 与价格 p 的函数关系.

五、证明题

1. 设连续函数 $f(x)$ 满足关系式 $f(x) = \ln x - \displaystyle\int_1^e f(x)\mathrm{d}x$,证明:$\displaystyle\int_1^e f(x)\mathrm{d}x = \dfrac{1}{e}$.

2. 证明:$\displaystyle\int_0^\pi f(\sin x)\mathrm{d}x = 2\int_0^{\frac{\pi}{2}} f(\sin x)\mathrm{d}x$.

3. 证明:$\displaystyle\int_0^1 \dfrac{1}{\arccos x}\mathrm{d}x = \int_0^{\frac{\pi}{2}} \dfrac{\sin x}{x}\mathrm{d}x$.

第7章 多元函数微分法

前面章节中,我们已经讨论了一元函数的微分.但是在实际问题中,一个变量往往依赖于多个变量,这在数学上可以归结为多元函数.本章将在一元函数微分学的基础上讨论多元函数微分法及其应用.

一元函数微分学中的许多概念、理论和方法都可以推广到多元函数.因此,在许多方面,一元函数与多元函数之间有着密切的联系和相似之处.尽管如此,它们之间还是存在着一些质的不同.然而二元与二元以上的多元函数之间的差别是不大的,所以我们将以二元函数为主来讨论多元函数微分学.需要指出的是,在讨论中我们应该经常把有关概念与一元函数加以比较,注意它们的异同与联系,这是学好多元函数微分学的关键.

§7.1 二元函数的基本概念

一、平面点集

因为二元函数会有两个自变量,因此函数的定义域是平面或者它的一部分,为此,我们需要考虑平面点集.如果引入直角坐标系,则平面上的点 P 就与有序二元实数组 (x,y) 之间建立了一一对应,即平面上的点 P 可以用有序实数组 (x,y) 表示.我们称坐标平面上具有某种性质 P 的点的集合为平面点集,记作

$$E = \{(x,y) \mid (x,y)\text{具有性质}P\}.$$

例如,平面上的所有点组成的点集记为

$$R^2 = \{(x,y) \mid -\infty < x < +\infty, -\infty < y < +\infty\};$$

又如平面上以原点为中心的单位圆内所有点的集合可以表示成

$$C = \{(x,y) \mid x^2 + y^2 < 1\}.$$

假使我们以点 P 表示 (x,y)，以 $|OP|$ 表示该点到原点 O 的距离，则集合 C 也可表示成

$$C = \{P \mid |OP| < 1\}.$$

下面，我们引入平面上邻域的概念.

定义 7.1　记 $P_0(x_0,y_0)$ 是 xOy 平面上的一点，δ 是某一正数，与点 $P_0(x_0,y_0)$ 距离小于 δ 的所有点 $P(x,y)$ 的全体称为点 P_0 的 δ 邻域，记作 $U(P_0,\delta)$，即

$$U(P_0,\delta) = \{P \mid |PP_0| < \delta\},$$

或者

$$U(P_0,\delta) = \{(x,y) \mid \sqrt{(x-x_0)^2 + (y-y_0)^2} < \delta\}.$$

而点 P_0 的去心 δ 邻域记为 $\overset{\circ}{U}(P_0,\delta)$，即

$$\overset{\circ}{U}(P_0,\delta) = \{P \mid 0 < |PP_0| < \delta\},$$

或者

$$\overset{\circ}{U}(P_0,\delta) = \{(x,y) \mid 0 < \sqrt{(x-x_0)^2 + (y-y_0)^2} < \delta\}.$$

如果不强调邻域的半径 δ，则 P_0 的 δ 邻域（去心邻域）可以简记为 $U(P_0)$.

利用邻域可以描述点与点集之间的关系，并定义平面上的一些重要的点集.

记 E 为平面上的一个点集，P 是平面上一点，则 P 和 E 存在如下的三种关系：

（1）若存在点 P 的一个 δ 邻域 $U(P)$，使得 $U(P) \subset E$，则称点 P 是 E 的**内点**. 如果集合 E 所有的点都是它的内点，则称 E 为**开集**；

（2）若存在点 P 的一个 δ 邻域 $U(P)$，使得 $U(P) \cap E = \varnothing$，则称点 P 是 E 的一个**外点**；

（3）若对点 P 的任意一个 δ 邻域 $U(P)$，该邻域内同时有点 P 的内点和外点，则称点 P 是 E 的一个**边界点**.

E 的所有边界点构成的集合称为它的**边界**. 而 E 的边界和所有内点构成的集合称为 E 的**闭集**.

对于 E 内的任意两点 P_1, P_2,总存在 E 内的一条或者有限条折线将它们连结起来,则称 E 是**连通**的;连通的开集,我们称为**开区域**,简称为区域.区域和它的边界构成了**闭区域**.而对于区域 E,如果能找到中心在原点,半径为 r 的一个有限圆将其覆盖住,则称它是有界的.

二、二元函数的概念

定义 7.2 设 D 是一个平面点集,如果对 D 中的任意一点 $P(x, y)$,总存在唯一的一个实数 z,使得它和点 $P(x, y)$ 按照对应法则 f 相对应,则称 z 是变量 x, y 的一个二元函数,记为

$$z = f(x, y) \text{ 或者 } z = f(P),$$

其中 D 为函数 $z = f(x, y)$ 的定义域,x, y 为自变量,z 为因变量.

如同一元函数,二元函数仍有两个基本要素:定义域和对应法则.两个二元函数相等当且仅当它们的定义域和对应法则均相同.如果没明确指出,函数的定义域指的就是它的自然定义域,即使 $z = f(x, y)$ 有意义的变量 x, y 的值的全体,定义域一般记为 D 或 D_f.

设给定一个二元函数 $z = f(x, y), (x, y) \in D$. 取定一个空间直角坐标系 $Oxyz$,在 xOy 平面上画出函数的定义域 D. 在 D 内任取一点 $P(x, y)$,按照 $z = f(x, y)$ 就在空间中一个点 $M(x, y, z)$ 与之对应(图 7-1). 当点 P 在 D 中变化时,相应的点 M 就在空间中变动;而当点 P 取遍整个定义域 D 内的值时,点 M 的全体就是函数 $z = f(x, y)$ 的图形. 一般来说,二元函数 $z = f(x, y)$ 的图形都是空间中的一张曲面.f 的定义域 D_f 是该曲面在 xOy 平面上的投影.

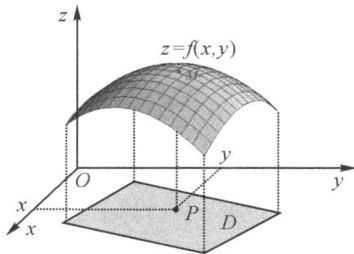

图 7-1

例 1　求下列函数的定义域 D_f,并画出它对应的图形.

(1) $z = \dfrac{1}{\sqrt{1-(x^2+y^2)}}$;

(2) $z = \dfrac{1}{\sqrt{y-x^2}} + \ln(y-x-1)$.

解　(1) 要使式子有意义,x,y 应满足

$$\begin{cases} 1-(x^2+y^2) \geqslant 0 \\ x^2+y^2 \neq 1 \end{cases} \Leftrightarrow x^2+y^2 < 1,$$

即

$$D_f = \{(x,y)\,|\,x^2+y^2 < 1\}.$$

它对应的图为图 7-2 所示.

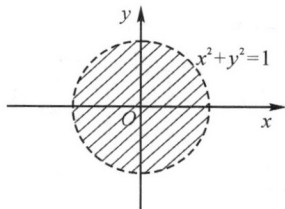

图 7-2

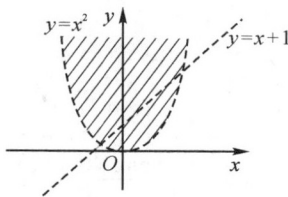

图 7-3

(2) 要使函数有意义,则

$$y-x^2 > 0, y-x-1 > 0;$$

即

$$D_f = \{(x,y)\,|\,y > x^2 \text{ 且 } y > x+1\},$$

对应的图为图 7-3 所示.

例 2　已知 $f(x,y) = x^2+y^2-xy$,求 $f(kx,ky)$.

解　$\begin{aligned} f(kx,ky) &= (kx)^2 + (ky)^2 - (kx)(ky) \\ &= k^2(x^2+y^2-xy) \\ &= k^2 f(x,y). \end{aligned}$

例 3　已知 $f(x+y, \dfrac{y}{x}) = x^2+y^2 \ (x \neq 0)$,求 $f(x,y)$.

解　令 $u = x+y, v = \dfrac{y}{x}$,则

$$x = \frac{u}{1+v}, \quad y = \frac{uv}{1+v}.$$

因此，

$$f(u,v) = \left(\frac{u}{1+v}\right)^2 + \left(\frac{uv}{1+v}\right)^2 = \left(\frac{u}{1+v}\right)^2 (1+v^2).$$

即

$$f(x,y) = \left(\frac{x}{1+y}\right)^2 (1+y^2).$$

习题 7.1

1. 求下列函数的定义域：

(1) $z = \ln[x(y-1)]$；

(2) $z = \dfrac{1}{\ln(2-x^2-y^2)} + \sqrt{x^2+y^2-1}$；

(3) $z = \arcsin \dfrac{x}{3} + \arccos \dfrac{y}{2}$；

(4) $z = \dfrac{\arcsin(3-x^2-y^2)}{\sqrt{x-y^2}}$；

(5) $z = \ln(x+y) + \sqrt{2^{xy}-1}$.

2. 设函数 $f(x,y) = x^3 - 2xy + y^2$，求

(1) $f(-2,3)$；(2) $f\left(\dfrac{1}{x},\dfrac{1}{y}\right)$；(3) $\dfrac{f(1,1+h)-f(1,2)}{h}$.

3. 求下列函数的值：

(1) 设 $f(x,y) = \left[\dfrac{\arctan(x+y)}{\arctan(x-y)}\right]^2$，求 $\left[f\left(\dfrac{1+\sqrt{3}}{2},\dfrac{1-\sqrt{3}}{2}\right)\right]$；

(2) 设 $f(x,y) = \dfrac{2xy}{x^2+y^2}$，求 $f\left(1,\dfrac{y}{x}\right)$；

(3) 设 $f(x,y) = x^2 + y^2 - xy\tan\dfrac{x}{y}$，求 $f(tx,ty)$

4. 设 $f(x+y,x-y) = x^2 + y^2$，求 $f(x,y)$.

5. 设 $f\left(\dfrac{1}{y},\dfrac{1}{x}\right) = \dfrac{xy-x^2}{x-2y}$，求 $f(x,y)$.

§7.2　二元函数的极限和连续

我们知道,函数的极限与连续性描述了当自变量变化时,函数的变化趋势.在这个问题上,多元函数与一元函数是类似的,我们也用同样的方法研究.

一、二元函数的极限

如果在 $x \to x_0$, $y \to y_0$, 即 $P(x,y) \to P_0(x_0, y_0)$ 时,函数值 $f(x,y)$ 无限接近一个常数 A,则称 A 是函数 $f(x,y)$ 在 $P(x,y) \to P_0(x_0, y_0)$ 时的极限,记为

$$\lim_{\substack{x \to x_0 \\ y \to y_0}} f(x,y) = A, \text{或者} \lim_{P(x,y) \to P_0(x_0, y_0)} f(x,y) = A.$$

利用 $\varepsilon - \delta$,极限可以定义如下:

定义 7.3　若对任意的 $\varepsilon > 0$,存在相应的正数 δ,当 $0 < \sqrt{(x-x_0)^2 + (y-y_0)^2} < \delta$(或 $0 < |PP_0| < \delta$) 时,总有

$$|f(x,y) - A| < \varepsilon,$$

则称函数 $z = f(x,y)$ 在点 $P_0(x_0, y_0)$ 处有极限 A,记为

$$\lim_{\substack{x \to x_0 \\ y \to y_0}} f(x,y) = A \text{ 或者 } \lim_{P(x,y) \to P_0(x_0, y_0)} f(x,y) = A.$$

例 1　设 $f(x,y) = (x^2 + y^2) \sin \dfrac{1}{x^2 + y^2}$,求证

$$\lim_{(x,y) \to (0,0)} f(x,y) = 0.$$

证明　因为

$$|f(x,y) - 0|$$

$$= \left| (x^2 + y^2) \sin \frac{1}{x^2 + y^2} - 0 \right|$$

$$= |x^2 + y^2| \cdot \left| \sin \frac{1}{x^2 + y^2} \right| \leqslant x^2 + y^2,$$

则对任意的 $\varepsilon > 0$,存在 $\delta = \sqrt{\varepsilon}$,当

$$0 < \sqrt{(x-0)^2 + (y-0)^2} < \delta,$$

总有

$$|f(x,y) - 0| < \varepsilon.$$

因此

$$\lim_{(x,y)\to(0,0)} f(x,y) = 0.$$

注意，二元函数的极限存在，是指当点 $P(x,y)$ 以任何方式趋于 $P_0(x_0,y_0)$ 时，函数都无限接近 A. 由此可见，如果当 $P(x,y)$ 以两种不同方式趋于 $P_0(x_0,y_0)$ 时，对应的函数值趋于不同数值，则函数在该点的极限是不存在的.

例 2 试证：函数 $f(x,y) = \begin{cases} \dfrac{xy}{x^2+y^2}, & x^2+y^2 \neq 0 \\ 0, & x^2+y^2 = 0 \end{cases}$，在点 $(0,0)$ 处无极限.

证明 我们只需找 $P(x,y)$ 趋于 $P_0(0,0)$ 的两种不同方式，使得对应的函数值趋于不同的值即可.

当点 $P(x,y)$ 沿 x 轴趋于点 $P_0(0,0)$ 时，

$$\lim_{\substack{(x,y)\to(0,0)\\ y=0}} f(x,0) = \lim_{x\to 0} 0 = 0;$$

当点 $P(x,y)$ 沿直线 $y = kx$ 趋于点 $P_0(0,0)$ 时，有

$$\lim_{\substack{(x,y)\to(0,0)\\ y=kx}} \frac{xy}{x^2+y^2} = \lim_{x\to 0} \frac{kx^2}{x^2+k^2x^2} = \frac{k}{1+k^2}.$$

因此，函数 $f(x,y)$ 在 $(0,0)$ 处无极限.

二、二元函数的连续

定义 7.4 若二元函数 $z = f(x,y)$ 在点 $P_0(x_0,y_0)$ 的某邻域内有定义，且

$$\lim_{(x,y)\to(x_0,y_0)} f(x,y) = f(x_0,y_0), \tag{7-1}$$

则称 $z = f(x,y)$ 在点 $P_0(x_0,y_0)$ 处连续.

如果记

$$\Delta z = f(x_0+\Delta x, y_0+\Delta y) - f(x_0,y_0),$$

则(7-1)可以写成

$$\lim_{\substack{\Delta x \to 0 \\ \Delta y \to 0}} \Delta z = 0. \tag{7-2}$$

如果函数 $f(x,y)$ 在平面点集 D 上的每点都连续,那么称函数 $f(x,y)$ 在 D 上是连续的.我们可以证明,多元连续函数的和、差、积仍为连续函数;连续函数的商在分母不为零处仍连续;多元连续函数的复合函数也是连续函数.

类似一元初等函数,多元函数也有初等函数,它是指可用一个式子表示的由常数及具有不同自变量的一元基本初等函数经过有限次的四则运算和复合运算而得到的.例如

$$\frac{x + x^2 - y^2}{1 + y^2}, \quad \sin(x + y), \quad e^{x^2 + y^2 + z^2}$$

等均为连续函数.**一切多元初等函数在其定义区域内是连续的.**

由多元连续函数的连续性,如果它在点 P_0 处有定义,则

$$\lim_{P \to P_0} f(P) = f(P_0). \tag{7-3}$$

例 3 求下列函数的极限:

(1) $\lim\limits_{\substack{x \to 1 \\ y \to 2}} (x^2 + xy + y^2)$; (2) $\lim\limits_{\substack{x \to 0 \\ y \to 1}} \dfrac{\sin(xy)}{x}$;

(3) $\lim\limits_{\substack{x \to 0 \\ y \to 0}} \dfrac{\sqrt{xy + 1} - 1}{xy}$.

解 (1) 函数 $f(x,y) = x^2 + xy + y^2$ 是初等函数,且在点 $(1,2)$ 处有定义,所以由式(7-3),得

$$\lim_{\substack{x \to 1 \\ y \to 2}} (x^2 + xy + y^2) = f(1,2) = 7.$$

(2) 函数 $f(x,y) = \dfrac{\sin(xy)}{x}$ 是初等函数,但它在点 $(0,1)$ 处无定义,所以无法直接利用(7-3),因此,我们需要利用别的方法.注意到

$$\lim_{\substack{x \to 0 \\ y \to 1}} \frac{\sin(xy)}{x} = \lim_{\substack{x \to 0 \\ y \to 1}} \frac{\sin(xy)}{xy} \cdot y = \lim_{\substack{x \to 0 \\ y \to 1}} \frac{\sin(xy)}{xy} \cdot \lim_{\substack{x \to 0 \\ y \to 1}} y$$

$$= \lim_{\substack{x \to 0 \\ y \to 1}} \frac{\sin(xy)}{xy} \cdot \lim_{\substack{x \to 0 \\ y \to 1}} y = 1 \times 1 = 1.$$

（3）函数 $f(x,y) = \dfrac{\sqrt{xy+1}-1}{xy}$ 在 $(0,0)$ 处无定义,但是

$$\lim_{\substack{x \to 0 \\ y \to 0}} \frac{\sqrt{xy+1}-1}{xy} = \lim_{\substack{x \to 0 \\ y \to 0}} \frac{(\sqrt{xy+1}-1)(\sqrt{xy+1}+1)}{xy(\sqrt{xy+1}+1)}$$

$$= \lim_{\substack{x \to 0 \\ y \to 0}} \frac{1}{\sqrt{xy+1}+1} = \frac{1}{2}.$$

三、有界闭域上连续函数的性质

定理 7.1(有界性与最值定理)　若函数 f 在有界闭域 D 上连续,则 f 在 D 上有界,且能取得最大值与最小值.

定理 7.2(介值定理)　设函数 f 在有界闭区域 D 上连续,若 f 必能取得介于最大值和最小值之间的任何值.

习题 7.2

1. 求下列各极限:

（1）$\lim\limits_{\substack{x \to 0 \\ y \to 1}} \dfrac{1-xy}{x^2+y}$;

（2）$\lim\limits_{\substack{x \to 1 \\ y \to 2}} \dfrac{3xy - x^3 y^2}{x+y}$;

（3）$\lim\limits_{\substack{x \to 1 \\ y \to 0}} \dfrac{\ln(x+e^y)}{\sqrt{x^2+y^2}}$;

（4）$\lim\limits_{\substack{x \to 0 \\ y \to 2}} \dfrac{\sin(xy^2)}{x}$;

（5）$\lim\limits_{\substack{x \to 0 \\ y \to 0}} \dfrac{2-\sqrt{xy+4}}{xy}$;

（6）$\lim\limits_{\substack{x \to 0 \\ y \to 0}} \dfrac{1}{x}\ln(1+xy)$;

（7）$\lim\limits_{\substack{x \to 0 \\ y \to 0}}(x+y)\sin\dfrac{1}{x^2+y^2}$.

2. 证明下列极限不存在.

（1）$\lim\limits_{\substack{x \to 0 \\ y \to 0}} \dfrac{x+y}{x-y}$;

（2）$\lim\limits_{\substack{x \to 0 \\ y \to 0}} \dfrac{x^2 y}{x^2 y - (x-y)^2}$;

（3）$\lim\limits_{\substack{x \to 0 \\ y \to 0}} \dfrac{x^3 y}{x^6+y^2}$;

（4）$\lim\limits_{\substack{x \to 0 \\ y \to 0}} \dfrac{xy}{x+y}$.

3. 已知

$$f(x,y) = \begin{cases} \dfrac{2 - \sqrt{x^2 + y^2 + 4}}{x^2 + y^2}, & x^2 + y^2 \neq 0, \\ A, & x^2 + y^2 = 0 \end{cases}$$

在点$(0,0)$处连续,求常数 A.

§7.3　偏　导　数

一、偏导数的概念及计算

对于二元函数 $z = f(x,y)$,如果固定其中一个变量,则它关于另外那个变量就是一个一元函数,因此,在这种意义下我们可以将一元函数的导数推广到二元函数,即有下面的偏导数的概念.

定义 7.5　设函数 $z = f(x,y)$ 在点 $P_0(x_0, y_0)$ 的某一邻域内有定义,固定 y 在 y_0 处,如果一元函数 $z = f(x, y_0)$ 在 x_0 的导数存在,即若极限

$$\lim_{\Delta x \to 0} \frac{f(x_0 + \Delta x, y_0) - f(x_0, y_0)}{\Delta x}$$

存在,则称函数 $z = f(x,y)$ 在点 (x_0, y_0) 处关于 x **可偏导**,该极限称为 $z = f(x,y)$ 在点 (x_0, y_0) 处关于 x 的**偏导数**,记为

$$f'_x(x_0, y_0),\ \text{或} \frac{\partial f}{\partial x}\bigg|_{(x_0, y_0)},\ \text{或} \frac{\partial z}{\partial x}(x_0, y_0),\ \text{或}\ z'_x(x_0, y_0).$$

类似的,如果固定 x 在 x_0 处,则 $z = f(x_0, y)$ 在点 (x_0, y_0) 处关于 y 的偏导数即为极限

$$\lim_{\Delta y \to 0} \frac{f(x_0, y_0 + \Delta y) - f(x_0, y_0)}{\Delta y},$$

对应的记号为

$$f'_y(x_0, y_0),\ \text{或} \frac{\partial f}{\partial y}\bigg|_{(x_0, y_0)},\ \text{或} \frac{\partial z}{\partial y}(x_0, y_0),\ \text{或}\ z'_y(x_0, y_0).$$

如果函数 $z = f(x,y)$ 在区域 D 内每一点关于 x 的偏导数都存在,则这个偏导数是 x, y 的函数,我们称它为 $z = f(x,y)$ 对自变量 x 的偏导数,记为

$$f'_x(x,y),或\frac{\partial f}{\partial x}\Big|_{(x,y)},或\frac{\partial z}{\partial x}(x,y),或 z'_x(x,y).$$

类似的,可以定义 $z = f(x,y)$ 对自变量 y 的偏导数:

$$f'_y(x,y),或\frac{\partial f}{\partial y}\Big|_{(x,y)},或\frac{\partial z}{\partial y}(x,y),或 z'_y(x,y).$$

例 1   求函数 $z = x^2 + 2xy - 2y^2$ 的偏导数 z'_x,z'_y.

解   将 y 视为常量,则有

$$z'_x = 2x + 2y.$$

而将 x 视为常量,则

$$z'_y = 2x - 4y.$$

例 2   求函数 $z = f(x,y) = x^3 + 2x^2 y - y^3$ 在点$(1,3)$的偏导数 z'_x,z'_y.

解法 1   令 $y = 3$,得到函数
$$z(x,3) = x^3 + 6x^2 - 27,$$
求它在 $x = 1$ 的导数,即
$$z'_x(1,3) = \frac{dz(x,3)}{x}\Big|_{x=1} = (3x^2 + 12x)\big|_{x=1} = 15.$$
令 $x = 1$,得到函数
$$z(1,y) = 1 + 2y - y^3,$$
求它在 $y = 3$ 的导数,即
$$z'_y(1,3) = \frac{dz(1,y)}{dy}\Big|_{y=3} = (2 - 3y^2)\big|_{y=3} = -25.$$

解法 2   先求出 z 关于 x 和 y 的偏导函数 z'_x,z'_y:
$$z'_x(x,y) = 3x^2 + 4xy, \quad z'_y(x,y) = 2x^2 - 3y^2.$$
然后将$(x,y) = (1,3)$代入,得到
$$z'_x(1,3) = 3 + 4 \cdot 1 \cdot 3 = 15,$$
$$z'_y(x,y) = 2 \cdot 1 - 3 \cdot 3^2 = -25.$$

例 3   设 $f(x,y) = \frac{\sqrt[3]{xy^2}}{x^2+1} + \sin(1-x)\tan\frac{xy}{x^2+y^2}$,求 $f'_y(1,1)$.

解   如果直接关于 y 求偏导数比较复杂,我们采用类似于例 2

解法 1 的求法. 固定 $x = 1$, 则 $f(1,y) = \frac{1}{2}y^{\frac{2}{3}}$, 此时 $f'_y(1,y) = \frac{1}{3}y^{-\frac{1}{3}}$, 因此 $f'_y(1,1) = \frac{1}{3}$.

例 4 设 $z = x^y (x > 0, x \neq 1)$, 求证: $\frac{x}{y}\frac{\partial z}{\partial x} + \frac{1}{\ln x}\frac{\partial z}{\partial y} = 2z$.

证明 由题意

$$\frac{\partial z}{\partial x} = yx^{y-1}, \quad \frac{\partial z}{\partial y} = x^y \ln x.$$

因此,

$$\frac{x}{y}\frac{\partial z}{\partial x} + \frac{1}{\ln x}\frac{\partial z}{\partial y} = \frac{x}{y}yx^{y-1} + \frac{1}{\ln x}x^y \ln x = x^y + x^y = 2z,$$

结论成立.

偏导数的概念可以进一步推广到二元以上的函数. 例如三元函数 $u = f(x,y,z)$ 在点 (x,y,z) 处对 x 的偏导数定义为

$$f'_x(x,y,z) = \lim_{\Delta x \to 0}\frac{f(x+\Delta x, y, z) - f(x,y,z)}{\Delta x},$$

它的求法也仍旧是一元函数的微分法问题: 将 y, z 视为常数, 求 u 对 x 的一阶导数.

例 5 求三元函数 $u = \sin(x + y^2 - e^z)$ 的偏导数 $\frac{\partial u}{\partial x}, \frac{\partial u}{\partial y}, \frac{\partial u}{\partial z}$.

解 把 y 和 z 看作常数, 得

$$\frac{\partial u}{\partial x} = \cos(x + y^2 - e^z),$$

把 x, z 看作常数, 得

$$\frac{\partial u}{\partial y} = 2y\cos(x + y^2 - e^z),$$

把 x, y 看作常数, 得

$$\frac{\partial u}{\partial x} = -e^z \cos(x + y^2 - e^z).$$

如果给定的函数是分段的, 则在分段开区域我们利用求导公式, 而分段点则用定义求.

例 6 设 $z = f(x, y) = \begin{cases} \dfrac{xy}{x^2 + y^2}, & x^2 + y^2 > 0 \\ 0, & x^2 + y^2 = 0 \end{cases}$，求 $f'_x(x, y)$，

$f'_y(x, y)$.

解 当 $x \neq 0, y \neq 0, f(x, y) = \dfrac{xy}{x^2 + y^2}$ 是初等函数，直接利用

导数公式求导，得

$$f'_x(x, y) = \frac{y(x^2 + y^2) - xy \cdot 2x}{(x^2 + y^2)^2} = \frac{y(y^2 - x^2)}{(x^2 + y^2)^2},$$

而当 $x = 0, y = 0$ 时，利用定义求，

$$f'_x(0, 0) = \lim_{\Delta x \to 0} \frac{\dfrac{(0 + \Delta x) \cdot 0}{(0 + \Delta x)^2 + 0^2} - 0}{\Delta x} = 0,$$

所以

$$f'_x(x, y) = \begin{cases} \dfrac{y(y^2 - x^2)}{(x^2 + y^2)^2}, & x^2 + y^2 > 0 \\ 0, & x^2 + y^2 = 0 \end{cases}.$$

同理可得

$$f'_y(x, y) = \begin{cases} \dfrac{x(x^2 - y^2)}{(x^2 + y^2)^2}, & x^2 + y^2 > 0 \\ 0, & x^2 + y^2 = 0 \end{cases}.$$

注 由 §7.2 例 5 得，$f(x, y)$ 在 $(0, 0)$ 处无极限，所以一定不连续. 上例表明：对于多元函数来说，即使某点的各种偏导数都存在，也不能保证函数在该点连续.

二、高阶偏导数

设函数 $z = f(x, y)$ 在区域 D 内具有偏导数

$$\frac{\partial z}{\partial x} = f_x(x, y), \qquad \frac{\partial z}{\partial y} = f_y(x, y),$$

则在区域 D 内 $f'_x(x, y)$ 和 $f'_y(x, y)$ 都是 x, y 的函数. 如果这两个函数的偏导数也存在，则称它们是函数 $z = f(x, y)$ 的二阶导数. 按照对变量求导次序不同，二阶偏导数一般有下面四个：

$$\frac{\partial}{\partial x}\left(\frac{\partial z}{\partial x}\right) = \frac{\partial^2 z}{\partial x^2} = f''_{xx}(x,y), \quad \frac{\partial}{\partial y}\left(\frac{\partial z}{\partial x}\right) = \frac{\partial^2 z}{\partial x \partial y} = f''_{xy}(x,y),$$

$$\frac{\partial}{\partial x}\left(\frac{\partial z}{\partial y}\right) = \frac{\partial^2 z}{\partial y \partial x} = f''_{yx}(x,y), \quad \frac{\partial}{\partial y}\left(\frac{\partial z}{\partial y}\right) = \frac{\partial^2 z}{\partial y^2} = f''_{yy}(x,y),$$

其中

$$\frac{\partial^2 z}{\partial x \partial y} = f_{xy}(x,y), \quad \frac{\partial^2 z}{\partial y \partial x} = f_{yx}(x,y)$$

往往称为**混合偏导数**. 同样的,利用类似的方法可以定义三阶、四阶以及 n 阶偏导数. 我们称二阶及二阶以上的偏导数为高阶偏导数.

例 7　求 $z = e^{x^2 y}$ 的所有二阶偏导数.

解　$z'_x = e^{x^2 y} \cdot 2xy = 2xy e^{x^2 y}, \quad z'_y = e^{x^2 y} \cdot x^2 = x^2 e^{x^2 y},$

$z''_{xx} = (z'_x)'_x = 2y e^{x^2 y} + 2xy e^{x^2 y} \cdot 2xy = 2y(1 + 2x^2 y) e^{x^2 y},$

$z''_{xy} = (z'_x)'_y = 2x e^{x^2 y} + 2xy e^{x^2 y} \cdot x^2 = 2x(1 + x^2 y) e^{x^2 y},$

$z''_{yx} = (z'_y)'_x = 2x e^{x^2 y} + x^2 e^{x^2 y} \cdot 2xy = 2x(1 + x^2 y) e^{x^2 y},$

$z''_{yy} = (z'_y)'_y = x^2 e^{x^2 y} \cdot x^2 = x^4 e^{x^2 y}.$

例 7 中,我们发现 $z''_{xy} = z''_{yx}$,即混合偏导跟变量 x, y 求导的先后次序无关,这并非偶然的. 事实上,我们有下述定理:

定理 7.3　如果函数 $z = f(x,y)$ 的两个二阶混合偏导数 $\dfrac{\partial^2 z}{\partial y \partial x}$ 及 $\dfrac{\partial^2 z}{\partial x \partial y}$ 在区域 D 内连续,那么在该区域内这两个二阶混合偏导数必相等.

例 8　设 $z = x^2 y e^y$,求 $z''_{xx}(1,0)$ 和 $z''_{xy}(1,0)$.

解　显然

$$z'_x = 2xy e^y,$$

下求指定的两阶偏导数. 因为

$$z''_{xy} = 2x(1+y) e^y, \quad z''_{xx} = 2y e^y,$$

所以,

$$z''_{xy}\big|_{(1,0)} = 2x(1+y) e^y\big|_{(1,0)} = 2, \quad z''_{xx}\big|_{(1,0)} = 2y e^y\big|_{(1,0)} = 0.$$

例 9　验证函数 $z = \ln\sqrt{x^2 + y^2}$ 满足方程 $\dfrac{\partial^2 z}{\partial x^2} + \dfrac{\partial^2 z}{\partial y^2} = 0.$

证明 因为

$$z = \ln \sqrt{x^2 + y^2} = \frac{1}{2}\ln(x^2 + y^2),$$

所以

$$\frac{\partial z}{\partial x} = \frac{x}{x^2 + y^2}, \quad \frac{\partial z}{\partial y} = \frac{y}{x^2 + y^2},$$

且

$$\frac{\partial^2 z}{\partial x^2} = \frac{(x^2 + y^2) - x \cdot 2x}{(x^2 + y^2)^2} = \frac{y^2 - x^2}{(x^2 + y^2)^2},$$

$$\frac{\partial^2 z}{\partial y^2} = \frac{(x^2 + y^2) - y \cdot 2y}{(x^2 + y^2)^2} = \frac{x^2 - y^2}{(x^2 + y^2)^2}.$$

因此

$$\frac{\partial^2 z}{\partial x^2} + \frac{\partial^2 z}{\partial y^2} = \frac{x^2 - y^2}{(x^2 + y^2)^2} + \frac{y^2 - x^2}{(x^2 + y^2)^2} = 0.$$

习题 7.3

1. 求下列函数的一阶偏导数 z'_x, z'_y.

(1) $z = x^3 + y^3 - 3xy$；

(2) $z = \ln(\frac{y}{x})$；

(3) $z = \ln \sqrt{x^2 + y^2}$；

(4) $z = \frac{1}{y}\cos x^2$；

(5) $z = \arcsin \frac{y}{x}$；

(6) $z = (x^2 + y^2)^3$；

(7) $z = \arctan \frac{x - y}{x + y}$；

(8) $z = \frac{x^3 + y^3}{x^2 + y^2}$；

(9) $z = \ln(x + \sqrt{x^2 + y^2})$；

(10) $z = (1 + xy)^y$；

2. 求下列函数在指定点的一阶偏导数.

(1) $z = e^x \sin y$ 在点 $\left(0, \frac{\pi}{2}\right)$ 的偏导数 z'_x；

(2) $z = x + y - \sqrt{x^2 + y^2}$，求 $z'_x(3, 4)$；

(3) $z = y^x + e^{xy}$ 在点 $(1, 2)$ 处的 z'_y.

3. 设 $f(x, y) = x^2 + (y - 1)\arcsin \sqrt{\frac{x}{y}}$，求 $f'_x(2, 1)$.

$$\lim_{(\Delta x,\Delta y)\to(0,0)} f(x+\Delta x,y+\Delta y) = \lim_{\rho\to 0}[f(x,y)+\Delta z] = f($$

因此,函数 $z = f(x,y)$ 在点 $P(x,y)$ 处连续,即下面的定理成

定理 7.5 若函数 $z = f(x,y)$ 在点 $P(x,y)$ 处可微,则 z $f(x,y)$ 在点 $P(x,y)$ 处必连续.

下面我们根据全微分与偏导数的定义给出函数在一点处可微的必要条件与充分条件.

定理 7.6 (可微的必要条件) 若二元函数 $z = f(x,y)$ 在点 $P(x,y)$ 处可微,则 $z = f(x,y)$ 在该点的偏导数 z'_x, z'_y 都存在,且(7-5)可以表示成为

$$dz = z'_x \Delta x + z'_y \Delta y. \tag{7-6}$$

证明 由题意,函数 $z = f(x,y)$ 在点 $P(x,y)$ 处可微,所以

$$\Delta z = A\Delta x + B\Delta y + o(\rho).$$

令 $\Delta y = 0$,则

$$f(x+\Delta x,y) - f(x,y) = A\Delta x + o(\Delta x).$$

因此

$$z'_x = \lim_{\Delta x\to 0}\frac{f(x+\Delta x,y) - f(x,y)}{\Delta x} = \lim_{\Delta x\to 0}\frac{A\Delta x}{\Delta x} + o(1) = A,$$

同理, $z'_y = B$,从而

$$dz = z'_x \Delta x + z'_y \Delta y.$$

定理 7.6 表明,如果函数在 $P(x,y)$ 处可微,则该点处的微分可以简单的表示成为(7-6). 一般而言,初等函数在定义域上是可微的,因此初等函数微分的表示是容易的. 此外,当 $\Delta x\to 0, \Delta y\to 0$ 时,我们记

$$dx = \Delta x, dy = \Delta y,$$

则(7-6)可以表示成为

$$dz = z'_x dx + z'_y dy.$$

该结论也适用于二元以上的函数,例如,如果函数 $u = f(x,y,z)$ 可微分,则它的全微分可以表示为

$$du = u'_x dx + u'_y dy + u'_z dz.$$

例 1 求函数 $z = x^2 y + xy^2$ 的全微分.

解　因为

$$\frac{\partial z}{\partial x} = 2xy, \ \frac{\partial z}{\partial y} = x^2 + 2xy,$$

所以

$$\mathrm{d}z = 2xy\mathrm{d}x + (x^2 + 2xy)\mathrm{d}y.$$

例 2　求函数 $u = x + \sin \dfrac{y}{2} + \mathrm{e}^{yz}$ 在点 $(1,1,1)$ 处的全微分.

解　因为

$$\frac{\partial u}{\partial x} = 1, \ \frac{\partial u}{\partial y} = \frac{1}{2}\cos \frac{y}{2} + z\mathrm{e}^{yz}, \ \frac{\partial u}{\partial z} = y\mathrm{e}^{yz},$$

所以

$$\mathrm{d}u = \mathrm{d}x + \left(\frac{1}{2}\cos \frac{y}{2} + z\mathrm{e}^{yz} \right)\mathrm{d}y + y\mathrm{e}^{yz}\,\mathrm{d}z.$$

因此，

$$\mathrm{d}u \big|_{(1,1,1)} = \mathrm{d}x + \left(\frac{1}{2}\cos \frac{1}{2} + \mathrm{e} \right)\mathrm{d}y + \mathrm{e}\,\mathrm{d}z.$$

定理 7.6 的条件并不充分，即一个二元函数在指定点的偏导数存在并不能得到函数在该点是可微的.

例 3　考察函数

$$f(x,y) = \begin{cases} \dfrac{xy}{\sqrt{x^2 + y^2}}, & x^2 + y^2 \neq 0 \\ 0, & x^2 + y^2 = 0 \end{cases},$$

在原点的可微性.

解　由偏导数定义得

$$f')_x(0,0) = \lim_{\Delta x \to 0} \frac{f(\Delta x,0) - f(0,0)}{\Delta x} = \lim_{\Delta x \to 0} \frac{0 - 0}{\Delta x} = 0.$$

同理可得 $f')_y(0,0) = 0$.

若函数 f 在原点可微，则当 $\Delta x \to 0, \Delta y \to 0$ 时，$\Delta z - \mathrm{d}z$ 应是 $\rho = \sqrt{\Delta x^2 + \Delta y^2}$ 的高阶无穷小量. 注意到

$$\Delta z - \mathrm{d}z = f(0 + \Delta x, 0 + \Delta y) - f(0,0) - f_x(0,0)\Delta x - f_y(0,0)\Delta y$$

$$= \frac{\Delta x + \Delta y}{\sqrt{\Delta x^2 + \Delta y^2}},$$

因此，

$$\lim_{\rho \to 0} \frac{\Delta z - \mathrm{d}z}{\rho} = \lim_{\rho \to 0} \frac{\Delta x \Delta y}{\Delta x^2 + \Delta y^2},$$

因为 $\lim\limits_{\rho \to 0} \dfrac{\Delta x \Delta y}{\Delta x^2 + \Delta y^2}$ 不存在, 因而函数 f 在原点不可微.

由此可见, 对一元函数来说, 可微与可导是一回事, 而对多元函数来说, 偏导数存在并不一定可微, 这正是引进全微分的必要性. 因为函数的偏导数仅描述了函数在一点处沿着坐标轴的变化率, 而全微分是描述了函数沿各个方向的变化状况. 如果对偏导数再加上一些条件, 就可以保证函数是可微的. 我们有下面的定理.

定理 7.4 (可微的充分条件)　若函数 $z = f(x,y)$ 的偏导数在点 (x,y) 的某邻域内存在, 且 z'_x 与 z'_y 在点 (x,y) 处连续, 则函数 $z = f(x,y)$ 在点 (x,y) 处可微.

证明略.

以上内容可以推广到三元和三元以上的多元函数. 最后, 总结这一节二元函数连续, 可偏导与可微的关系, 用图 $7-4$ 表示.

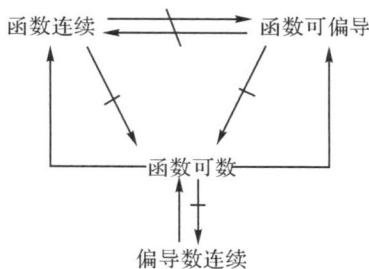

图 $7-4$

习题 7.4

1. 求下列函数的微分:

(1) $z = \mathrm{e}^{\sqrt{x^2 + y^2}}$;

(2) $z = \ln(2x + 3y)$;

(3) $z = xy + \dfrac{x}{y}$;

(4) $z = \dfrac{y}{\sqrt{x^2 + y^2}}$;

(5) $u = xy + yz + zx$;   (6) $z = \mathrm{e}^{\frac{y}{x}}$.

2. 求函数 $z = \ln(1 + x^2 + y^2)$ 在 $x = 1, y = 2$ 时的微分.

3. 证明函数

$$f(x,y) = \begin{cases} (x^2 + y^2)\sin \dfrac{1}{\sqrt{x^2 + y^2}}, & x^2 + y^2 \neq 0 \\ 0, & x^2 + y^2 = 0 \end{cases}$$

在 $(0,0)$ 处连续且偏导数存在,但是不可微分.

4. 已知 $\mathrm{d}z = 2\mathrm{e}^{2x+y}\mathrm{d}x + \mathrm{e}^{2x+y}\mathrm{d}y$,求 $\dfrac{\partial^2 z}{\partial x \partial y}$.

§7.5　多元复合函数的链式法则

在本节中,我们将一元函数微分中的复合函数求导法推广到二元函数上.

一、复合函数的中间变量均为一元函数的情形

定理 7.6　如果函数 $u = \varphi(x)$ 及 $v = \psi(x)$ 都在点 x 可导,函数 $z = f(u,v)$ 在对应点 (u,v) 具有连续偏导数,则复合函数 $z = f(\varphi(x), \psi(x))$ 在点 x 处可导,且有

$$\frac{\mathrm{d}z}{\mathrm{d}x} = \frac{\partial z}{\partial u} \cdot \frac{\mathrm{d}u}{\mathrm{d}x} + \frac{\partial z}{\partial v} \cdot \frac{\mathrm{d}v}{\mathrm{d}x}, \tag{7-7}$$

此式也称为 $z = f(\varphi(x), \psi(x))$ 的**全导数公式**.

证明　因为 $z = f(u,v)$ 具有连续的偏导数,所以它是可微的,即

$$\mathrm{d}z = \frac{\partial z}{\partial u}\mathrm{d}u + \frac{\partial z}{\partial v}\mathrm{d}v.$$

又因为 $u = \varphi(x)$ 及 $v = \psi(x)$ 都可导,因而可微,即

$$\mathrm{d}u = \frac{\mathrm{d}u}{\mathrm{d}x}\mathrm{d}x, \quad \mathrm{d}v = \frac{\mathrm{d}v}{\mathrm{d}x}\mathrm{d}x,$$

代入上式得

$$\mathrm{d}z = \frac{\partial z}{\partial u} \cdot \frac{\mathrm{d}u}{\mathrm{d}x}\mathrm{d}x + \frac{\partial z}{\partial v} \cdot \frac{\mathrm{d}v}{\mathrm{d}x}\mathrm{d}x = \left(\frac{\partial z}{\partial u} \cdot \frac{\mathrm{d}u}{\mathrm{d}x} + \frac{\partial z}{\partial v} \cdot \frac{\mathrm{d}v}{\mathrm{d}x}\right)\mathrm{d}x,$$

从而

$$\frac{\mathrm{d}z}{\mathrm{d}x} = \frac{\partial z}{\partial u} \cdot \frac{\mathrm{d}u}{\mathrm{d}x} + \frac{\partial z}{\partial v} \cdot \frac{\mathrm{d}v}{\mathrm{d}x}.$$

例 1 设 $z = uv$,其中 $u = \mathrm{e}^t, v = \cos t$,求 $\dfrac{\mathrm{d}z}{\mathrm{d}t}$.

解 视 u, v 为中间变量,则复合后 z 仅是自变量 t 的一元函数. 于是

$$\frac{\mathrm{d}z}{\mathrm{d}t} = \frac{\partial z}{\partial u}\frac{\mathrm{d}u}{\mathrm{d}t} + \frac{\partial z}{\partial v}\frac{\mathrm{d}v}{\mathrm{d}t}$$
$$= v\mathrm{e}^t + u(-\sin t) = \mathrm{e}^t(\cos t - \sin t).$$

二、二元复合函数的链式法则

定理 7.7(链导公式) 如果函数 $u = \varphi(x, y), v = \psi(x, y)$ 都在点 (x, y) 关于 x 及 y 可偏导,函数 $z = f(u, v)$ 在 (u, v) 处有连续的偏导数,则复合函数 $z = f(\varphi(x, y), \psi(x, y))$ 在点 (x, y) 的两个偏导数存在,且

$$\frac{\partial z}{\partial x} = \frac{\partial z}{\partial u} \cdot \frac{\partial u}{\partial x} + \frac{\partial z}{\partial v} \cdot \frac{\partial v}{\partial x}, \quad \frac{\partial z}{\partial y} = \frac{\partial z}{\partial u} \cdot \frac{\partial u}{\partial y} + \frac{\partial z}{\partial v} \cdot \frac{\partial v}{\partial y}. \quad (7-8)$$

例 2 设 $z = \mathrm{e}^u \sin v, u = xy, v = x + y$,求 $\dfrac{\partial z}{\partial x}$ 与 $\dfrac{\partial z}{\partial y}$.

解
$$\frac{\partial z}{\partial x} = \frac{\partial z}{\partial u} \cdot \frac{\partial u}{\partial x} + \frac{\partial z}{\partial v} \cdot \frac{\partial v}{\partial x} = \mathrm{e}^u \sin v \cdot y + \mathrm{e}^u \cos v \cdot 1$$
$$= \mathrm{e}^{xy}[y\sin(x+y) + \cos(x+y)].$$
$$\frac{\partial z}{\partial y} = \frac{\partial z}{\partial u} \cdot \frac{\partial u}{\partial y} + \frac{\partial z}{\partial v} \cdot \frac{\partial v}{\partial y} = \mathrm{e}^u \sin v \cdot x + \mathrm{e}^u \cos v \cdot 1$$
$$= \mathrm{e}^{xy}[x\sin(x+y) + \cos(x+y)].$$

例 3 设 $u = f(x, y, z) = \mathrm{e}^{x^2+y^2+z^2}, z = x^2 \sin y$,求 $\dfrac{\partial u}{\partial x}$ 和 $\dfrac{\partial u}{\partial y}$.

解 由题意,x, y 是自变量,z 是中间变量,因此,

$$\frac{\partial u}{\partial x} = \frac{\partial f}{\partial x} + \frac{\partial f}{\partial z} \cdot \frac{\partial z}{\partial x} = 2x\mathrm{e}^{x^2+y^2+z^2} + 2z\mathrm{e}^{x^2+y^2+z^2} \cdot 2x\sin y$$

$$= 2x(1 + 2x^2 \sin^2 y)\,e^{x^2+y^2+x^4\sin^2 y}.$$

$$\frac{\partial u}{\partial y} = \frac{\partial f}{\partial y} + \frac{\partial f}{\partial z} \cdot \frac{\partial z}{\partial y} = 2y e^{x^2+y^2+z^2} + 2z e^{x^2+y^2+z^2} \cdot x^2 \cos y$$

$$= 2(y + x^4 \sin y \cos y)\,e^{x^2+y^2+x^4\sin^2 y}.$$

例 4　设 $w = f(x+y+z, xyz)$，f 具有二阶连续偏导数，求 $\dfrac{\partial w}{\partial x}$

及 $\dfrac{\partial^2 w}{\partial x \partial z}$.

解　令 $u = x+y+z$，$v = xyz$，则 $w = f(u,v)$. 引入记号

$$f_1' = \frac{\partial f(u,v)}{\partial u}, \quad f_{12}'' = \frac{\partial f(u,v)}{\partial u \partial v};$$

其中下标 1 表示对第一个变量 u 求导，下标 2 表示对第二个变量 v 求导，同理有 f_2'，f_{11}''，f_{22}'' 等，则

$$\frac{\partial w}{\partial x} = \frac{\partial f}{\partial u} \cdot \frac{\partial u}{\partial x} + \frac{\partial f}{\partial v} \cdot \frac{\partial v}{\partial x} = f_1' + yz\,f_2',$$

$$\frac{\partial^2 w}{\partial x \partial z} = \frac{\partial}{\partial z}(f_1' + yz\,f_2') = \frac{\partial f_1'}{\partial z} + y f_2' + yz\frac{\partial f_2'}{\partial z}.$$

注意到

$$\frac{\partial f_1'}{\partial z} = \frac{\partial f_1'}{\partial u} \cdot \frac{\partial u}{\partial z} + \frac{\partial f_1'}{\partial v} \cdot \frac{\partial v}{\partial z} = f_{11}'' + f_{12}'' xy,$$

$$\frac{\partial f_2'}{\partial z} = \frac{\partial f_2'}{\partial u} \cdot \frac{\partial u}{\partial z} + \frac{\partial f_2'}{\partial v} \cdot \frac{\partial v}{\partial z} = f_{21}'' + f_{22}'' xy,$$

因此，

$$\frac{\partial^2 w}{\partial x \partial z} = f_{11}'' + y(x+z)\,f_{12}'' + xy^2 z\,f_{22}'' + yf_2'.$$

例 5　设 $z = f\left(xy + \dfrac{y}{x}\right)$，$f$ 具有二阶连续偏导数，求 $\dfrac{\partial z}{\partial x}$，$\dfrac{\partial z}{\partial y}$ 及

$\dfrac{\partial^2 z}{\partial x \partial y}$.

解　令 $u = xy + \dfrac{y}{x}$，则

$$\frac{\partial z}{\partial x} = \frac{\mathrm{d}z}{\mathrm{d}u}\frac{\mathrm{d}u}{\mathrm{d}x} = f'(u)\left(y - \frac{y}{x^2}\right) = y\left(1 - \frac{1}{x^2}\right)f'\left(xy + \frac{y}{x}\right),$$

$$\frac{\partial z}{\partial y} = \frac{\mathrm{d}z}{\mathrm{d}u} \frac{\mathrm{d}u}{\mathrm{d}y} = f'(u)\left(x + \frac{1}{x}\right) = \left(x + \frac{1}{x}\right) f'\left(xy + \frac{y}{x}\right),$$

$$\frac{\partial^2 z}{\partial x \partial y} = \left(1 - \frac{1}{x^2}\right) f'\left(xy + \frac{y}{x}\right) + y\left(1 - \frac{1}{x^2}\right) f''\left(xy + \frac{y}{x}\right)\left(x + \frac{1}{x}\right)$$

$$= \left(1 - \frac{1}{x^2}\right)\left[f'\left(xy + \frac{y}{x}\right) + yf''\left(xy + \frac{y}{x}\right)\left(x + \frac{1}{x}\right)\right].$$

习题 7.5

1. 求下列函数的导数：

（1）$z = \dfrac{y}{x}, x = \mathrm{e}^t, y = 1 - t$，求 $\dfrac{\mathrm{d}z}{\mathrm{d}t}$；

（2）$z = \arcsin(x - y), x = 3t, y = \sqrt{t}$，求 $\dfrac{\mathrm{d}z}{\mathrm{d}t}$；

（3）$u = \dfrac{\mathrm{e}^{ax}(y - z)}{a^2 + 1}, y = a\sin x, z = \cos x$，求 $\dfrac{\mathrm{d}u}{\mathrm{d}x}$.

2. 求下列函数的偏导数：

（1）$z = u^2 + v^2, u = x + y, v = x - y$，求 $\dfrac{\partial z}{\partial x}, \dfrac{\partial z}{\partial y}$；

（2）$z = u^2 \ln v, u = \dfrac{x}{y}, v = 3x - 2y$，求 $\dfrac{\partial z}{\partial x}, \dfrac{\partial z}{\partial y}$；

（3）$z = \arctan \dfrac{y}{x}, y = s + t, x = s - t$，求 $\dfrac{\partial z}{\partial s}, \dfrac{\partial z}{\partial t}$；

（4）$z = (3x^2 + y^2)^{2x+3}$，求 $\dfrac{\partial z}{\partial x}, \dfrac{\partial z}{\partial y}$.

3. 求下列抽象函数的一阶偏导数：

（1）$z = f(x^2 y, \mathrm{e}^{\frac{y}{x}}), f$ 可微分，则 $\dfrac{\partial z}{\partial x}, \dfrac{\partial z}{\partial y}$；

（2）$u = f\left(\dfrac{x}{y}, \dfrac{y}{z}\right), u$ 可微分，则 $\dfrac{\partial u}{\partial x}, \dfrac{\partial u}{\partial y}, \dfrac{\partial u}{\partial z}$.

4. 求下列抽象函数的高阶偏导数 $\dfrac{\partial^2 z}{\partial x^2}, \dfrac{\partial^2 z}{\partial y^2}, \dfrac{\partial^2 z}{\partial x \partial y}$：

（1）$z = f(x^2 y, x^2 y), f$ 具有连续的二阶导数；

（2）$z = f(x^2 - y^2, \mathrm{e}^{xy}), f$ 具有连续的二阶导数；

(3) $z = f(2x - y, y\sin x)$，f 具有连续的二阶导数.

5. 设 $z = f(x^2 y + \mathrm{e}^{\frac{y}{x}})$，其中 f 具有连续二阶导数，求 $\dfrac{\partial^2 z}{\partial x^2}$，$\dfrac{\partial^2 z}{\partial y^2}$.

§7.6　多元隐函数求导法

一、一元隐函数求导法则

我们先考虑用全导数公式解决由方程 $F(x, y) = 0$ 确定的隐函数 $y = f(x)$ 的求导问题

定理 7.8　设方程 $F(x, y) = 0$ 确定的隐函数 $y = f(x)$，且函数 $F(x, y)$ 存在连续偏导数，则当 $\dfrac{\partial F}{\partial y} \neq 0$ 时，有

$$\frac{\mathrm{d}y}{\mathrm{d}x} = -\frac{F'_x}{F'_y}.$$

证明　因为方程 $F(x, y) = 0$ 确定隐函数 $y = f(x)$，所以将 $y = f(x)$ 代入 $F(x, y) = 0$，得恒等式

$$F(x, f(x)) = 0. \tag{7-8}$$

将 (7-8) 两边对 x 求导得

$$\frac{\partial F}{\partial x} + \frac{\partial F}{\partial y} \cdot \frac{\mathrm{d}y}{\mathrm{d}x} = 0.$$

由于 $\dfrac{\partial F}{\partial y} \neq 0$，于是得

$$\frac{\mathrm{d}y}{\mathrm{d}x} = -\frac{F'_x}{F'_y}.$$

例 1　求由方程 $y = y(x)$ 由方程 $\mathrm{e}^{-xy} - 2\sin(x+y) = y^2$ 所确定，求 $\dfrac{\mathrm{d}y}{\mathrm{d}x}$.

解　记 $F(x, y) = \mathrm{e}^{-xy} - 2\sin(x+y) - y^2$，则

$$F'_x = -y\mathrm{e}^{-xy} - 2\cos(x+y),$$
$$F'_y = -x\mathrm{e}^{-xy} - 2\cos(x+y) - 2y.$$

因此，

経済应用数学

$$\frac{\mathrm{d}y}{\mathrm{d}x} = -\frac{F'_x}{F'_z} = -\frac{y\mathrm{e}^{-xy} + 2\cos(x+y)}{x\mathrm{e}^{-xy} + 2\cos(x+y) + 2y}.$$

注 对于方程 $F(x,y) = 0$ 确定的隐函数 $y = f(x)$ 的导数 $\frac{\mathrm{d}y}{\mathrm{d}x}$，我们更多的利用定理 7.8 证明中所体现的方法：视 $F(x,y) = 0$ 的 y 为 x 的函数，在方程两边对 x 求导，从而得到导数 $\frac{\mathrm{d}y}{\mathrm{d}x}$。

例 2 设 $y = y(x)$ 由方程 $x^2 + 2xy - y^3 = a^3$ 确定，求 $\frac{\mathrm{d}y}{\mathrm{d}x}\Big|_{x=0}$。

解 在方程两边关于 x 求导，则

$$2x + 2y + 2x\frac{\mathrm{d}y}{\mathrm{d}x} - 3y^2\frac{\mathrm{d}y}{\mathrm{d}x} = 0.$$

可得

$$\frac{\mathrm{d}y}{\mathrm{d}x} = \frac{y+x}{3y^2 - x}.$$

当 $x = 0$ 时，$y = a$，所以

$$\frac{\mathrm{d}y}{\mathrm{d}x}\Big|_{x=0} = \frac{a}{3a^2} = \frac{1}{3a}.$$

二、二元隐函数求导法则

定理 7.9 设方程 $F(x,y,z) = 0$ 确定的隐函数 $z = f(x,y)$，且函数 $F(x,y,z)$ 存在连续偏导数，则当 $\frac{\partial F}{\partial z} \neq 0$ 时，有

$$\frac{\partial z}{\partial x} = -\frac{F'_x}{F'_z}, \quad \frac{\partial z}{\partial y} = -\frac{F'_y}{F'_z}.$$

证明 由方程 $F(x,y,z) = 0$ 确定的隐函数 $z = f(x,y)$，所以将 $z = f(x,y)$ 代入 $F(x,y,z) = 0$，得恒等式

$$F(x,y,f(x)) = 0. \qquad (7-9)$$

将 $(7-9)$ 两边对分别 x,y 求偏导得

$$F'_x + F'_z \cdot \frac{\partial z}{\partial x} = 0, \quad F'_y + F'_z \cdot \frac{\partial z}{\partial x} = 0.$$

于是

$$\frac{\partial z}{\partial x} = -\frac{F'_x}{F'_z}, \qquad \frac{\partial z}{\partial y} = -\frac{F'_y}{F'_z}.$$

注 类似于例 2,我们可以求得方程 $F(x,y,z) = 0$ 确定的隐函数 $z = f(x,y)$ 的偏导数 $\frac{\partial z}{\partial x}, \frac{\partial z}{\partial y}$. 具体的方法是:视 $F(x,y,z) = 0$ 的 z 为 x,y 的函数,在方程两边对 x,y 分别求偏导,从而得到导数 $\frac{\partial z}{\partial x}, \frac{\partial z}{\partial y}$.

例 3 设方程 $x + y + z = xyz$ 确定隐函数 $z = f(x,y)$,求 $\frac{\partial z}{\partial x}$, $\frac{\partial z}{\partial y}$.

解法 1 设 $F(x,y,z) = x + y + z - xyz$,则

$$F'_x = 1 - yz, \ F'_y = 1 - xz, \ F'_z = 1 - xy,$$

所以

$$\frac{\partial z}{\partial x} = -\frac{F'_x}{F'_z} = -\frac{1 - yz}{1 - xy}, \quad \frac{\partial z}{\partial y} = -\frac{F'_y}{F'_z} = -\frac{1 - xz}{1 - xy}.$$

解法 2 视 z 是 x,y 的函数,然后两边关于 x,y 分别求偏导,得到

$$1 + \frac{\partial z}{\partial x} = yz + xy\,\frac{\partial z}{\partial x}, \quad 1 + \frac{\partial z}{\partial y} = xz + yz\,\frac{\partial z}{\partial y}.$$

解得

$$\frac{\partial z}{\partial x} = -\frac{1 - yz}{1 - xy}, \quad \frac{\partial z}{\partial y} = -\frac{1 - xz}{1 - xy}.$$

例 4 设方程 $z = f(x + y + z, xyz)$ 确定隐函数 $z = f(x,y)$,求 $\frac{\partial z}{\partial x}, \frac{\partial z}{\partial y}$.

解 对方程 $z = f(x + y + z, xyz)$ 两边分别关于 x,y 求偏导,得到

$$\frac{\partial z}{\partial x} = f'_1\left(1 + \frac{\partial z}{\partial x}\right) + f'_2\left(yz + xy\,\frac{\partial z}{\partial x}\right),$$

$$\frac{\partial z}{\partial y} = f'_1\left(1 + \frac{\partial z}{\partial y}\right) + f'_2\left(xz + xy\,\frac{\partial z}{\partial x}\right),$$

整理解得

$$\frac{\partial z}{\partial x} = \frac{f_1' + yzf_2'}{1 - f_1' - xyf_2'}, \quad \frac{\partial z}{\partial y} = \frac{f_1' + xzf_2'}{1 - f_1' - xyf_2'}.$$

例 5 设方程 $x^2 + y^2 + z^2 - 4z = 0$,求 $\dfrac{\partial^2 z}{\partial x^2}$.

解 对方程 $x^2 + y^2 + z^2 - 4z = 0$ 两边关于 x 偏导,得

$$2x + 2z\frac{\partial z}{\partial x} - 4\frac{\partial z}{\partial x} = 0,$$

整理得

$$\frac{\partial z}{\partial x} = \frac{x}{2 - z},$$

上式关于 x 再求一次偏导,得

$$\frac{\partial^2 z}{\partial x^2} = \frac{(2 - z) + x\dfrac{\partial z}{\partial x}}{(2 - z)^2} = \frac{(2 - z) + x\dfrac{x}{2 - z}}{(2 - z)^2} = \frac{(2 - z)^2 + x^2}{(2 - z)^3}.$$

习题 7.6

1. 已知 $\mathrm{e}^x \sin y + \mathrm{e}^y \cos x = 1$,求 $\dfrac{\mathrm{d}y}{\mathrm{d}x}$.

2. 已知 $\sin y + \mathrm{e}^x - xy = 1$,求 $\dfrac{\mathrm{d}y}{\mathrm{d}x}$.

3. 已知 $\ln \sqrt{x^2 + y^2} = \arctan \dfrac{y}{x}$,求 $\dfrac{\mathrm{d}y}{\mathrm{d}x}$.

4. 已知 $z\mathrm{e}^x - \mathrm{e}^y - y\mathrm{e}^z = 0$,求 $\dfrac{\partial z}{\partial x}\big|_{(1,0)}, \dfrac{\partial z}{\partial y}\big|_{(1,0)}$.

5. 已知 $2\sin(x + 2y - 3z) = x + 2y - 3z$,证明:$\dfrac{\partial z}{\partial x} + \dfrac{\partial z}{\partial y} = 1$.

6. 已知 $\mathrm{e}^z = x + y + z$,求 $\mathrm{d}z$.

7. 已知 $z + \mathrm{e}^z = xy$,求 $\dfrac{\partial^2 z}{\partial x \partial y}$.

8. 设函数 $z = f(x, y)$ 是由方程 $F\left(x + \dfrac{z}{y}, y + \dfrac{z}{x}\right) = 0$ 所确定,

证明:

$$x \frac{\partial z}{\partial x} + y \frac{\partial z}{\partial y} = z - xy.$$

9. 设 $\Phi(u,v)$ 具有连续偏导数,证明由方程 $\Phi(cx - az, cy - bz) = 0$ 确定的函数 $z = f(x,y)$ 满足:

$$a \frac{\partial z}{\partial x} + b \frac{\partial z}{\partial y} = 1.$$

§7.7　二元函数的极值与最值

一、多元函数的极值及最大值、最小值

定义 7.5　设函数 $z = f(x,y)$ 在点 (x_0, y_0) 的某邻域内有定义,如果对于该邻域内任何异于 (x_0, y_0) 的点 (x,y),都有

$$f(x,y) < f(x_0, y_0),$$

则称函数在点 (x_0, y_0) 有**极大值**;如果总有不等式

$$f(x,y) > f(x_0, y_0),$$

则称函数在点 (x_0, y_0) 有**极小值**. 极大值、极小值统称为**极值**. 使函数取极值的点称为**极值点**.

例 1　函数 $z = 3x^2 + 4y^2$ 在点 $(0,0)$ 处有极小值.

解　当 $(x,y) = (0,0)$ 时,$z = 0$,而当 $(x,y) \neq (0,0)$ 时,$z > 0$. 因此,$z = 0$ 是函数的极小值.

例 2　函数 $z = -\sqrt{x^2 + y^2}$ 在点 $(0,0)$ 处有极大值.

解　当 $(x,y) = (0,0)$ 时,$z = 0$,而当 $(x,y) \neq (0,0)$ 时,$z < 0$. 因此 $z = 0$ 是函数的极大值.

例 3　函数 $z = xy$ 在点 $(0,0)$ 处既不取得极大值也不取得极小值.

解　当 $(x,y) = (0,0)$ 时,$z = 0$,而在点 $(0,0)$ 的任一邻域内,总有函数值为正的点,也有函数值为负的点. 即 $z = xy$ 在点 $(0,0)$ 处既不取得极大值也不取得极小值.

二元函数的极值问题,一般利用偏导数判定.

定理 7.10(极值存在的必要条件)　设可微函数 $z = f(x,y)$ 在

点 (x_0, y_0) 处有极值,则

$$f'_x(x_0, y_0) = f'_y(x_0, y_0) = 0.$$

证明 不妨设 $z = f(x, y)$ 在点 (x_0, y_0) 处有极大值.则对于点 (x_0, y_0) 的某邻域内异于 (x_0, y_0) 的点 (x, y),均有

$$f(x, y) < f(x_0, y_0).$$

特别地,取 $y = y_0$ 而 $x \neq x_0$ 的点,也有

$$f(x, y) < f(x_0, y_0).$$

因为 $z = f(x, y)$ 在 (x_0, y_0) 处可微,因此,一元函数 $z = f(x, y_0)$ 在 $x = x_0$ 处取得极大值.因而必有

$$f'_x(x_0, y_0) = 0.$$

同理,可证

$$f'_y(x_0, y_0) = 0.$$

仿照一元函数,我们把同时满足 $f'_x(x_0, y_0) = 0, f'_y(x_0, y_0) = 0$ 的点 (x_0, y_0) 称为函数 $f(x, y)$ 的**驻点**.定理告诉我们,可微函数的极值点必是驻点,但驻点不一定是极值点.例如,点 $(0, 0)$ 是函数 $z = xy$ 的驻点,但这个点不是极值点.

怎样判定一个驻点是否是极值点呢?下面的定理回答了这个问题.

定理 4.5(极值存在的充分条件) 设函数 $z = f(x, y)$ 在点 (x_0, y_0) 的某邻域内连续且有二阶连续偏导数,且 $f'_x(x_0, y_0) = 0, f'_y(x_0, y_0) = 0$,又令

$$f''_{xx}(x_0, y_0) = A, \ f''_{xy}(x_0, y_0) = B, \ f''_{yy}(x_0, y_0) = C,$$

则

(1) $AC - B^2 > 0$ 时具有极值,且当 $A < 0$ 时有极大值,当 $A > 0$ 时有极小值;

(2) $AC - B^2 < 0$ 时没有极值;

(3) $AC - B^2 = 0$ 时可能有极值,也可能没有极值,还需另作讨论.

定理证明从略.

例 4 求函数 $f(x, y) = x^3 - y^3 + 3x^2 + 3y^2 - 9x$ 的极值.

解　令

$$\begin{cases} f_x(x,y) = 3x^2 + 6x - 9 = 0 \\ f_y(x,y) = -3y^2 + 6y = 0 \end{cases},$$

求得 $x = 1, -3, y = 0, 2$,即驻点为

$$(1,0),(1,2),(-3,0),(-3,2).$$

再求二阶偏导数

$$A = f''_{xx} = 6x + 6, B = f''_{xy} = 0, C = f''_{yy} = -6y + 6.$$

列表如下

	A	B	C	$AC - B^2$	
$(1,0)$	12	0	6	72	是极小值
$(1,2)$	12	0	-6	-72	不是极值
$(-3,0)$	-12	0	6	-72	不是极值
$(-3,2)$	-12	0	-6	72	是极大值

　　所以函数在 $(1,0)$ 处有极小值 $f(1,0) = -5$ 在 $(-3,2)$ 处有极大值 $f(-3,2) = 31$.

　　应该注意的是,偏导数不存在的点也可能是极值点. 例如,函数 $z = -\sqrt{x^2 + y^2}$ 在点 $(0,0)$ 处有极大值,但 $(0,0)$ 不是函数的不可导点,即不是函数的驻点. 因此,函数的极值可能落在它的驻点或者偏导数不存在的点,类似于一元函数,我们称函数的驻点或者不可导点为**极值可疑点**.

二、多元函数的最大值、最小值

　　由闭区间上连续函数的最大值和最小值定理可以得到如果 $f(x,y)$ 在有界闭区域 D 上连续,则它在 D 上必能取得最大值和最小值,这种最大值或者最小值点可能在 D 的内部,也可能在 D 的边界上. 但是在实际问题中,如果根据问题的性质,知道函数 $f(x,y)$ 的最大值(最小值)一定在 D 的内部取得,且函数在 D 内只有一个驻点,那么在该驻点处的函数值就是函数 $f(x,y)$ 在 D 上的最大值(最小值).

例 5 某厂要用铁板做成一个体积为 $27\mathrm{m}^3$ 的有盖长方体水箱. 问当长、宽、高各取多少时,才能使用料最省.

解 设水箱的长为 $x\mathrm{m}$,宽为 $y\mathrm{m}$,则其高应为 $\dfrac{27}{xy}\mathrm{m}$. 此水箱所用材料的面积为

$$A = 2\left(xy + y \cdot \frac{27}{xy} + x \cdot \frac{27}{xy}\right)$$
$$= 2\left(xy + \frac{27}{x} + \frac{27}{y}\right) \quad (x > 0,\ y > 0).$$

令

$$A'_x = 2\left(y - \frac{27}{x^2}\right) = 0,\ A'_y = 2\left(x - \frac{27}{y^2}\right) = 0,$$

解得 $x = 3, y = 3$.

由题意可知,水箱所用材料面积的最小值在 $x > 0, y > 0$ 内一定存在,并且函数 A 在范围内只有一个驻点,所以 此驻点一定是 A 的最小值点,即当水箱的长为 $3\mathrm{m}$、宽为 $3\mathrm{m}$、高为 $\dfrac{27}{3 \cdot 3} = 3\mathrm{m}$ 时,水箱所用的材料最省.

例 6 设生产某种产品需原料 A 和 B,设 A 的单价是 2,数量为 x,B 的单价为 1,数量为 y,而产量为

$$z = 20 - x^2 + 10x - 2y^2 + 5y,$$

且商品售价为 5,试求最大利润.

解 由题意得,利润函数为

$$L(x, y) = 5(20 - x^2 + 10x - 2y^2 + 5y) - 2x - y$$
$$= 100 + 48x - 5x^2 + 24y - 10y^2,$$

令

$$\begin{cases} \dfrac{\partial L}{\partial x} = -10x + 48 = 0 \\ \dfrac{\partial L}{\partial y} = -20y + 24 = 0 \end{cases},$$

解得唯一驻点 $x = 4.8, y = 1.2$.

由实际问题可知,利润有最大值,而驻点唯一,因此该最大值在

驻点处达到,值为 $L(4.8,1.2) = 229.6$.

例 7　某企业打算通过电视和报纸做广告. 根据统计资料,销售收入 R(万元)与电视广告费 x_1(万元)和报纸广告费 x_2(万元)的关系有下述经验公式

$$R(x_1,x_2) = 25 + 48x_1 + 21x_2 - 15x_1^2 - 3x_2^2 - 12x_1x_2(万元),$$

在广告费用不限的情况,试求最优广告策略.

解　最优广告策略意即通过电视和报纸做广告,使销售收入获最大. 因为广告费用不限,令

$$\begin{cases} \dfrac{\partial R}{\partial x_1} = 48 - 30x_1 - 12x_2 = 0 \\[2mm] \dfrac{\partial R}{\partial x_2} = 31 - 6x_1 - 12x_1 = 0 \end{cases},$$

解得 $x_1 = 1, x_2 = 1.5$. 即该问题的驻点是唯一的. 由实际意义得,销售收入有最大值,即当投入电视广告费为 1 万元,报纸广告费 1.5 万元时,销售收入达到最大,最大销售收入为

$$R(1,1.5) = 51.25(万元).$$

因此,在广告费用不限的情况,最优广告策略为电视广告费 1(万元)和报纸广告费 1.5(万元),此时最大收入为 51.25 万元.

习题 7.6

1. 求下列函数的极值:

(1) $f(x,y) = 4(x - y) - x^2 - y^2$;

(2) $f(x,y) = x^2 + xy + y^2 + x - y + 1$;

(3) $f(x,y) = \mathrm{e}^{2x}(x + y^2 + 2y)$.

2. 设商品 A 的需求量为 x 吨,价格为 p 万元,需求函数为 $x = 26 - p$,B 的需求量为 y 吨,价格为 q 万元,需求函数为 $y = 10 - 0.25q$. 生产两种商品的总成本为

$$C(x,y) = x^2 + 2xy + y^2.$$

问两种商品各生产多少时,才能获最大利润?最大利润是多少?

3. 某工厂生产两种产品 A 和 B,价格分别为 100 和 50 元,当两者

的产量分别为 x,y 时,总成本为

$$C(x,y) = 3x^2 - 6xy + 9y^2 + 10y + 14(元),$$

问如何安排两种产品的产量,使利润达到最大.

§7.8　具有约束条件的最值

在 §7.7 节中,我们指出,函数 $f(x,y)$ 的最大值(最小值)在区域内部达到,且函数在该区域内只有一个驻点,则在驻点处的函数值就是函数 $f(x,y)$ 在区域上的最大值(最小值),此时,驻点其实也是该函数的极值点,即我们将最值问题转化成为极值问题. 但是,在讨论函数 $z = f(x,y)$ 的极值时,自变量 x,y 在定义域内往往是不限制的,通常该类极值称为**无条件极值**. 在本节中,我们考虑带有某种约束条件的最值问题,如在有限资源条件下利润最大,在产量确定条件下生产成本最小等,我们仍约定最值点是在驻点上达到(即最值也是极值),此时该类问题也称为**约束极值**,附加的条件成为**约束条件**. 我们先考虑下面一个例子.

例 1　求函数 $z = x^2 + y^2$ 在约束条件 $\dfrac{x}{2} + \dfrac{y}{3} = 1$ 下的最小值.

解　由约束条件方程得 $y = 3 - \dfrac{3}{2}x$,代入目标函数,得

$$z = x^2 + \left(3 - \frac{3}{2}x\right)^2 = \frac{13}{4}x^2 - 9x + 9. \qquad (7-10)$$

令

$$\frac{\mathrm{d}z}{\mathrm{d}x} = \frac{13}{2}x - 9 = 0.$$

解得方程(7-10)的唯一驻点 $x_0 = \dfrac{18}{13}$,而

$$y_0 = 3 - \frac{3}{2}x_0 = 3 - \frac{3}{2} \cdot \frac{18}{13} = \frac{12}{13}.$$

由实际经验得到,$z = x^2 + y^2$ 在约束条件 $\dfrac{x}{2} + \dfrac{y}{3} = 1$ 下的最小值是存在的,而(7-10)的驻点唯一,所以该驻点对应的函数值即为最小

值.因此,最小值为 $z = \dfrac{36}{13}$.

事实上,在 $x_0 = \dfrac{18}{13}$ 处,函数(7 - 10) 的二阶导数 $\dfrac{\mathrm{d}^2 z}{\mathrm{d} x^2} = \dfrac{13}{2} > 0$,

因此,$x_0 = \dfrac{18}{13}$ 是(7 - 10) 的唯一极小值点,也是它的最小值点.

这样处理存在着如下的缺点:

(1) 变量之间的对等关系和对称性被破坏;

(2) 约束条件往往是隐函数形式,显化时往往困难,即在很多情形下,将条件极值化为无条件极值并不容易.

为此,我们引入下面拉格朗日乘数法.

二、条件极值 —— 拉格朗日乘数法

现在我们的问题是:寻求函数 $z = f(x,y)$ 在约束条件 $\varphi(x,y) = 0$ 下取得极值的必要条件.

如果函数 $z = f(x,y)$ 在 (x_0,y_0) 取得极值,则

$$\varphi(x_0,y_0) = 0.$$

假定在 (x_0,y_0) 的某一邻域内 $z = f(x,y)$ 与 $\varphi(x,y)$ 均有连续的一阶偏导数,由方程 $\varphi(x,y) = 0$ 确定一个连续且具有连续导数的函数 $y = y(x)$,将其代入目标函数 $z = f(x,y)$,得一元函数

$$z = f(x,y(x)).$$

于是 $x = x_0$ 是一元函数 $z = f(x,y(x))$ 的极值点,由取得极值的必要条件,有

$$\dfrac{\mathrm{d} z}{\mathrm{d} x}\Big|_{x = x_0} = f_x(x_0,y_0) + f_y(x_0,y_0) \dfrac{\mathrm{d} y}{\mathrm{d} x}\Big|_{x = x_0} = 0,$$

即

$$f_x(x_0,y_0) - f_y(x_0,y_0) \dfrac{\varphi_x(x_0,y_0)}{\varphi_y(x_0,y_0)} = 0.$$

从而函数 $z = f(x,y)$ 在条件 $\varphi(x,y) = 0$ 下在 (x_0,y_0) 取得极值的必要条件是

$$f_x(x_0,y_0) - f_y(x_0,y_0) \dfrac{\varphi_x(x_0,y_0)}{\varphi_y(x_0,y_0)} = 0 \text{ 与 } \varphi(x_0,y_0) = 0 \text{ 同时成立.}$$

设 $\dfrac{f_y(x_0,y_0)}{\varphi_y(x_0,y_0)}=-\lambda$，上述必要条件变为

$$\begin{cases} f_x(x_0,y_0)+\lambda\varphi_x(x_0,y_0)=0 \\ f_y(x_0,y_0)+\lambda\varphi_y(x_0,y_0)=0, \\ \varphi(x_0,y_0)=0 \end{cases}$$

而上式刚好是三元函数

$$F(x,y,\lambda)=f(x,y)+\lambda\varphi(x,y)$$

在点 (x_0,y_0,λ) 处取得无条件极值的必要条件. 由此, 我们得到如下的操作方法.

拉格朗日乘数法要找函数 $z=f(x,y)$ 在条件 $\varphi(x,y)=0$ 下的可能极值点, 可以先构造辅助函数

$$F(x,y,\lambda)=f(x,y)+\lambda\varphi(x,y),$$

其中 λ 为某一常数; 然后解方程组

$$\begin{cases} F_x(x,y)=f_x(x,y)+\lambda\varphi_x(x,y)=0 \\ F_y(x,y)=f_y(x,y)+\lambda\varphi_y(x,y)=0. \\ \varphi(x,y)=0 \end{cases}$$

由这方程组解出 x,y,λ, 则其中 x,y 就是所要求的可能的极值点.

这种方法可以推广到自变量多于两个而条件多于一个的情形.

至于如何确定所求的点是否是极值点, 在实际问题中往往可根据问题本身的性质判定.

例 2　利用拉格朗日乘子法重新求解例 1.

解　构造拉格朗日函数

$$F(x,y,\lambda)=x^2+y^2+\lambda(1-\frac{x}{2}-\frac{y}{3}).$$

令

$$\begin{cases} F'_x(x,y)=2x-\dfrac{\lambda}{2}=0 \\ F'_y(x,y)=2y-\dfrac{\lambda}{3}=0, \\ F'_\lambda=1-\dfrac{x}{2}-\dfrac{y}{3} \end{cases}$$

解方程组得 $\lambda = \dfrac{72}{13}, x_0 = \dfrac{18}{13}, y_0 = \dfrac{12}{13}$.

由题意,函数在给定约束条件下存在最小值,且驻点唯一,所以点 (x_0, y_0) 即为最小值点,对应的最小值为 $z\left(\dfrac{18}{13}, \dfrac{12}{13}\right) = \dfrac{36}{13}$.

例 3 某工厂生产某种产品的生产函数是

$$Q(x, y) = 80x^{\frac{3}{4}} y^{\frac{1}{4}},$$

其中 x 和 y 各表示劳动力数和资本数,Q 是产量. 若每单位劳动力需 600 元,每单位资本是 2000 元,工厂对该产品的劳力和资本投入的总预算是 40 万元,试求最佳资金投入分配方案.

解 这是一个投入产出问题,最佳资金分配方案即是在总预算 40 万元下使产出(产量 Q)获最大的投入方案.

目标函数:$Q(x, y) = 80x^{\frac{3}{4}} y^{\frac{1}{4}}$,

约束条件:$600x + 2000y = 400000$.

构造拉格朗日函数

$$F = 80x^{\frac{3}{4}} y^{\frac{1}{4}} + \lambda(600x + 2000y - 400000),$$

令

$$\begin{cases} F'_x = 80 \times \dfrac{3}{4} x^{-\frac{1}{4}} y^{\frac{1}{4}} + 600\lambda = 0 \\ F'_y = 80 \times \dfrac{1}{4} x^{\frac{3}{4}} y^{-\frac{3}{4}} + 2000\lambda = 0, \\ \quad 600x + 2000y = 400000 \end{cases}$$

解得唯一驻点 $x = 500, y = 50$.

由问题的实际意义知,该问题存在最佳分配方案. 所以当投入 500 单位劳力数,50 单位资本数时,产出获最大,即该方案最优.

拉格朗日乘数法可以推广到更多变量的约束方程,即求目标函数

$$f(x_1, x_2, \cdots, x_n)$$

在约束条件

$$\varphi(x_1, x_2, \cdots, x_n) = 0$$

下的极值. 此时构造的函数为

$$F(x_1, x_2, \cdots, x_n) = f(x_1, x_2, \cdots, x_n) + \lambda \varphi(x_1, x_2, \cdots, x_n).$$

例 4 用铁皮做一个有盖的长方形水箱,要求容积为 V,问怎么做用料最省.

解 设水箱的长、宽、高分别为 x, y, z,用料最省即求表面积最小,即目标函数为

$$S(x, y, z) = 2(xy + yz + zx),$$

约束条件

$$V = xyz.$$

构造拉格朗日函数

$$F(x, y, z, \lambda) = 2(xy + yz + zx) + \lambda(xyz - V).$$

令

$$\begin{cases} F'_x(x, y) = 2(y + z) + \lambda(xyz - V) = 0 \\ F'_y(x, y) = 2(x + z) + \lambda xz = 0 \\ F'_\lambda = 2(x + y) + \lambda xy = 0 \\ xyz = V \end{cases}$$

解得唯一的驻点 $x = y = z = \sqrt[3]{V}$.

由实际意义得,这就是最小值点.

习题 7.6

1. 在周长为 $2p$ 的一切三角形中,求出面积最大的三角形.

2. 从斜边长为 l 的一切直角三角形中,求有周长最大的三角形.

3. 求内接于半径为 a 的球且有最大体积的长方体.

4. 设生产某种产品的数量与所用两种原料 A, B 的数量 x, y 有关系式

$$p(x, y) = 0.005x^2 y(吨),$$

欲用 15 万元购料,已知原料 A, B 的价格分别为 0.1 万元/吨和 0.2 万元/吨,问购进两种原料各多少吨,能使产量最大.

5. 若用 x 小时做 A 类工作,用 y 小时做 B 类工作,总工效可用函数 $f(x, y) = 2\sqrt{x} + \sqrt{y}$ 表示,如果总工作时间为 15 小时,问如何安排

工作时间,可使工效最大.

6. 某工厂生产两种产品的需求函数分别为

$$x = 72 - 0.5P_1, \quad y = 120 - P_2,$$

总成本函数为 $C(x,y) = x^2 + xy + y^2 + 35$,产品的总数额为 $x + y = 40$,求最大利润及此时的产出水平(x,y 的值)和价格.

复习题七

一、单项选择题

1. 函数 $z = \dfrac{1}{\ln(x+y)}$ 的定义域是( ).

A. $x + y \neq 0$ B. $x + y \neq 1$

C. $x + y > 0$ D. $x + y > 0$ 且 $x + y \neq 1$

2. 设 $f(x+y, x-y) = x^2 - y^2$,则 $f(x,y)$ 等于( ).

A. $x^2 - y^2$ B. $x^2 + y^2$

C. $(x-y)^2$ D. xy

3. 设 $z = x^y$,则 $\dfrac{\partial z}{\partial y}\big|_{(e,1)}$ 等于( ).

A. e   B. $\dfrac{1}{e}$ C. 1   D. 0

4. 设 $z = \ln \dfrac{y}{x}$,则偏导数 $\dfrac{\partial z}{\partial x}$ 等于( ).

A. $\dfrac{1}{x}$ B. $\dfrac{y}{x^2}$ C. $-\dfrac{1}{x^2}$ D. $-\dfrac{1}{x}$

5. 设 $z = e^{-x}\cos(2x-3y)$,则 $\dfrac{\partial z}{\partial x}\big|_{(0,\frac{\pi}{2})}$ 等于( ).

A. 0   B. -2 C. 2   D. -1

6. 设 $u = \arctan \dfrac{x}{y}, v = \ln \sqrt{x^2 + y^2}$,则下列等式成立的是( ).

A. $\dfrac{\partial u}{\partial x} = \dfrac{\partial v}{\partial y}$ B. $\dfrac{\partial u}{\partial x} = \dfrac{\partial v}{\partial x}$

C. $\dfrac{\partial u}{\partial y} = \dfrac{\partial v}{\partial x}$ D. $\dfrac{\partial u}{\partial y} = \dfrac{\partial v}{\partial y}$

7. 设 $z = f(x^2 - y^2)$，$f(u)$ 是可微函数，其中 $u = x^2 - y^2$，则（   ）.

A. $-2yf(x^2 - y^2)$ B. $-2yf'(x^2 - y^2)$

C. $2xf(x^2 - y^2)$ D. $2xf'(x^2 - y^2)$

8. 设 $z = \ln(1 + x^2 + y^2)$，则 $\mathrm{d}z\big|_{(1,1)}$ 等于（   ）.

A. $\dfrac{2}{3}(\mathrm{d}x + \mathrm{d}y)$ B. $\mathrm{d}x + \mathrm{d}y$

C. $\sqrt{3}(\mathrm{d}x + \mathrm{d}y)$ D. $\dfrac{1}{2}(\mathrm{d}x + \mathrm{d}y)$

9. 设 $z = \ln \dfrac{y}{x}$，则 $\mathrm{d}z\big|_{(2,2)}$ 等于（   ）.

A. $-\dfrac{1}{2}\mathrm{d}x + \dfrac{1}{2}\mathrm{d}y$ B. $\dfrac{1}{2}\mathrm{d}x + \dfrac{1}{2}\mathrm{d}y$

C. $\dfrac{1}{2}\mathrm{d}x - \dfrac{1}{2}\mathrm{d}y$ D. $-\dfrac{1}{2}\mathrm{d}x - \dfrac{1}{2}\mathrm{d}y$

10. 当 $(x,y) \to (0,0)$ 时，函数 $z = \dfrac{\tan(xy^2)}{y^2}$ 的极限是（   ）.

A. 1   B. 0   C. ∞ D. 不存在

11. 函数 $f(x,y) = x^2 - ay^2 (a > 0)$ 在 $(0,0)$ 处（   ）.

A. 不取极值   B. 取极小值

C. 取极大值   D. 是否取极值依赖于 a

二、填空题

1. 函数 $z = \dfrac{\ln(1 - x - y)}{\sqrt{x^2 + y^2}}$ 的定义域为 _____.

2. 求极限 $\lim\limits_{\substack{x \to -1 \\ y \to 0}} \dfrac{xy}{\sqrt{xy + 1} - 1} =$ _____.

3. 设 $f\left(xy, \dfrac{y}{x}\right) = x^2 - y^2$，则 $f\left(\dfrac{y}{x}, xy\right) =$ _____.

4. 设 $z = x^2 y + \mathrm{e}^{xy}$，则 $\dfrac{\partial z}{\partial y}\big|_{(1,2)} =$ _____.

5. 设 $z = \mathrm{e}^{xy} + x^2 y^2$，则 $\dfrac{\partial^2 z}{\partial x \partial y} = $ _____.

6. 设 $z = \ln(1 + \dfrac{x}{y})$，则 $\mathrm{d}z \big|_{(1,1)} = $ _____.

三、计算题

1. 设 $z = f(2x - y, y\sin x)$，其中函数 $f(x, y)$ 可微，求 $\dfrac{\partial z}{\partial x}, \dfrac{\partial z}{\partial y}$.

2. 设 $z = f(x + y, \dfrac{y}{x})$，其中函数 $f(x, y)$ 可微，求 $\dfrac{\partial^2 z}{\partial y \partial x}$.

3. 已知 $z = \ln(x + \sqrt{x^2 + y^2})$，求 $\dfrac{\partial z}{\partial x}, \dfrac{\partial^2 z}{\partial y \partial x}$.

4. 设 $z = z(x, y)$ 是由方程 $z - y - x + x\mathrm{e}^{z-y-x} = 0$ 所确定的二元函数，求 $\mathrm{d}z$.

5. 设 $f(x, y, z) = \mathrm{e}^x y z^2$，其中 $z = z(x, y)$ 是由方程 $x + y + z - xyz = 0$ 确定的隐函数，求 $f'_x(0, 1, -1)$.

四、应用题

1. 某厂家生产的一种产品同时在两个市场销售，售价分别为 p_1, p_2，销售量分别为 q_1, q_2，需求函数分别为
$$q_1 = 24 - 0.2p_1, \quad q_2 = 10 - 0.05p_2,$$
总成本函数为
$$C = 35 + 40(q_1 + q_2).$$
试问：厂家如何确定两个市场的售价，能使其获得的总利润最大？最大利润为多少？

2. 某公司在 A 城花广告费 x（千元），则 A 城的销售额可达 $\dfrac{240x}{x + 10}$（千元）；若在 B 城花广告费 y（千元），则在 B 城的销售额可达（千元），假定利润是销售额的 $\dfrac{1}{3}$，而公司的广告预算是 16.5（千元），应如何分配广告费，可使总利润最大？

五、证明题

1. 设 $z = x^n f\left(\dfrac{y}{x^2}\right)$，其中 f 为可微函数，证明 $x\dfrac{\partial z}{\partial x} + 2y\dfrac{\partial z}{\partial y} = nz$.

2. 设函数 $z = f(x,y)$ 满足 $x - az = \phi(y - bz)$，其中 ϕ 可微，a，b 为常数，证明：$a\dfrac{\partial z}{\partial x} + b\dfrac{\partial z}{\partial y} = 1$.

3. 证明：函数 $f(x,y) = \begin{cases} (x^2+y^2)\sin\dfrac{1}{\sqrt{x^2+y^2}}, & x^2+y^2 \neq 0 \\ 0, & x^2+y^2 = 0 \end{cases}$

在点 $(0,0)$ 处可微.